Mário Sève

FRASEADO DO CHORO

UMA ANÁLISE DE ESTILO POR PADRÕES DE RECORRÊNCIA

Nº Cat.: 439-M

Irmãos Vitale Editores Ltda.
vitale.com.br
Rua Raposo Tavares, 85 São Paulo SP
CEP: 04704-110 editora@vitale.com.br Tel.: 11 5081-9499

Projeto de Capa
Elifas Andreato e Luis Mielle

Projeto Gráfico
Danilo David

Produção
Kryka Pujol

Produção Executiva
Fernando Vitale

CIP-BRASIL. CATALOGAÇÃO NA PUBLICAÇÃO
SINDICATO NACIONAL DOS EDITORES DE LIVROS, RJ

S524f

Sève, Mário, 1959-
Fraseado do choro : uma análise de estilo por padrões de referência / Mário Sève. - 1. ed. - São Paulo : Irmãos Vitale, 2021.
164 p. ; 28 cm.

Inclui bibliografia
Prefácio, introdução, sumário e agradecimentos
ISBN 978-65-5758-004-2

1. Música popular - Brasil. 2. Choro (Música). 3. Música - Interpretação (Fraseado, dinâmica, etc). I. Título.

21-68861 CDD: 782.421630981
CDU: 784.7(81)

AGRADECIMENTOS

A Ceci e nossos filhos Pedro, Júlia e Maia, por nossos elos de cumplicidade e amor, na arte e na vida.

Aos meus irmãos Klerman e Vânia, meus afetos incondicionais.

Aos meus incansáveis orientadores Laura Rónai e Marco Túlio, pela confiança, pelo apoio e pelas ideias e correções.

A Martha Ulhôa, pelo incentivo.

Aos meus colegas e aos professores José Nunes, Naílson Simões, Laura Rónai, Clayton Vetromilla, Carole Gubernikoff, Claudia Azevedo, Luiza Alvim e Carlos Almada, por ampliarem meu conhecimento.

Aos inúmeros autores que li e me surpreenderam.

À CAPES, por apoiar minha pesquisa.

À Lei Aldir Blanc, à Secretaria de Cultura e Economia Criativa do Governo do Estado do Rio de Janeiro, a Kryka Pujol, a Fernando Vitale e à equipe de sua editora, por transformarem minha pesquisa em livro.

Aos instrumentistas e musicólogos Luiz Otávio Braga e Pedro Aragão, pelas palavras generosas.

Aos companheiros de música Adriano Souza, Celsinho Silva e Dininho.

Ao grupo Nó em Pingo D'água, que me apresentou as diversas possibilidades de chorar.

A Elifas Andreato, por sua arte genial e amizade.

A Paulinho da Viola, de quem aprendo todos os dias sobre esta e outras músicas.

E a todos os músicos que comigo compartilharam ou compartilham o choro, esta música linda que conheci na infância pelas obras de Nazareth ao piano de mamãe.

à memória de meus pais Antonio e Wany

SÈVE, Mário. *Fraseado do choro: uma análise de estilo por padrões de recorrência.* 2015.

RESUMO

Este livro tem por objetivo abordar um dos mais importantes elementos estilísticos do choro: o seu fraseado musical. A investigação dos padrões de recorrência inerentes ao repertório do gênero sustenta a metodologia usada na pesquisa. Conceitos de fraseado, articulação, ritmo, notação, regras, estilo e gênero formam o texto inicial. O livro apresenta propostas para análises de estilo e relativiza critérios para a classificação de gêneros no âmbito da música popular. Contextualizações históricas e musicológicas de gêneros musicais que influenciaram os chorões procuram explicar construções e transformações estilísticas em suas obras. Análises de padrões de recorrência formais, fraseológicos, melódicos, harmônicos, rítmicos e interpretativos mostram de que maneira se dá o fraseado musical no choro. Os estudos de paradigmas das músicas europeia e africana, e algumas analogias com o *jazz* e com a música barroca, discutem os procedimentos usados para a interpretação e a composição de sub-estilos ou subgêneros do choro — como polcas, tangos brasileiros, e choros no padrão sambado.

Palavras-chave: Fraseado — Choro — Análise de estilo — Padrões de recorrência

SÈVE, Mário. *Choro phrasing: a style analysis by patterns of recurrence.* 2016.

ABSTRACT

This book aims to broach one of the most important stylistic elements of choro: its musical phrasing. The investigation of the inherent patterns of recurrence in the repertoire of the genre supports the methodology used in the research. Concepts of phrasing, articulation, rhythm, notation, rules, style and genres form the initial text. The book proposes some ideas for style analysis and relativizes criteria for gender classifications in popular music. Musicological and historical contextualization of musical genres that influenced the choro musicians try to explain constructions and stylistic changes in these works. Analyses of formal, phraseological, melodic, harmonic, rhythmic and interpretative patterns of recurrence expose how the musical phrasing in choro music is constructed. The studies of European and African musical paradigms, and some analogies with jazz and baroque music, intend to show the procedures used for the interpretation and composition of sub-styles and sub-genres of choro — such as Brazilian polkas, tangos and choros in samba pattern.

Keywords: Phrasing - Choro - Style analysis – Patterns of recurrence

PREFÁCIO

Nas muitas conversas que tive oportunidade de ter com Radamés Gnattali, nos chopes inesquecíveis de fim de tarde, havia um pressuposto quase oculto para aqueles encontros: ele não gostava de falar sobre música. Dizia que música não se explicava. Como definir o som de um clarinete? Tinha-se que escutar, ouvir música, se possível, tocar. Uma tarde perguntei-lhe: — *Radamés, a música em crise. Qual é a saída?* A resposta foi imediata, peremptória: — *O povo. É sempre o povo!*

Ele sempre foi atento às práticas sociais. Considerava-se um compositor neoclássico nacionalista. E aí o termo *nacionalista* é enganoso. Nada de xenofobia. Porquanto acreditava que a música era a única linguagem que todos e todas, de qualquer canto do mundo, podiam entender, sem mais.

Esse *explicar, não-explicar* música encontra em Stravinsky expressão interessante. Ele dizia que na insuperável escrita instrumental de Bach se podia sentir o odor da resina dos violinos da época; que se podia provar a palheta dos Oboés. Cria, enfim, que os preceitos dos grandes mestres da arte traziam tanta densidade quanto as próprias criações, mas considerava desnorteantes o palavrório literário sobre uma forma musical.

Nesse sentido, tanto Gnattali quanto Stravinsky enfatizavam que se se quisesse encontrar o quê das obras musicais, seria nelas próprias e somente nelas que se deveria buscá-lo, nunca nas palavras intermédias, incontáveis, que foram escritas sobre elas. Era ouvi-las e/ou debruçar-se sobre o material musical mesmo.

Paul Valéry tem uma posição curiosa, muito pessoal. Leigo, dizia que na música, para ele, em termos do vocabulário específico que ela possui, este lhe soava vago ou assustador. Esta observação é valiosa, creio, porque penso que este trabalho pode e deve ser lido também pelo amante de música eminentemente leigo. Porque é um trabalho sobre música, mas onde a música aparece!

De todo modo, é obrigatório distinguir entre o uso de palavras como instrumento de poesia e o seu uso para finalidade didática — aqui, nenhuma ironia. Esta finalidade didática parece ser o mais interessante tanto para o leigo ou iniciado quanto para musicistas com formação densa, os professores e professoras de música.

Neste trabalho o leitor lerá sobre a música de Choro como, talvez, não antes tenha lido. O vocabulário específico emerge da análise teórica da estrutura formal com o fim último de mostrar o fraseado do gênero e assim auxiliar a prática interpretativa e composicional: padrões de contrametricidade; forma; fraseologia; organização harmônica; melodia; rítmica; flexibilidade rítmico-melódica. Um trabalho de pesquisa onde assoma a erudição do autor, mas entenda-se erudição no sentido correto: vasta e rica bibliografia onde se percebe a cuidadosa escolha dos autores da base teórica da pesquisa, a seleção e crítica das fontes primárias, o apoio em biografias, monografias, depoimentos, artigos musicológicos, métodos, fontes discográficas etc et al, num expressivo levantamento do estado-da-arte do objeto de pesquisa sobre a música urbana, notadamente o Choro e o Samba e que não fica isolado numa seção do trabalho dissertativo, mas se integra organicamente à totalidade do mesmo.

A pesquisa se insere numa quebra de paradigma no qual aquele que fala da cultura popular é um agente que, de fato, a faz. Dela não se esquiva. Até umas duas ou três décadas atrás, aquele que falava da cultura popular nos textos publicados em livros e afins eram jornalistas, biógrafos, autores de outras áreas do conhecimento e, mesmo se músico, não raro, era um outsider, não envolvido diretamente com as práticas sobre as quais escrevia.

Pois este trabalho parte de um princípio para mim muito caro: àquele que escreve e que, no fundo, faz a história, é necessário perceber as práticas sociais e que significa assenhorar-se delas, praticá-las. A pesquisa deverá ser um ir-e-vir: das práticas à teoria; da teoria às práticas. O resultado aqui prefaciado é um livro que é muito mais que um resultado de pesquisa bem feita num texto muito bem escrito. Logo se inserirá na bibliografia necessária a todo e qualquer trabalho a ser realizado sobre o gênero.

Mário Sève é um artista com um currículo invejável: flautista, saxofonista, compositor, arranjador com extensos e importantes serviços prestados à música brasileira. Músico com vários prêmios, destaca-se com mérito indiscutível entre os grandes músicos da contemporaneidade. Mestre e Doutor em Musicologia pelo Programa de Pós-Graduação em Música da Universidade Federal do Estado do Rio de Janeiro (UNIRIO) — títulos nos quais tive oportunidade de participar como membro titular em ambas as bancas —, Mário Sève compôs um livro que deverá obrigar o leitor, como fez a mim, a se debruçar sobre o gênero, seus compositores, solistas, acompanhadores, arranjadores. Os músicos, professores e professoras têm oportunidade imperdível de "releitura" e/ou aprendizagem, como a que fiz. Sem sustos, pois estamos sempre aprendendo nesse currículo em espiral que é a vida.

Quanto aos leigos, esqueçam um pouquinho de Paul Valèry e também não se assustem; é impossível para quem quer que seja — seja o ouvinte comum, seja um expertise — apreender a didática explicativa desta obra sem lançar mão da ricas referências discográficas que acompanham o trabalho desenvolvido. Música é ouvir, escutar, pensar.

Rio de Janeiro, 23 de janeiro de 2021

Luiz Otávio R. C. Braga
violonista e compositor
Professor de Ensino de Graduação e Pós-graduação em Música
Universidade Federal do Estado do Rio de Janeiro (UNIRIO)

Mário Sève

Saxofonista, flautista, compositor, arranjador e pesquisador carioca, nascido em 20 de março de 1959, Mário Sève começou sua profissionalização na música a partir de sua afinidade com a música dos chorões. Participou de inúmeras rodas de choro em saraus caseiros — junto a músicos como Jorginho do Pandeiro, Jonas Silva, César Faria, Calinhos Leite, Dino Sete Cordas e Ronaldo do Bandolim, do *Conjunto Época de Ouro* — e em bares como o *Sovaco de Cobra*, na Penha — onde se uniu a outros jovens instrumentistas para formar o *Nó em Pingo D'água*.

É integrante e fundador dos quintetos *Nó em Pingo D'Água* e *Aquarela Carioca*, com os quais gravou treze discos de carreira, se apresentou em diferentes países e recebeu diversos prêmios. Desde 1996, integra o grupo do cantor, compositor e instrumentista Paulinho da Viola, tendo atuado em diversos teatros do Brasil e do exterior, incluindo o Carnegie Hall (Nova York). Participou como convidado especial de espetáculos do *Conjunto Época de Ouro* em Tóquio. Foi Diretor Artístico do *Centro Municipal de Referência da Música Carioca*.

É doutor e mestre em música pela Universidade Federal do Estado do Rio de Janeiro (UNIRIO), e autor de diversos artigos publicados e premiados sobre questões relacionadas ao choro. Sua dissertação *Fraseado do Choro: uma análise de estilo por padrões de recorrência*, de 2015, base deste livro, foi indicada ao Prêmio Funarte 2015. Sua tese *Os Saraus de Paulinho da Viola: choros, valsas e memórias*, de 2019 foi indicada para o Prêmio Capes 2020. Tem ministrado oficinas de flauta, saxofone, teoria e prática de choro em festivais, universidades e escolas de música no Brasil e no exterior.

Idealizou e dirigiu o festival *Rio Choro* e as séries *MP, A e B — Argentina e Brasil*, *Encontros Virtuais* e *A Paixão Segundo Catulo*. Escreveu o livro *Vocabulário do Choro: estudos e composições* (1999) e coordenou os três volumes do *Songbook Choro* (2007 e 2011) e os dois volumes do livro/CD *Choro Duetos — Pixinguinha e Benedito Lacerda* (2010 e 2011), trabalhos frequentemente citados em pesquisas acadêmicas.

Gravou os CDs *Bach & Pixinguinha* (2001), com Marcelo Fagerlande, *Choros, Por Que Sax?* (2004), com Daniela Spielmann, *Pixinguinha + Benedito* (2005), com David Ganc, e os autorais *Casa de Todo Mundo* (2007) e *Mário Sève* (2019). A cantora Carol Saboya dedicou o CD *Chão Aberto* (2008) às suas canções. A cantora e poetisa argentina Cecilia Stanzione compôs e gravou ao seu lado as canções dos CD e DVD *Canción Necesaria* (2011) e *Samba Errante* (2017). É parceiro de Geraldo Carneiro, Paulinho da Viola, Chico César, Pedro Luís, Makely Ka, Mauro Aguiar, Cecilia Stanzione, Guilherme Wisnik, Sérgio Natureza, Suely Mesquita e Edu Krieger e possui também obras gravadas por Monica Salmaso, Thaís Mota, Maísa Moura, Clara Sandroni, Suely Mesquita, Rosa Emília, Roberta Sá, o grupo americano *Berkley Choro Ensemble* e o violonista italiano Franco Chirivi, entre outros.

Atuou também com Ney Matogrosso, Alceu Valença, Geraldo Azevedo, Guinga, Ivan Lins, Leila Pinheiro, Zeca Pagodinho, Moraes Moreira, Lenine, Joyce Moreno, Nelson Ângelo, Cristovão Bastos, Toquinho, Moska, Elza Soares, João Bosco, Moreira da Silva, Ademilde Fonseca, Dona Ivone Lara, Zé da Velha, Antonio Adolfo, Altamiro Carrilho, Nelson Cavaquinho, Paulo Moura, Elizeth Cardoso e Carlos Galhardo, entre muitos outros cantores e instrumentistas.

SUMÁRIO

1 INTRODUÇÃO

O choro surgiu na cidade do Rio de Janeiro, na segunda metade do século XIX, como um estilo brasileiro de interpretar e compor danças originárias da Europa, em especial a polca. Depois de algumas décadas, no início do século XX, estabeleceu-se como um importante gênero da música instrumental. Muitos compositores se dedicaram à linguagem do choro, por sua riqueza melódica, harmônica e rítmica. E grandes instrumentistas têm sido atraídos por suas demandas técnico-interpretativas.

Henrique Alves de Mesquita, Joaquim Callado, Chiquinha Gonzaga e Ernesto Nazareth, Anacleto de Medeiros e outros músicos, ao mesclarem influências musicais europeias, negras e mestiças, contribuíram para a criação da base estrutural do choro — uma das grandes inspirações de Heitor Villa-Lobos, que lhe dedicou a série *Choros*, considerada por muitos sua obra-prima. Pixinguinha, Jacob do Bandolim, Garoto, Waldir Azevedo, entre outros, cristalizaram o choro no estilo pelo qual é reconhecido, presente em composições e interpretações de diversos músicos contemporâneos, como Radamés Gnattali, Severino Araújo, Tom Jobim, Paulinho da Viola, Guinga e Hermeto Pascoal.

Uma instrumentação — à base de sopros (flauta, saxofone, clarinete, trompete ou trombone), bandolim, cavaquinho, violões (de seis e sete cordas), pandeiro e percussão — foi sendo formada para a interpretação dos choros. Essa formação instrumental passou a atuar em interpretações e acompanhamentos de outros gêneros brasileiros, como o samba, que por sua vez passou a influenciar o choro. Por sua presença marcante em diferentes fases de nossa história, a música dos chorões estabeleceu-se como uma importante forma de expressão artística urbana brasileira.

A confecção deste livro resultou do desejo de, através de observações, investigações e analogias, decifrar um dos mais fortes elementos estilísticos do choro: o seu fraseado musical. Entende-se, aqui, como fraseado a maneira de se construir, organizar e dispor motivos e frases em uma música. Assim como outros gêneros musicais, o choro possui um estilo marcado por uma série de padrões próprios de recorrência — formais, fraseológicos, harmônicos, melódicos, rítmicos e interpretativos. Compositores e instrumentistas têm contribuído para a criação desses padrões. Mas, como relacioná-los? Quais e quantos seriam? Seria possível sistematizá-los?

A escrita para piano de Nazareth, a estruturação dos conjuntos de choro por Callado, Benedito Lacerda e Canhoto, as pesquisas e gravações de Jacob do Bandolim, e as diferentes orquestrações de Pixinguinha contribuíram para organizar muitos dos procedimentos recorrentes no gênero. A partir de partituras e de registros sonoros desses e de outros artistas, a partir da tradição oral cultivada nas práticas musicais — chamadas rodas de choro —, docentes e pesquisadores têm trabalhado no sentido de sistematizar o ensino do choro. Dentro desta linha, insere-se o conteúdo deste livro.

Entre tantos compositores e instrumentistas, Pixinguinha é considerado o grande nome do choro. Personificando o gênero, ele poderia ser referência para aqueles que desejam ingressar no universo dessa linguagem musical. Apesar da existência de diversas gravações, trabalhos acadêmicos e biografias publicadas sobre o músico, há ainda certa carência de pesquisas que caminhem na direção da sistematização de sua obra. A escrita e as interpretações de Pixinguinha e de outros chorões sugerem estilos comuns de padrões melódicos, rítmicos etc.

Inúmeros livros de estudos de *jazz* são construídos sobre padrões melódicos (*patterns*) extraídos de obras de compositores e instrumentistas. Transcrições de gravações têm servido de modelo para o desenvolvimento da improvisação. E os padrões melódicos contidos nos choros? Não poderiam embasar estudos metódicos instrumentais?

Na Europa dos séculos XVII e XVIII, tratados escritos por compositores e instrumentistas expunham diversos procedimentos usados na música barroca, chegando até mesmo a estabelecer uma série de regras para sua interpretação. Procedimentos recorrentes nos choros não poderiam sugerir também normas composicionais e interpretativas?

Este livro tem o objetivo de apontar caminhos e descrever a *praxis* para músicos que veem no universo artístico dos chorões um modo de expressão. Aborda-se o fraseado do choro por seus padrões de recorrência, averiguando questões que dizem respeito a organizações formais, fraseológicas, melódicas, rítmicas e harmônicas e a aspectos interpretativos. A este objetivo geral, somam-se outros específicos, como o de revisar conceitos relacionados ao fraseado, articulação, ritmo, notação, estilo e gênero; averiguar elementos musicais que contribuíram para a formação do choro em gêneros a ele relacionados; pesquisar partituras manuscritas ou editadas; realizar fraseologias de fragmentos de choros e procurar associar o repertório dos chorões a estudos técnicos metódicos.

Mesmo que por vezes estas páginas sejam ilustradas com obras pianísticas de diferentes épocas, o estilo do choro aqui abordado visa principalmente a sonoridade dos conjuntos regionais e o período em que, sob a presença e influência de Pixinguinha, consolidou-se uma forma de tocar o gênero. Entende-se como "gênero choro" aquele que advém da organização métrica binária, similar à da polca. Portanto, salvo exceções, este livro não se concentra em análises e exemplos de subgêneros do choro, como os derivados da valsa, da mazurca, da *schottisch* etc. A intensa atuação no Rio de Janeiro, sobretudo entre os anos 1930 e 1960, de grupos como o *Regional de Benedito Lacerda* (e sua dupla com Pixinguinha), o *Regional de Luiz Americano*, o *Regional de Dante Santoro*, o *Regional do Canhoto* e de instrumentistas como Altamiro Carrilho, Jacob do Bandolim, Luperce Miranda e Abel Ferreira, gerou uma boa quantidade de registros — em estúdios de rádios ou gravadoras — que se tornaram fontes e referências para a interpretação do gênero. Muitos são aqui usados como material ilustrativo.

A estrutura deste livro, incluindo esta introdução e um texto conclusivo, completa-se em sete capítulos, ilustrados com figuras — baseadas em esquemas e modelos teóricos — e exemplos musicais — que incluem diversos fragmentos de choros, ao lado de modinhas, tangos, sambas, etc. e de composições da música barroca e do *jazz*.

O capítulo 2 expõe conceitos que sustentam as análises realizadas no livro — estudos do fraseado, da articulação musical e de ritmos aplicados à cultura brasileira. Levanta questões que dizem respeito à música e à linguagem, às teorias analíticas e à notação musical — já que os exemplos do livro recorrem a esse sistema de representação gráfica do som.

O capítulo 3 apresenta aspectos da formação do choro e de suas transformações estilísticas através de gêneros que o precederam ou o influenciaram. Discute os significados dos termos estilo e gênero. Propõe metodologias para análises de estilo, objetivando a investigação de padrões de recorrência contidos nos choros. Mostra visões críticas sobre o sistema de classificação por gêneros na música popular, embora seja este o modelo aqui usado.

O capítulo 4 relaciona padrões formais e fraseológicos de recorrência no choro. Aborda conceitos de analistas musicais, junto a determinadas contextualizações estilísticas. Descreve alguns maneirismos nos choros — como os pertencentes a inícios, terminações e figuras temáticas de seu repertório.

O capítulo 5 apresenta padrões melódicos de recorrência no choro. Expõe conceitos relacionados à melodia popular. Relaciona as fórmulas de inflexões mais usadas no gênero, observando analogias com padrões melódicos encontrados em tratados barrocos, em livros de *jazz* e de choro. Mostra o estilo contrapontístico dos choros, suas implicações harmônicas e sua semelhança com o baixo contínuo do período barroco.

O capítulo 6 apresenta padrões rítmicos de recorrência no choro e discute como eles acontecem nos acompanhamentos e nos fraseados. Explica como diferentes fórmulas — associadas a estilos como os da polca, do tango brasileiro, do choro e do choro no padrão sambado — contribuem para a organização rítmica do fraseado. Para as análises, usa conceitos musicológicos e exemplos musicais extraídos de obras de Ernesto Nazareth, Pixinguinha e Benedito Lacerda, Jacob do Bandolim, Luiz Americano e outros chorões. Comenta aspectos da flexibilidade rítmico-melódica e ornamentações nas interpretações choradas a partir de estudos relacionados ao choro, ao *jazz* e à *inegálité* do período barroco.

O repertório de choros abrange cerca de um século e meio de existência e tem passado por diversos estilos e uma infinidade de autores diferentes, transformando alguns paradigmas formais, fraseológicos, rítmicos, melódicos, harmônicos e interpretativos. Contudo, existe um "estilo chorado" comum que se preserva, que identifica o choro ao gênero musical que conhecemos. O fraseado tem sido um de seus mais fortes elementos estilísticos, caracterizando composições e interpretações. Mas como descrevê-lo sem recorrer exclusivamente ao âmbito da retórica e a termos como "chorado", "amaciando", "amolecia", "um jeito brasileiro de tocar" etc.? Procurou-se aqui um caminho alternativo através de investigações e análises de padrões recorrentes em um repertório que inclui choros e alguns de seus subgêneros, construindo-se, ainda, analogias a outros estilos e períodos da música.

2 FUNDAMENTOS

2.1 Fraseado

O fraseado musical pode ser compreendido por analogia à linguagem verbal. Nos expressamos na música a fim de sermos entendidos (mais precisamente: para sermos entendidos por membros de nossa comunidade cultural) com a mesma certeza como nos expressamos na linguagem.[1] Tal como acontece com os sinais de pontuação (na linguagem), o fraseado (na música) tem a função de evidenciar as subdivisões do pensamento, estas delimitadas pelo que chamamos de motivos, frases ou períodos. A organização e a interpretação desse pensamento são consideradas as responsáveis pelo que conhecemos como expressão musical. Para muitos estudiosos, fraseado ou pontuação, em música, são quase sinônimos de expressão — relação também presente nos processos entoativos da voz falada.

> *A pontuação de um texto nos explica com claridade o que diz o texto. Uma vírgula fora de lugar pode expressar algo completamente diferente. Por isso é tão importante respeitar a pontuação de um texto e dar-lhe a entoação correspondente. A voz expressa também os sinais de pontuação. Cada sinal de pontuação em um texto determinado implica em trocas de tons. Não é o mesmo, a nível expressivo, um ponto final que um ponto, tampouco é o mesmo para a escala tonal. A clareza na pontuação também fornece uma clareza no que se está dizendo. De acordo com o sinal de pontuação e o sentido do que dizemos, teremos diferentes inflexões ao final das unidades melódicas. (REGUANT, 2003, p. 199).*[2]

A música, embora representada por um sofisticado sistema de notação — possibilitando indicações de altura e duração de um som, de dinâmica, de articulação, de ritmo e de andamento —, não possui um sistema de sinais de pontuação semelhante ao da linguagem. O fraseado musical representa um enigma a ser revelado por trás dos sinais de uma pauta. Como um orador diante de um texto, cabe ao músico — a partir de critérios próprios e estilísticos — a tarefa de dar sentido a uma determinada obra musical.

Uma frase musical poderia ser entendida, por analogia, como um verso na poesia, ou como uma simples sentença na prosa. O regente austríaco Nikolaus Harnoncourt transcreve, no livro *O discurso dos sons*, a seguinte afirmação do teórico musical alemão do século XVIII, Johann Mattheson: "a melodia instrumental, sem os recursos das palavras e das vozes, se esforça por dizer tanto quanto estas com as palavras."[3] Organizado o pensamento musical, o fraseado acontece nesse "esforço por dizer" do intérprete; frases em movimento se conectam, ou se separam, e o texto musical passa a ser compreensível. Aspectos comuns ao canto e a fala surgem, assim, na relação música-linguagem — em várias línguas, poesia e canto se exprimem pela mesma palavra. Do mesmo modo que uma melodia pode ter seu significado realçado por um texto poético, "a palavra falada pode, através de notas, melodias, harmonias, ter o seu sentido verbal intensificado, permitindo-nos atingir uma compreensão que extrapola a simples lógica."[4]

O compositor e estudioso da canção popular brasileira Luiz Tatit cunha os termos "voz que

1 KELLER, 1973, p. 10.

2 Gemma Reguant é especializada em interpretação no *Institut del Teatre de Barcelona* e professora de técnica vocal para atores.

3 MATTHESON, apud HARNONCOURT, 1988, p. 152.

4 HARNONCOURT, 1988, p. 23.

fala" (ligada à linguagem verbal) e "voz que canta" (ligada à linguagem musical) para investigar a relação canto-fala. O autor de *O cancionista* relaciona a voz que fala com o que é dito e a voz que canta com a maneira de dizer, e, citando o músico e ensaísta José Miguel Wisnik, lembra que "o cantar faz nascer uma voz dentro da voz" — uma voz que fala dentro da voz que canta e uma voz que canta dentro da voz que fala. Ambos os autores descrevem, em suas concepções, o ato de cantar, seja através de um olhar analítico — "uma gestualidade oral, ao mesmo tempo contínua, articulada, tensa e natural, que exige um permanente equilíbrio entre os elementos melódicos, linguísticos, os parâmetros musicais e a entoação coloquial"[5] — seja através de uma imagem poética — "o canto potencializa tudo aquilo que há na linguagem, não de diferença, mas de presença. E presença é o corpo vivo, força do corpo que respira."[6]

O fundamento do fraseado musical constitui-se da conexão e separação de motivos, frases e períodos. A dificuldade de onde pontuar, respirar ou frasear em música está na localização e imediato reconhecimento dos limites desses elementos.

> *Assim é a respiração, o espírito do homem, unida de uma maneira misteriosa com o espírito da linguagem; e entendemos porque os gregos usavam a mesma palavra para definir a respiração e a alma (pneuma). Como na linguagem, assim na música, "frasear" significa igualmente "respirar"; "frasear bem" significa "respirar de forma inteligente." (KELLER, 1973, p. 14).*

O compositor italiano Giulio Bas aconselha-nos a respeitar a "lei natural do ritmo" e respirar no que chama de "ponto morto", ou seja, no ponto de separação de motivos e frases. Na música vocal, por exemplo, que tem o texto como guia, evita-se truncar palavras (respirando-se entre sílabas) ou desrespeitar uma pontuação. A alteração na entoação ou pontuação, em um verso ou uma frase verbal, tem o poder de mudar completamente seu sentido a ponto de distorcê-lo. Vejamos o que poderia ocorrer com uma simples mudança de pontuação em uma mesma frase:

— Pedro e Júlia não me responderam. Quando os procurei, já era tarde.

— Pedro e Júlia não me responderam quando os procurei. Já era tarde.

Na música, como na literatura, a percepção artística progride do motivo (comparado à sílaba ou palavra na prosa) à frase, depois ao período, à seção etc., até chegar à obra como um todo. Na música, acima da frase encontra-se o período como, na poesia, acima do verso está a estrofe e, na prosa, acima da oração a sentença. Poderíamos chegar a comparar formas maiores na música — como o rondó, a forma-sonata — a prosas formadas por sentenças. Sílaba e motivo, verso e frase, sentença e período, estrofe e seção, constituiem-se em elementos que estruturam o fraseado, numa obra poética ou musical.

Para a flautista Nancy Toff, há duas escolas de pensamento sobre o fraseado: uma "mais intuitiva" e outra "mais analítica." A primeira escola é a do modelo verbal, como vimos até então, que iguala a função do fraseado à pontuação na linguagem. A segunda é a da análise formal, que considera a frase musical em diferentes níveis: ataque, ou articulações iniciais; fórmulas rítmicas, acentos, intensidade, dinâmica, e cor, que impulsionam a frase do início ao fim; terminações características e silêncios.

Um dos princípios fundamentais para estudos do fraseado na segunda escola é o da tensão-relaxamento — que busca determinar as variações na taxa de tensão e movimento de uma peça através de análises de seu contorno melódico, de seu ritmo harmônico e da natureza de seu ritmo ou pulso. Diversos teóricos, como Hugo Riemann, Carl Fuchs, Hermann Keller, James Thrumond, Willian Kincaid e Marcel Tabuteau (estes dois últimos citados por Toff), de uma maneira ou de outra, abordaram o problema com esse enfoque.

Através de estudos sobre agrupamentos de notas em unidades *arsis-thesis*, o trompista James Thrumond formulou a teoria do *note grouping* (do agrupamento de notas). *Arsis* e *thesis* são nomes que vêm do drama grego. Na dança, *arsis* correspondia ao tempo no qual o pé era levantado durante

5. TATIT, 2002, p. 9.

6. WISNIK, apud TATIT, 2002, p. 15.

um passo e *thesis* ao tempo em que o pé estava no chão. O *Dicionário Grove de Música* (*DGM*) define *arsis* e *thesis* como termos usados respectivamente para tempos não acentuados e acentuados, ou tempo fraco e tempo forte.[7]

Os gregos, que consideravam a arquitetura, a escultura e a pintura como "arte em estado de repouso" — na qual a assimilação parte do geral para o particular —, classificavam a música, a poesia e a dança como "arte em movimento" — na qual a assimilação progride do particular para o geral —, movimento este que dá origem ao que entendemos por ritmo. A poesia grega — "no grego, poesia e música eram escritas pela mesma palavra, cantar e recitar poesia eram a mesma coisa"[8] — possuía um molde rítmico desenhado por sílabas longas e curtas, onde a existência de acentos não tinha tanta importância.

> *Em vez do modelo com que estamos familiarizados e no qual se diferenciam as sílabas poéticas de um texto levando em consideração seu grau de tonicidade, o Grego tinha como critério, para diferenciar as sílabas poéticas de um verso entre si, o tempo que se levava para pronunciá-las, que podia ser maior ou menor. Essa característica da metrificação grega, naturalmente, reflete uma particularidade da própria língua helênica antiga, uma vez que nela não havia uma distinção entre sílabas tônicas e átonas, e sim entre sílabas longas e breves. (ANTUNES, 2009, p. 21).*

Para os gregos, uma célula verbal como o "iambo", composta de uma sílaba breve e uma sílaba longa, poderia ter sua sílaba breve (esta relacionada à uma acentuação fraca) localizada na batida forte do ritmo, sem estar, por isso, associada a uma conotação de sincopação.[9] O termo *thesis* significava acentuar a base, acima de simplesmente dar ênfase na nota. Esse fenômeno, descrito por Thurmond, é importante para a compreensão do fundamento de sua teoria: "a *arsis*, ou nota fraca (*upbeat*) do motivo ou do compasso (em uma métrica iâmbica), é mais expressiva musicalmente do que a *thesis* (*downbeat*), e acentuando a *arsis* ligeiramente a interpretação pode resultar mais agradável e musical."[10]

Para ele, são as "três fases da evolução do ritmo":

a) o desenvolvimento dos motivos como elementos germinadores do ritmo e melodia;

b) o desenvolvimento da *arsis* e da *thesis*; e

c) a origem da barra de compasso. Sua teoria parece simbolizar, de certa forma, a escola "mais analítica" do fraseado.

> *A música surge do movimento rítmico, e como o ritmo, assim ela está formada por uma sucessão de pequenas ações, de pequenos movimentos determinados, por sua vez, pelo nexo do impulso e do repouso. Estas pequenas ações, estes pequenos movimentos, que podem chamar-se motivos ou incisos, são as células, os elementos primários da composição musical, assim como os pés são os elementos fundamentais do ritmo e da palavra. (BAS, 1947, p. 51).*

O motivo, em música, corresponde a figuras de pequeno valor ou a um pequeno grupo de notas. Considera-se como o menor motivo aquele que possui apenas duas notas, a primeira usualmente a *arsis* e a segunda a *thesis*. Como um movimento de respiração em dois tempos — inspiração (ação) e expiração (repouso) —, o encadeamento musical mais natural é o binário, ou seja, dois incisos ou motivos: um de pergunta, outro de reposta. No fraseado, é importante que se preste atenção primeiro nos menores ítens (figuras ou motivos), e depois nos maiores.

Antes do advento da barra de compasso, na música europeia, as divisões musicais eram indicadas pelo repouso, início e fim das frases; não havia uma linha vertical a separar linhas melódicas

---

7 SADIE, 1994, p. 44.

8 HARNONCOURT, 1988, p. 64.

9 Algo como a figura ♩ 𝅗𝅥, em nossa notação, poderia apresentar-se como | ♩ 𝅗𝅥 |, ao invés de ♩ | 𝅗𝅥. Harnoncourt, numa alusão aos ritmos sincopados, lembra a existência da regra que diz: caso uma nota curta seja seguida de uma mais longa, esta última será em principio acentuada, mesmo que caia num tempo fraco, sem acentuação.

10 THURMOND, 1991, p. 29.

— apenas lia-se, tocava-se ou cantava-se a frase musical. No século XVII, com o contraponto mais elaborado e a necessidade de se combinar vozes, que apareciam em camadas sobre camadas, desenvolveu-se a barra de compasso e a divisão na notação musical, facilitando a identificação da posição das notas entre si, pelo leitor, e a marcação da métrica musical, pelo regente. Junto a esta nova organização surgiu, como consequência, a chamada de "hierarquia dos acentos."

> *Somente no decorrer do século XVII é que a barra de compasso foi colocada de maneira correta, como nós a conhecemos; e daí em diante ela nos dá indicações muito importantes a respeito da acentuação na música. Graças a ela, a hierarquia dos acentos — que já existia implicitamente – oriunda da linguagem, torna-se um sistema visível. (HARNONCOURT, 1988, p. 41).*

A dança pode ter influenciado a colocação da primeira marcação rítmica logo após a barra de compasso, fazendo com que cada compasso, de certa forma, se tornasse tético — começando na *thesis* e acabando na *arsis*. Músicos, atualmente, reconhecem que a barra de compasso tem sido mal-entendida e que teóricos tem lhe atribuído uma função que não possui. Para Thurmond, deveríamos admitir as limitações da escrita musical — uma fórmula mecânica para tocar-se notas com precisão —, que a super acentuação do primeiro tempo do compasso é a origem do tocar inexpressivo. Na opinião de Harnoncourt, deveria ser claro para todo músico que a notação musical é inexata — que, através dela, certas informações não são possíveis de serem assimiladas. O regente alerta para a existência de um "grande problema pedagógico" quando ela é aprendida antes da música propriamente dita.

Um dos primeiros — e mais importantes — estudiosos do fraseado, o alemão Hugo Riemann defendia a aplicação de marcas verticais, além de eventuais rompimentos das hastes das notas, para separar motivos e frases[11] (o exemplo 1 mostra, no segundo sistema, como Riemann poderia escrever a frase do primeiro sistema). Contudo, tal método confundia a leitura à primeira vista de uma partitura e complicava a escrita de combinação de vozes.

Exemplo 1 *- rompimento das hastes das notas para separar frases e motivos*[12]

Riemann pressupunha ainda a atuação, em conjunto, de dois parâmetros — a dinâmica e a agógica[13] — na interpretação musical. Segundo o teórico, assim como a essência do harmônico-melódico é a mudança das alturas, a essência do métrico-rítmico é a variação da energia vital; por um lado, o volume de som (dinâmica), por outro lado, a velocidade da sucessão de sons (agógica, andamento).[14] Aplicando a motivos, frases ou estruturas maiores, a teoria riemaniana do fraseado fala em crescimento (da dinâmica) e aceleração (do andamento) em direção a um "centro de gravidade" (*Schwerpunkt*), culminando em intensidade e duração, e depois diminuição e desaceleração. O exemplo 2 compara diferentes dinâmicas a partir da hierarquia dos acentos e dos preceitos riemaninos, observando que para Riemann a dinâmica deveria estar associada à aceleração do andamento.

11 Carl Fuchs e Hugo Riemann, em *Pratical guide to the art of phrasing*, explicam o uso das marcações no fraseado e as demonstram em diferentes obras.

12 Fonte: *Note grouping* (THURMOND, 1991, p. 64).

13 Agógica foi o termo que Riemann usou para nomear flutuações premeditadas do tempo musical.

14 RIEMANN, apud NOVAIS, 2014, p. 58.

Exemplo 2 — *comparação de dinâmica das estruturas de dois, três e quatro sons segundo a hierarquia dos acentos e Hugo Riemann*[15]

Marcel Tabuteau, durante muito tempo o principal oboísta da *Philadelphia Orchestra*, teria lançado uma teoria expressando a dicotomia entre movimento e repouso através da articulação, das dinâmicas e do colorido sonoro — parâmetros controlados pelo que nominou *the drive*. Ele dividia o movimento em uma série de arcos (separando grupos de notas, com movimentos internos) até alcançar a nota de repouso, partindo do princípio que não há duas notas iguais em uma frase — quer em termos de duração, volume, ênfase ou de intenção. Argumentava que se duas notas são tocadas da mesma maneira, o movimento da frase pára, mas quando cada nota é expressa por seu papel particular, a linha melódica tem forma e vida. O músico atribuiu números para cada nota da frase (exemplo 3), sendo 1 o menos significativo e o maior (como 5, no exemplo) o mais dinâmico. Esta numeração tinha o intuito de demonstrar como atingir de forma gradual o ápice ou o repouso da frase.

Exemplo 3 — *modelo teórico de fraseado de Marcel Tabuteau*[16]

O flautista americano William Kincaid — por concluir que sem um receptor (um ponto de chegada) um grupo de notas não emite som com sentido —, foi levado a propor uma ideia semelhante àquela de seu colega Tabuteau, mas separando células musicais por colchetes (como no exemplo 4), tornando-se esta uma marca característica de seus discípulos.

Exemplo 4 — *modelo teórico de fraseado de William Kincaid*[17]

Kincaid dizia que em música "não existem problemas técnicos", "somente problemas de fraseado".[18] Boa parte dos teóricos da chamada escola "mais analítica" do fraseado parece ter percebido nas obras dos grandes mestres a força da anacruse.

15 Fonte: *Interpretação e fraseado no "Mosaico nº1" de José Vieira Brandão* (NOVAIS, 2014, p. 59).

16 Fonte: *The flute book* (TOFF, 2012, p. 149).

17 Fonte: *The flute book* (ibid., p. 149).

18 Ibid., p. 150.

O sentido do impulso em direção ao tempo forte, transmitida pela anacruse, parece estar continuamente presente em melodias que possuem inconfundível vitalidade rítmica, tal como aquelas de J. S. Bach. Cada tempo forte serve por sua vez de trampolim para o inicio de outra anacruse, sempre renovando a vida da melodia. (PISTON, apud THURMOND, 1991, p. 46).

A partir de reflexões sobre o papel da anacruse, a teoria do *note grouping* sugere que, para solucionar questões de fraseado, o intérprete deve focar inicialmente nos grupos de notas musicais e não exclusivamente nos padrões gráficos notados na partitura (como, barras de compasso e hastes que unem notas), ou seja, deve aprender a ver a música de forma diferente do que está impressa — propõe, assim, como outros estudiosos, uma nova organização para esses grupos. Quando cantores e músicos respiram entre grupos de notas (não, necessariamente, na barra de compasso), as frases e os períodos tornam-se mais fáceis de ver e tocar.

James Thurmond lembra que por centenas de anos fez-se música sem barras de compasso, mas não sem frases medidas, pois a melodia só pode ter forma e sentido se é medida. O segredo para um bom fraseado — nisso parecem concordar diversos autores da escola analítica — está nos critérios de separação e união de grupos de notas. O modelo do *note grouping* propõe, para isso, que, acima dos padrões *thesis-arsis* sugeridos graficamente na música impressa (por barras de compassos e hastes que unem e separam colcheias, semicolcheias, fusas, semifusas etc.), assinalemos os grupos de notas *arsis-thesis* em colchetes (exemplos 5 e 6), nos quais *arsis* estão identificadas como A e *thesis* como T. Os exemplos que se seguem mostram organizações binárias A-T (como ♩ | ♩) e ternárias A-A-T (como ♩♩ | ♩) — estas também aplicáveis a tercinas (como 𝄾 ♫ ♪) ou a figuras associadas a compassos compostos (como 𝄾 ♫ ♪).

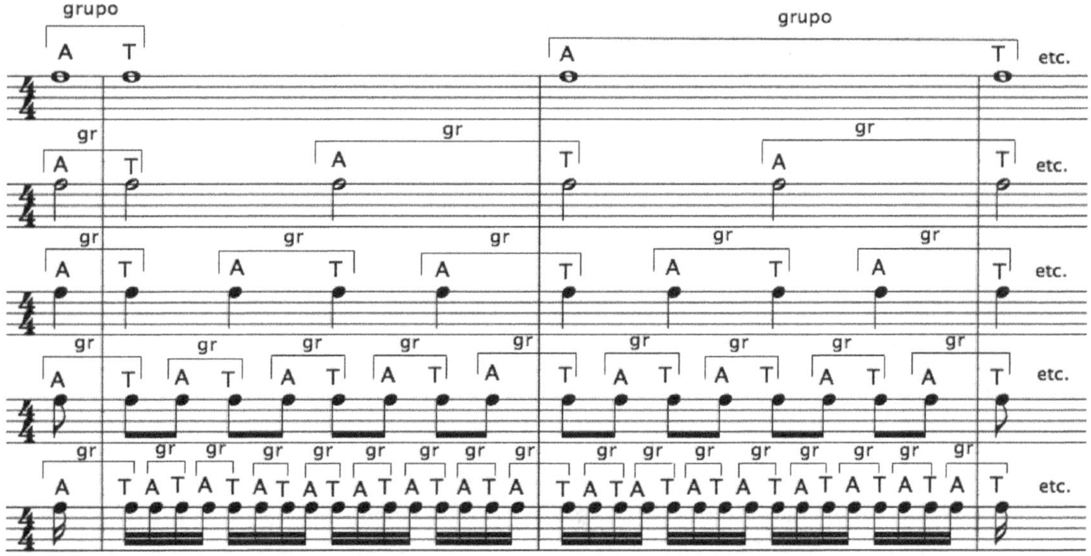

***Exemplo 5** — organizações binárias (A-T) em um compasso $\frac{4}{4}$* [19]

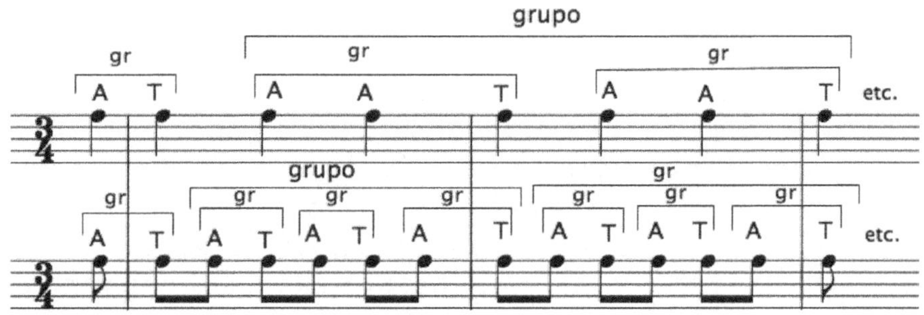

***Exemplo 6** — organizações ternárias (A-A-T) e binárias (A-T) em um compasso $\frac{3}{4}$* [20]

19 Fonte: *Note grouping* (THURMOND, 1991, p. 64).
20 Fonte: *Note grouping* (ibid., p. 66).

Os exemplos mostram, ainda, que grupos menores estão inseridos em maiores e que o movimento *arsis-thesis* se faz simultaneamente em níveis diferentes. A interpretação de uma música faz-se por grupos maiores, sobretudo quanto mais acelerado for o andamento. Esse enfoque resulta na valorização de movimentos anacrústicos em motivos musicais, tão recorrentes não só em Bach, mas também em outros compositores e estilos, como o do gênero choro, da música popular brasileira, relacionado a este livro.

O exemplo 7, a seguir, mostra diferentes níveis de organização de grupos, identificados por colchetes (na primeira linha) e por construções de hastes diferentes do padrão da escrita musical (na segunda, terceira e quarta linha). Thurmond sugere que haja um leve crescendo ou intensificação — não conscientemente, resultado das notas sendo corretamente "agrupadas e sentidas" — até a (última) *thesis*, porém esta não deve ser acentuada.

Exemplo 7 *— identificação de grupos por colchetes ou hastes em diferentes níveis*[21]

Além de aspectos relacionados à dinâmicas, ênfases e separação de grupos de notas, é relevante observar, também, questões relacionadas à flexibilidades rítmico-melódicas dentro desses próprios grupos, visto que intérpretes, por fins expressivos, permitem-se ser livres nesse sentido — mesmo respeitando critérios próprios ou estilísticos. Dependendo do gênero, do estilo musical, essa liberdade torna-se menor ou maior. Vejamos o que diz o pianista e compositor Horacio Salgán, um dos grandes nomes da história do tango:

> *Embora o tango, como toda música bem construída, mova-se dentro do padrão das frases que o integram, a palavra fraseado se usa, de uma forma geral, para denominar duas coisas distintas. A primeira delas é a que se refere a expor ou, melhor, 'dizer' a melodia, fazendo uso de rubato, antecipações, e/ou qualquer outra sutileza que contribua à melhor expressão da frase. Estes recursos coincidem, obviamente, com os usados na interpretação de obras do período romântico. Na linguagem do tango, outro emprego do termo fraseado faz alusão a uma forma de variante em que a frase se expõe geralmente entrecortada, modificando um tanto a melodia em suas notas e sua figuração, mas — importante — resultando sempre reconhecível. (SALGÁN, 2001, p. 41).*

O maestro argentino fala de *rubato* e expõe, nessas palavras, diversas informações importantes sobre a interpretação musical. O *DGM* define o termo *rubato* (roubado) como o andamento ampliado além daquele matematicamente disponível; assim retardado, prolongado ou ampliado.[22] A pianista Sandra P. Rosenblum estabelece para definição do *rubato* duas categorias, ambas encontradas em diferentes épocas e estilos europeus do século XVIII ao XX (não apenas no romantismo, como sugere Salgán): o "*rubato* estrutural ou agógico", onde a melodia e o pulso aceleram e retardam, na música, como um todo; e o "*rubato* contramétrico ou melódico", onde a melodia goza de liberdade

21 Fonte: *Note grouping* (ibid., p. 87-90).

22 SADIE, 1994, p. 805.

rítmica sobre um pulso firme. As duas categorias aparecem na música portenha, mesmo que nela a segunda seja mais evidente. Salgán ressalta ainda o aspecto improvisativo, ou ornamentado, relacionado à segunda categoria, tão presente no tango, no *jazz*, no choro e em grande parte da música brasileira.

Em um conceito semelhante ao do "*rubato* contramétrico" e considerando a recorrência, nas canções brasileiras, de duas lógicas: uma "musical", baseada em compassos regulares e padrões de acentuações isométricos; outra "prosódica", baseada na divisão retórica das palavras em esquemas rítmicos irregulares e variáveis[23], a musicóloga brasileira Martha Ulhôa cunhou o termo "métrica derramada" para explicar uma flexibilidade rítmico-melódica que liberta o fraseado dos rígidos limites do tempo e do compasso.

Em linha de pensamento análoga, o crítico musical Dai Griffiths introduz o conceito de "espaço verbal" (*verbal space*), definindo-o como o compromisso básico da música pop: as palavras concordam em trabalhar dentro dos espaços das frases da música tonal, e a potencial intensidade expressiva da melodia da música é utilizada em prol da clareza da comunicação verbal.[24] O papel do intérprete não é reproduzir melodias com a regularidade do ritmo harmônico ou da música transmitida por notação — na canção a relação entre letras e fluxo com que são apresentadas tem, ainda, impacto sobre o significado das próprias palavras. De certo modo, Mário de Andrade, em *Ensaio sobre a música brasileira*, se depara com questão similar ao ouvir nossos cantadores, que se aproveitando dos "valores prosódicos da fala brasileira" tiram dela elementos essenciais de melodia e ritmo — "qualquer cantiga está sujeita a um tal *ad libitum* rítmico devido às próprias condições de dicção."[25] Os primeiros chorões (instrumentistas) tinham suas práticas musicais associadas a seresteiros (cantores intérpretes de modinhas, valsas, sambas etc.) — o estilo de fraseado desses intérpretes possivelmente os influenciou.

Algumas das análises aqui apresentadas são peças importantes no estudo do fraseado musical de gêneros associados à linguagem do choro. A interseção dos conceitos apresentados pelo *note grouping*, dado a força da anacruse na melodia e a organização fraseológica recorrente nesses gêneros, com conceitos de "*rubato* contramétrico" ou "métrica derramada" pode tornar-se um bom caminho para o entendimento de alguns procedimentos interpretativos no choro. A flexibilização rítmico-melódica dentro de grupos de notas (motivos, frases) parece dar significado, por exemplo, aos termos "amaciar" ou "amolecer", usados para descrever certas interpretações melódicas choradas. Por outro lado, a identificação de grupos de notas no choro pode, por vezes, estar intrinsecamente ligada a certas organizações rítmicas que contradizem a própria organização métrica convencional. Esta identificação — associada ainda à presença recorrente do que conhecemos como síncopes — é capaz de subverter ou colocar em outro nível de percepção alguns conceitos estudados.

2.2 Articulação

O maestro Nikolaus Harnoncourt, lembrando de ser a música a "linguagem dos sons", diz que a articulação é orientada pela linguagem verbal e associa sua forma musical de realização à clareza do discurso oral. Mas o que diferencia a articulação do fraseado?

> *Articulação é o nome dado ao processo técnico do falar, à maneira de proferir as diversas vogais e consoantes. De acordo com o Lexicon de Meyer (1903), articular é dividir, expor algo ponto por ponto; fazer com que as partes de um todo apareçam claramente, sobretudo os sons e as silabas das palavras. Na música, compreende-se por articulação o ligar e o destacar das notas, o legato[26] e o staccato[27], bem como a sua mistura, para a qual muitos empregam abusivamente o termo fraseado. (HARNONCOURT, 1988, p. 49).*

---

23 ULHÔA, 1992, p. 2.

24 GRIFFITHS, apud MOORE, 2012, p. 100.

25 ANDRADE, 1962, p. 23.

26 O *DGM* define *legato* (ligado) como termo que indica notas suavemente ligadas, sem interrupção perceptível no som, nem ênfase especial; oposto de *staccato*.

27 Segundo o *DGM*, para *staccato* (destacado) diz-se de uma nota, durante a execução, separadas de suas vizinhas por perceptível silêncio de articulação e que recebe uma certa ênfase, não exatamente *marcato*, mas oposto de *legato*. O *staccato* é notado com um ponto, um traço vertical ou um sinal em forma de cunha.

Para Hugo Riemann, por exemplo, enquanto articulação é basicamente algo mecânico, técnico, fraseado é basicamente perceptivo. O teórico alemão parece comparar a construção de grupos de notas por articulação, definidos previamente por *legatos* e *staccatos* marcados pelo compositor, com a construção de grupos pelo fraseado, definidos pela percepção do intérprete. Ele mostra como um fragmento melódico da *Segunda Sinfonia*, de Brahms, que apresenta a figura | 𝅗𝅥 ♩ | como motivo (destacada pelo *legato* da escrita do compositor, no primeiro sistema do exemplo 8), pode ter uma leitura diferente a partir da percepção do intérprete ao usar a figura ♩ | 𝅗𝅥 como motivo (destacada em colchetes, no segundo sistema do exemplo 8).

Exemplo 8 — *construção de grupos por articulação e por fraseado*[28]

No estilo clássico os *legatos* notados pelos compositores dificilmente ultrapassam as barras de compassos. Marcações de *legatos* e *stacattos*, em geral, parecem não ter muita relevância na notação, com poucos sinais de articulação, das músicas barroca ou popular. Tais músicas pressupõem que instrumentistas ou cantores possam fazer suas escolhas, mesmo que estas surjam a partir de critérios estilísticos. Na música barroca, por vezes, certas articulações, quando marcadas na partitura, podem inclusive ter outro significado — como ilustra o fragmento da obra *Ich ruf' zu dir, Herr Jesu Christ*, de Johann Sebastian Bach (exemplo 9), na qual os sucessivos *legatos* de quatro em quatro semicolcheias da partitura do órgão devem ser entendidos como um só *legato* contínuo.

Exemplo 9 — *legatos em fragmento de uma composição de Bach*[29]

Algumas marcações de *legato* podem relacionar-se a "ligaduras fraseológicas", no caso de estarem sobre uma sucessão de notas (em um motivo, em uma frase) com o intuito de indicar seu agrupamento — neste caso, tais marcações saem do âmbito da simples articulação para se tornarem indicações relativas à interpretação. A flautista brasileira Laura Rónai vê os sinais de articulação como indicações do que chama de "expressividade implícita."

> *Esta é a tendência de todos os símbolos relativos à articulação. Mesmo quando finalmente são adotados por compositores, continuam a ser vistos pela maioria dos músicos como indicadores de expressividade na música, e seu subtexto é geralmente assimilado por nós. (RÓNAI, 2008, p. 190).*

Da boa articulação resulta a compreensão de um texto e, consequentemente, uma clara comunicação com o público — "em música, o que realmente conta é a ilusão, a impressão que se apodera do ouvinte."[30] Do ponto de vista do aparelho fonador, na articulação intervém a língua, o maxilar inferior, o palato (mole e duro), os lábios, os dentes etc., mas o órgão que trabalha mais a articulação é nossa língua.[31]

---

28 Fonte: *Phrasing and articulation* (KELLER, 1973, p. 56-7).

29 Fonte: *Phrasing and articulation* (ibid., p. 59).

30 HARNONCOURT, 1988, p. 54.

31 REGUANT, 2003, p. 191.

Uma criança aprende a falar logo que aprende a articular. Na linguagem emocional, a articulação é a responsável por transmitir expressão — isso acontece na medida em que os sons da fala são separados, em que vogais e consoantes são distinguidas de forma clara. Usando-se como referência o universo da linguagem verbal, parece ser possível traçar o seguinte paralelo: se o fraseado — através do uso da "pontuação" — surge como uma forma de separar ou unir grupos (de palavras, versos, sentenças etc.) a fim de organizar o discurso verbal, a articulação — através da "dicção" (ou da pronúncia) — surge como uma forma de organizar os sons da fala do discurso a fim de explicitar claramente seu conteúdo.

O conceito de "dicção" na canção popular, formulado por Luiz Tatit, pode ser útil para entendermos como se dá a articulação em diversos campos musicais. O "cancionista" (compositor ou intérprete), através da "gestualidade oral", manobra simultaneamente a "linearidade continua da melodia" (associada ao fluxo melódico contínuo das vogais) e a "linearidade articulada do texto" (associada ao atrito do ataque das consoantes). O cancionista administra, pela entoação, a tensividade resultante da interrupção da continuidade (da melodia) pela força de segmentação (de fonemas, palavras, frases etc.), fazendo das duas tendências uma só "dicção" — para ele, a melodia entoativa é seu tesouro óbvio.[32]

Harnoncourt diz que, associada ao termo "pronúncia musical", a articulação na música barroca era transmitida por regras gerais (de acentuação e de ligação) e sinais de notação (como a ligadura, o traço vertical, o ponto). Nesse período, estes sinais eram pouco presentes nas partituras por serem de utilização óbvia para o músico — que os manipulava como nos comunicamos em nossas línguas. Mesmo com grandes mudanças em seu significado, os sinais de articulação continuam os mesmos através de séculos.

> *Na pintura a óleo com veladura a cor é transparente; é possível, nela, vermos uma camada através de outra e de tal sorte que chegamos a ver, através de quatro, cinco camadas o desenho embaixo. O mesmo acontece com a nossa audição no caso de peças bem articuladas; levamos nossos ouvidos a passear nas profundidades e lá escutamos claramente as várias camadas que se fundem num todo. Ao fundo percebemos o "desenho", o plano; passando a outra camada iremos encontrar as acentuações das dissonâncias e numa próxima, uma voz de dicção doce, enquanto na seguinte, uma outra voz estará sendo articulada forte e rigidamente. (HARNONCOURT, 1988, p. 55-6).*

Hermann Keller comenta que a articulação musical deve ser entendida, como o fraseado, em analogia à linguagem, mas não exclusivamente. A função da articulação na música está na união ou separação de notas individuais entre si a fim de determinar a expressão de linhas melódicas.

> *O contraste entre legato e staccato permite uma comparação com: a) a diferença entre andar tranquilo e correr apressado, quando apenas as pontas dos dedos tocam o chão; b) o contraste entre o comportamento calmamente recolhido e o gesto animado, como as palmas das mãos; ou c) a diferença entre o discurso ponderado e o discurso emocionado. (KELLER, 1973, p. 34).*

Ele observa, ainda, que ritmos regulares e intervalos médios são adequados para o *legato*, enquanto ritmos irregulares e regiões extremas (muito agudas ou muito graves) são adequados ao *staccato*. Mas nem a articulação, nem mudanças de andamento, nem transferências de oitava ou transposições de tom, alteram o significado essencial de uma melodia. Mesmo que a variedade de possibilidades expressivas da articulação tenha surgido e crescido simultaneamente à atenção ao ritmo e à dinâmica (estes relacionados à música como um todo), ela deve ser vista como função da melodia. Em sua opinião é preferível deixar para o conceito de fraseado seu significado original e designar a ligação de duas, três, ou mais notas, se estas atuam na formação de um motivo, como a "construção de grupos por meio de articulação."[33] O exemplo 10 mostra, dentro de uma série de notas em degraus escalares ascendentes, articulações em que se valorizam intervalos de terças ou de segundas, enfraquecendo intervalos de segundas e terças, respectivamente.

32 TATIT, 2002, p. 11.

33 KELLER, 1973, p. 54.

Exemplo 10 — *articulações sobre uma série em degraus escalares ascendentes*[34]

O ritmo pode ser o mais forte elemento para construção de grupos de notas, porém composições sobre moto contínuo melódico, como é comum na obra de Bach, oferecem caminhos diversos para essa construção. Em tal caso, o compositor (ou o intérprete) — pode criar grupos de notas com o significado de motivos através de articulação. Embora, segundo Keller, os instrumentos de sopro tenham tido menor importância no desenvolvimento da articulação do que as cordas no século XVII, eles são considerados os modelos mais óbvios para se entender o problema da articulação musical — por se aproximarem da voz, pelo controle e interrupção da respiração ao produzirem sons. As primeiras notas a serem ligadas foram aquelas separadas por intervalos de segundas — articulação preferida por Corelli e Bach.

Até o século XIX foi praxe os próprios intérpretes — a partir de seus gostos, concepções e de "princípios da articulação" — fazerem escolhas de *legatos*, *staccatos*, dinâmicas, rubatos, respirações, ornamentações, *crescendos* e *decrescendos* — consequência, em parte, do hábito de músicos dessa época tocarem obras de seus contemporâneos. Se no século XIX a tendência era valorizar grandes linhas de *legato* ininterruptas — alongando frases e economizando respirações —, no século XVIII a articulação mais importante era o *staccato* — "nos métodos da época, isso fica claro ao percebemos a imensa variedade de sílabas sugeridas para os ataques."[35] Numa alusão à influência de sotaques (ou dicções, ou pronúncias) regionais nas práticas musicais, Laura Rónai conclui, a partir de tratados e métodos de flauta que pesquisou, que os fonemas usados para ataques (golpes de língua) mudavam de acordo com a nacionalidade de seus autores — os métodos franceses do início do século XVIII sugeriam para golpes duplos as sílabas TU e RU (estas também associadas à *inégalité*)[36] ou LOUL (pronuncia-se LUL em português), como o de Charles de Lusse; os alemães, TI e RI, TI e DI e DID'LL (DI-DEL em português), como o de Quantz, e DA e TA, como o de Tromlitz; os ingleses, TOO-TLE, como Granom; e as síncopes podiam ser expressas por T-HÉ ou DI-HI, segundo De Lusse e Lorenzoni. No período barroco — quando não havia uma divisão clara entre música e técnica —, o conceito de articulação aparecia misturado a outras facetas da interpretação (como ornamentação, dinâmica, respiração e acentuação), por serem elas todas consideradas parâmetros que se afetavam entre si — aliás, todos relacionados ao fraseado musical.

Mesclando alguns desses parâmetros e descrevendo várias de suas regras, Harnoncourt costura o tema articulação concluindo que uma música bem articulada se dirige a "nossa sensibilidade corporal", ao "nosso senso de movimento." O maestro afirma que o princípio hierárquico da música barroca não atua somente na oposição forte-piano, forte-suave, mas também na diferença de duração entre notas um pouco longas e um pouco mais curtas. Nesse estilo, enquanto a primeira nota sob a ligadura deve ser acentuada e mais longa, as notas seguintes devem ser tocadas mais suavemente — pois a ligadura representa mais "uma indicação de pronúncia" do que "uma indicação de técnica." Não integrada à composição (ou seja, podendo aparecer invertida em diferentes partes de uma obra), a articulação "é uma micro-dinâmica que se aplica a sílabas e palavras isoladas", pois representa a "pronúncia", deixando transparecer o "discurso sonoro."[37]

A articulação está ligada a um "sotaque" musical. Vários pensadores relacionam o tema articulação, de uma maneira ou de outra, com a linguagem, a pronúncia e a dicção. Poderíamos entender, a partir dessa visão, por que associamos determinados estilos musicais ou a maneira

34 Fonte: *Phrasing and articulation* (ibid., p. 54)

35 RÓNAI, 2008, p. 174.

36 A *inegalité* é um termo usado para um hábito de execução na música do Barroco francês que consiste em tocar de modo desigual notas grafadas da mesma maneira. (RÓNAI, 2008, p. 192).

37 HARNONCOURT, 1988, p. 60.

de interpretá-los na língua de uma cultura. Na música popular isso parece tornar-se ainda mais evidente. O musicólogo Philip Tagg, em um artigo para a *EPMOW*38, dá exemplos de articulações relacionadas à linguagem, mostrando, curiosamente, como se dá na língua inglesa a recorrência da figura conhecida como *scotch snaps* (♬.):

> *Sendo a melodia muitas vezes uma questão de cantar palavras, o ritmo melódico também é determinado pelo ritmo da língua em que essas palavras são cantadas. Por exemplo, uma frase melódica terminando como ♪| ♪♩. , especialmente com contorno descendente (negro, roja, el día, cantaria), é menos provável de ocorrer em inglês do que em uma canção de língua latina, como evidenciado pelas seguintes palavras e frases trissilábicas: volare, cantare, amore, nel cuore (italiano), querida, contigo, belleza, te quiero, llorando, tristeza, partido, destino, mi alma, la noche, y siento, tan solo, en pena, mi vida, tus ojos, tu pelo, me mata (espanhol, a partir de letras de tango, consulte Vilariño, 1981). Por outro lado, frases começando no tempo forte com Scotch snap | ♪♩. ou | ♬. (pontuação invertida), especialmente com o aumento do contorno, são improváveis de aparecer na música de línguas germânica ou latina simplesmente porque, com a exceção do céltico e do húngaro, o inglês é a única língua européia em exibir essa marca (por exemplo, mother, brother, do it, hit it, ou Jenny, body, pettie, coatie, coming). (TAGG, 2015, p. 9-10).*

Poderíamos, por exemplo, ao observarmos a fala do negro norte-americano, fazer associações com articulações musicalmente construídas no *jazz*, no qual uma infinidade de personagens de uma cultura afrodescendente tornaram-se as principais referências do estilo — nomes como Louis Armstrong, Miles Davis, Charlie Parker, John Coltrane, Duke Ellington, Count Basie, Thelonious Monk, Charles Mingus entre outros.

Na música brasileira, a maneira de se usar a articulação parece estar da mesma forma associada à aspectos de nossa língua e nosso sotaque. O choro, apesar de ser basicamente música instrumental, é muitas vezes articulado e fraseado a partir dessa relação. Usando-se o exemplo da flauta — o primeiro instrumento solista do gênero —, em uma analogia ao que foi descrito por Rónai sobre a música barroca, notamos que para muitos flautistas chorões parece ser mais usual articular o "duplo golpe" com sílabas do tipo TA-RA ou agrupar, em andamentos médios, quatro ou mais notas (como 2/4 ♬♬| ♬♬ ♬♬| ♪ etc.) com a sequência de sílabas TA-RA-RA-RA... — talvez, fonemas mais próximos da maneira como cantarolamos.

Como em outras culturas, o fraseado, certas acentuações, cortes rítmicos ou separações de grupos de notas, mesmo em músicas instrumentais, podem estar associadas a sotaques e a elementos de organização prosódica[39] próprios. Contudo, há ainda outras questões, como aquela que ligam as articulações musicais às estruturas rítmicas.

2.3 Ritmo

A análise métrica e rítmica é a base fundamental para a construção do fraseado e da articulação na execução musical. O ritmo — junto à melodia e à harmonia, tradicionalmente considerado um dos três elementos básicos da música — é definido pelo *DMG* como a subdivisão de um lapso de tempo em seções perceptíveis; o grupamento de sons musicais, principalmente por meio de duração e ênfase.[40] Ele organiza uma sequência de notas em uma melodia, gerando um movimento — "sem movimento não há ritmo, sem ritmo não há música."[41] Necessitamos usar diferentes acentos e pausas, ou durações de notas, ou sincopações, para estabelecermos um ritmo. O ritmo acontece dentro de uma pulsação — esta é responsável pela métrica e disposição dos compassos em uma composição musical. A pulsação musical é determinada por acentos que se repetem dentro de um grupo de pulsos. Assim, um pulso contínuo (como o da batida do coração), dificilmente poderia ser

38 *EPMOW* significa *Encyclopedia of popular music of the world.*

39 A prosódia é o estudo do ritmo, entonação e outros atributos da fala, descrevendo suas propriedades acústicas não preditas pela transcrição ortográfica, e cuidando da correta acentuação das palavras.

40 SADIE, 1994, p. 788

41 MARSALIS, 1995, p. 21.

considerado música. Em música, o pulso[42] define um tempo e a frequência de pulsos o andamento. Na música ocidental, o tempo é geralmente organizado para estabelecer uma pulsação regular, e pela subdivisão dessa pulsação em grupos regulares. Esses grupos são comumente de duas ou três unidades (ou seus compostos, como quatro ou seis).[43] Os estudos relacionados à música brasileira passam, em grande parte, pela análise de sua organização rítmica.

> *Um dos pontos que provam a riqueza do nosso populário ser maior do que a gente imagina é o ritmo. Seja porque os compositores de maxixes e cantigas impressas não sabem grafar o que executam, seja porque dão só a síntese essencial deixando de lado as sutilezas pra invenção do cantador, o certo é que uma obra executada difere às vezes totalmente do que está escrito. (ANDRADE, 1962, p. 21).*

Mário de Andrade chama atenção para a complexidade e variedade do ritmo na nossa organização musical, mas questiona a notação tradicional como ferramenta para descrevê-lo. O ritmo na música do Brasil, a depender do estilo ou gênero, está sujeito a construções próprias que, muitas vezes, não parecem seguir o padrão da escola clássica ocidental. Há diferentes procedimentos estruturais do ritmo, dependendo da cultura a ele associada — a "riqueza" no Brasil está exatamente no conflito entre esses procedimentos. A música popular brasileira dos três séculos coloniais vinha de um povo feito de portugueses, africanos, ameríndios, espanhóis, que misturavam suas falas às cantigas e danças que a Colônia escutava — nosso canto popular formou-se dessa fusão.

> *A influência portuguesa foi a mais vasta de todas. Os portugueses fixaram o nosso tonalismo harmônico; nos deram a quadratura estrófica; provavelmente a síncopa que nos encarregamos de desenvolver ao contato da pererequice rítmica do africano; os instrumentos europeus, a guitarra (violão), a viola, o cavaquinho, a flauta, o oficleide, o piano, o grupo de arcos. (ANDRADE, 1942, p. 148).*

O maestro e compositor Baptista Siqueira observa que no início do século XIX, por influência portuguesa, houve uma penetração da forma "redondilha maior" (versos de sete sílabas, ou oito acentuados na penúltima)[44] na organização de nossos versos, chegando mesmo a atingir títulos de poesias líricas[45] como *Minha Marília não vive* (1837) *Quando sereno e vivido* (1857).[46] Mas foram decisivos, na nossa organização musical, os ritmos dos negros, quase sempre veiculados por seus instrumentos de percussão.

> *O africano também tomou parte na formação do canto popular brasileiro. Foi certamente ao contato dele que a nossa rítmica alcançou a variedade que tem, uma das nossas riquezas musicais. A língua brasileira se enriqueceu de uma quantidade de termos sonorosos e mesmo de algumas flexões de sintaxe e dicção, que influenciaram necessariamente a formação da linha melódica. (ANDRADE, 1942, p. 149).*

2.3.1 Síncope

O *DGM* define "métrica" como a organização de notas numa composição ou passagem, no que diz respeito ao andamento, de tal forma que uma pulsação regular feita de tempos possa ser percebida e a duração de cada nota medida em termos desse tempo[47] e "síncope" como o deslocamento regular de cada tempo em padrão cadenciado sempre no mesmo valor à frente ou atrás de sua posição normal no compasso[48], ou seja, um desvio do pulso ou da acentuação métrica normal.

42 Segundo o teórico canadense Wallace Berry, os pulsos costumam repetir-se regularmente na maioria das músicas; algumas, como os cantos litúrgicos da Idade Média, não obedecem a uma pulsação regular.

43 SADIE, 1994, p. 788.

44 Ritmos téticos e femininos — com acentos peculiares — começaram a estabelecer normas pelas imitações, na música popular. (SIQUEIRA, 1969, p. 16).

45 Era comum o uso do primeiro verso de uma cantiga como identificador (título) da mesma.

46 Os grifos sinalizam acentos tônicos.

47 SADIE, 1994, p. 600.

48 Ibid., p. 868.

Ao mencionar que na música brasileira, em relação ao ritmo, o principal problema ser a "síncopa"[49], Mário de Andrade sugere que seu conceito muitas vezes não se adéqua a nossos movimentos rítmicos — no nosso caso o que chamamos de "síncopa" pode não ser. Ele observa que, no Brasil, existiu um conflito entre a rítmica musical dos portugueses, "afeiçoada ao mensuralismo tradicional europeu", e a prosódia das músicas ameríndias e africanas, e conclui afirmando que "a rítmica mais livre, sem medição isolada musical era mais a nossa tendência."[50] Baptista Siqueira comenta que nossa música, nos princípios, era "rigorosamente prosódica" — com a "preponderância da inflexão verbal" — e que, por ser música cantada, estava condicionada ao "fenômeno fisiológico do sotaque." Para ele, têm origem "idiomática", e não "atávica", as síncopes em nossa música — elas não se encontram associadas especificamente a uma herança do europeu, do negro ou do índio, mas sim também a uma condição de nossa própria língua. E afirma que quase todos os ritmos de nossos versos, quando submetidos ao compasso binário simples (em uso no cancioneiro nacional), fornecem fórmulas equivalentes a grupos em síncopes inacentuadas.[51]

Segundo Siqueira, a música brasileira caracterizou-se, inicialmente, pela substituição dos "acentos métricos" — de caráter universal — por "acentos rítmicos" — de caráter local.[52] Ele associa o que chama de nossos "exotismos rítmicos" (acentuações contrárias à lei rítmica universal) a "acentos rítmicos, acentos métricos e acentos patéticos."[53] E lembra que, entre músicos eruditos do século XIX, deixar de acentuar uma nota sincopada constituía-se em um grave erro. No entanto, músicos populares, transgredindo essa regra, escreviam síncopes sem a exigência do acento obrigatório — "o acento brasileiro era diferente porque sua língua também o era."[54] O maestro sustenta a tese de que o "índice de brasilidade" na nossa música popular tem base na existência real de "síncopes regulares inacentuadas" — empregadas desde, pelo menos, a primeira metade do século XIX.

Andrade atribui à síncopa a formação do que chama de "fantasia rítmica do brasileiro"[55] e afirma que a síncopa no primeiro tempo do dois por quatro é a característica mais positiva da rítmica brasileira. A figura rítmica representada por  é tão presente entre nós que o escritor paulista chegou a cunhar a expressão "síncopa característica" para defini-la. Contudo, o mesmo Andrade não deixou de questionar o conceito de síncope em nosso caso, afirmando que nele "muitos movimentos chamados de sincopados não são síncopa", "são polirritmia ou são ritmos livres de quem aceita as determinações fisiológicas de arsis e tesis porém ignora (ou infringe propositalmente) a doutrina dinâmica falsa do compasso."[56]

> *O cantador aceita a medida rítmica justa sob os pontos-de-vista a que a gente chama de Tempo, mas despreza a medida injusta (puro preconceito teórico as mais das vezes) chamada compasso. E pela adição de tempos, tal e qual fizeram os gregos na maravilhosa criação rítmica deles, e não por subdivisão que nem fizeram os europeus ocidentais com o compasso, o cantador vai seguindo livremente, inventando movimentos essencialmente melódicos (alguns antiprosódicos até) sem nenhum dos elementos dinamogênicos da síncopa e só aparentemente sincopados, até que num certo ponto (no geral fim da estrofe ou refrão) coincide de novo com o metro (no sentido grego da palavra) que pra ele não provem duma teorização mas é de essência puramente fisiológica. Coreográfica até. São movimentos livres determinados pela fadiga. São movimentos livres desenvolvidos da fadiga. São movimentos livres específicos da moleza da prosódia brasileira. São movimentos livres não acentuados. São movimentos*

49 Os termos síncopa e síncope tem significados idênticos. Mário de Andrade preferia usar síncopa.

50 ANDRADE, 1942, p. 31.

51 SIQUEIRA, 1969, p. 77.

52 Siqueira, na página 75 de *Três vultos históricos da música brasileira*, inverteu, possivelmente, os conceitos de "acento rítmico" e "acento métrico." Preferi seguir as palavras do próprio maestro na página 16, quando diz que no Brasil "o que existe é um imperativo de ordem geral que transforma, na música 'acentos rítmicos' em 'acentos métricos' de maneira imperiosa e infalível." (SIQUEIRA, 1969, p. 16). Esta afirmação parece estar mais de acordo com os conceitos que desenvolveu em seu livro.

53 Chamam-se acentos patéticos aqueles que expressam emoções, como as fortes paixões.

54 SIQUEIRA, 1969, p. 76.

55 ANDRADE, 1962, p. 32.

56 ANDRADE, 1962, p. 33-34.

livres acentuados por fantasia musical, virtuosidade pura, ou por precisão prosódica. Nada tem com o conceito tradicional da síncopa e com o efeito contratempado dela. Criam um compromisso sutil entre o recitativo e o canto estrófico. São movimentos livres que tornaram-se específicos da música nacional. (ANDRADE, 1962, p. 36).

Não se pode dizer que a síncope, na música brasileira, é simplesmente um recurso musical de exceção, como na música clássica ocidental. O conceito de síncope não existe, como o conhecemos, na rítmica africana, embora costumeiramente represente o que há de africano na música ocidental — no caso brasileiro, do lundu ao samba, o "irregular" da síncope muitas vezes significa a regra, o mais comum, o "característico."[57]

2.3.2 Cometricidade e contrametricidade

Carlos Sandroni realiza, no livro *Feitiço decente*, um minucioso estudo sobre padrões rítmicos usados na música brasileira para explicar as transformações ocorridas no samba entre 1917 e 1933. Para tal, entre outras coisas, lança mão de conceitos gerados por alguns estudiosos da rítmica africana, dentre eles, os etnomusicólogos Mieczyslaw Kolinski, Arthur Morris Jones, Joseph H. Kwabena Nketia, Simha Aron e Kazadi wa Mukuna. Como outros autores — inclusive Baptista Siqueira —, Kolinski vê dois níveis na estruturação do ritmo musical: "o da métrica e o do ritmo propriamente dito", onde a métrica está na infra-estrutura permanente e o ritmo nas diferentes articulações temporais da música real.[58]

A "teoria dos acentos", usada desde o período barroco, postulava uma organização métrica da música através de indicações fixas (acentos) aplicadas tanto à estrutura do compasso quanto às subdivisões de cada unidade de tempo, a partir da aplicação do padrão forte-fraco (apoio-impulso, ou *thesis-arsis*).[59] Hugo Riemann a ilustra no exemplo.

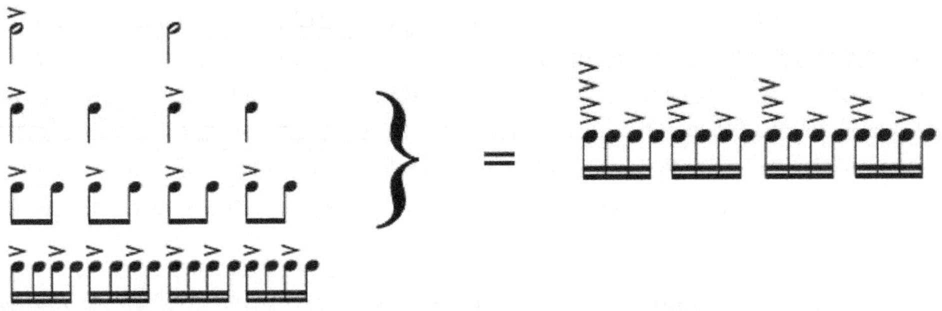

Exemplo 11 — *perspectiva em diferentes níveis de subdivisão da teoria dos acentos, segundo modelo de Riemann*[60]

A música barroca foi desenvolvida, composta e interpretada de acordo com essa lógica: "de acordo com os autores musicais dos séculos XVII e XVIII, temos, em um compasso $\frac{4}{4}$ notas boas ou ruins, *nobiles* ou *viles*: assim o primeiro tempo é nobre, o segundo ruim, o terceiro não tão nobre e o quarto tempo é miserável."[61] As síncopes neste caso, quando acontecem, aparecem como um desvio e com o caráter "pontual" de contradizer o fundo métrico — talvez, por isso, recomenda-se que sejam acentuadas. O método de flauta de Charles De Lusse, de 1761, orienta que as síncopes sejam articuladas com a sílaba T-HÉ (como demonstrado em a, b, c, d, e, f, g, h, i e j do exemplo 12 extraído do modelo de síncopes de De Lusse).

57 O emprego da palavra "síncope" (ou síncopa) para designar as articulações contramétricas foi, no Brasil, tão frequente que entrou no vocabulário do leigo e dos músicos populares, conheçam eles ou não a leitura. (SANDRONI, 2012, p. 29). A expressão "samba sincopado" é naturalmente usada por não-músicos para definir sambas como *Falsa Baiana*, de Geraldo Pereira (aonde, na melodia, é recorrente a figura rítmica ).

58 SANDRONI, 2012, p. 23.

59 NOVAIS, 2014, p. 58-9.

60 Fonte: *Interpretação e fraseado no "Mosaico nº1" de José Vieira Brandão* (NOVAIS, 2014, p. 59).

61 HARNONCOURT, 1988, p. 50.

***Exemplo 12** — modelo de síncopes do método de flauta de Charles De Lusse*[62]

O ritmo de uma melodia pode confirmar ou contradizer o fundo métrico (que é constante). Ao considerar "metricidade" de um ritmo a medida em que este se aproxima ou se afasta da métrica subjacente, Kolinski criou os termos "cometricidade" e "contrametricidade" para descrever as duas situações. Sandroni ilustra, sob o ponto de vista da posição rítmica ou da acentuação dos sons musicais, o que seriam fórmulas totalmente cométricas e totalmente contramétricas em um compasso $\frac{2}{4}$ (exemplo 13).

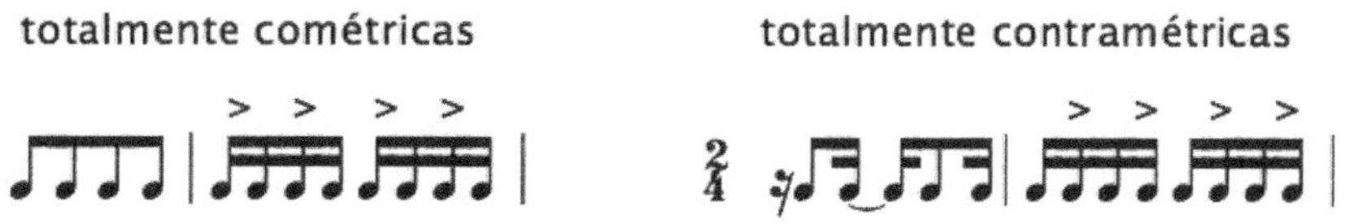

***Exemplo 13** — fórmulas métricas e contramétricas*[63]

Muitas músicas relacionadas a danças européias que chegaram ao Brasil — como a polca, a valsa, a *schottisch* — eram construídas em melodias cométricas, mas algumas (e mais do que todas, a polca), sob influência da música negra, se transformaram e passaram a assumir características contramétricas.

Síncope e contratempo são situações de contrametricidade. Mas a síncope, assim como o compasso — só sistematizado no período barroco —, não é um conceito universal da música. A forma de organização da música africana — submetida à liberdade de acentuações e articulações — não parece depender de uma recorrência periódica de tempos fortes, como acontece na música ocidental. Na música dessa cultura a contrametricidade não é exceção e seus estudiosos, assim, desconsideram os conceitos de compasso e síncope como instrumentos de análise. Mesmo Wallace Berry, ao estudar o ritmo e a métrica dentro de uma perspectiva ocidental, já havia questionado: "onde estão as verdadeiras barras de compasso nos diversos níveis na estrutura musical?"[64]

2.3.3 Rítmica divisiva e rítmica aditiva

Em seus estudos sobre a música da África, o etnomusicólogo inglês A. M. Jones realizou a seguinte comparação:

> *a rítmica ocidental é 'divisiva', pois se baseia na divisão de uma dada duração em valores iguais. Assim, como ensinam todos os manuais de teoria musical, uma semibreve se divide em duas mínimas, cada uma destas em duas semínimas e assim por diante. Já a rítmica africana é 'aditiva', pois atinge uma dada duração através da soma de unidades menores, que se agrupam formando novas unidades, que podem não possuir um divisor comum (é o caso de 2 e 3). (JONES, apud SANDRONI, 2012, p. 26).*

Um mesmo ciclo rítmico, dentro de um compasso $\frac{2}{4}$ (em notação clássica), na "rítmica divisiva" pode ser preenchido por uma mínima (ou duas semínimas, ou quatro colcheias, ou oito semicolcheias etc.), enquanto que na "rítmica aditiva" completa-se pela soma de dois grupos (menores) de três semicolcheias e um grupo de duas semicolcheias, como ilustra o exemplo 14.

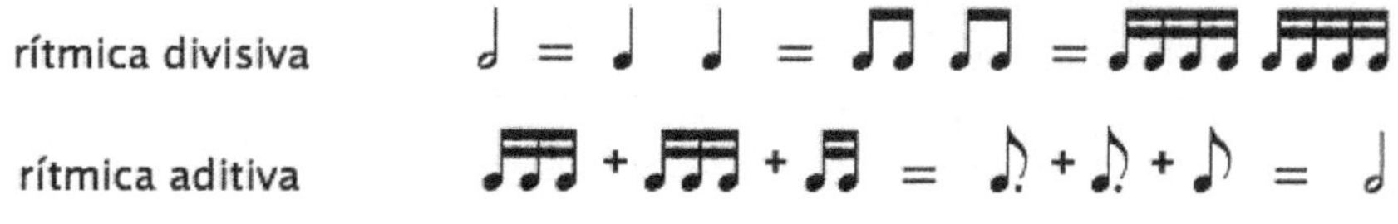

***Exemplo 14** — rítmica divisiva e rítmica aditiva em um compasso $\frac{2}{4}$*

62 Fonte: *Em busca de um mundo perdido* (RÓNAI, 2008, p. 180).

63 Fonte: *Feitiço decente* (SANDRONI, 2012, p. 29-30).

64 BERRY, 1976, p. 301.

Na figura acima é possível observar que há duas diferentes leituras: enquanto na rítmica divisiva visualizamos uma pulsação binária, em dois pulsos — formando um ciclo (ou período) de duas semínimas —, na rítmica aditiva visualizamos uma pulsação 3+3+2, em oito pulsos — formando um ciclo de oito semicolcheias. Em variados gêneros da música popular brasileira, como o samba e o choro, leituras como essas se complementam.

2.3.4 Imparidade rítmica

O etnomusicólogo francês Simha Arom percebeu, na música da África, o que chamou de "imparidade rítmica." Ou seja, em um padrão rítmico africano, a mistura de agrupamentos binários e ternários dá origem a um período par (de pulsos) que, dividido por dois, resulta em segmentos ímpares e desiguais. Por exemplo, um padrão contramétrico de oito pulsos 3+3+2 (♪. ♪. ♪), quando dividido por dois, resulta em 3+5 (♪. ♪♩) — e não em 4+4 (♩ ♩), de acordo com moldes ocidentais. Padrões contramétricos de "oito pulsos" (em ciclos de oito semicolcheias) e de "16 pulsos" (ciclos de 16 semicolcheias) permeiam diversos gêneros musicais brasileiros relacionados ao samba e ao choro — como o lundu, a polca-lundu, o tango brasileiro, o maxixe, o choro-sambado —, constituindo-se em elementos importantes para entendermos seus fraseados melódicos e suas fórmulas rítmicas de acompanhamento.

2.3.5 *Time-lines* (ou linhas guias)

O etnomusicólogo africano J. H. Kwabena Nketia diz que tais padrões são organizados, na música da África, por "*time-lines*" (linhas-guia). Estas aparecem representadas por palmas ou instrumentos de percussão agudos de som penetrante (como, na música brasileira, o agogô, o tamborim e o cavaquinho) — na função de metrônomo, no meio das polirritmias — e executadas em desenhos assimétricos repetidos em *ostinato* do início ao fim da música. Em muitos casos, esse *ostinato* pode ser variado, sujeito a improvisações do músico responsável pela *time-line*.

O músico americano Mark Levine, autor de *The jazz theory book*, fala, de forma análoga, do padrão para tocar-se ritmos afro-cubanos em temas de *jazz*. Em um grupo de salsa, os instrumentos de acompanhamento — como o piano, o baixo, as congas e outras percussões — tocam ritmos diferentes que se juntam em uma espécie de "quebra-cabeça." O elemento que organiza o fraseado musical e une todas as peças desse quebra-cabeça chama-se *clave* — um padrão rítmico de dois compassos, que costuma ser tocado por um par de pequenos bastões cilíndricos de madeira maciça e som agudo (denominados *claves*). A *clave* pode apresentar-se em "3 & 2", invertida em "2 & 3" ou como "*clave* da rumba" ou "*clave* africana", esta um pouco diferente (exemplo 15).

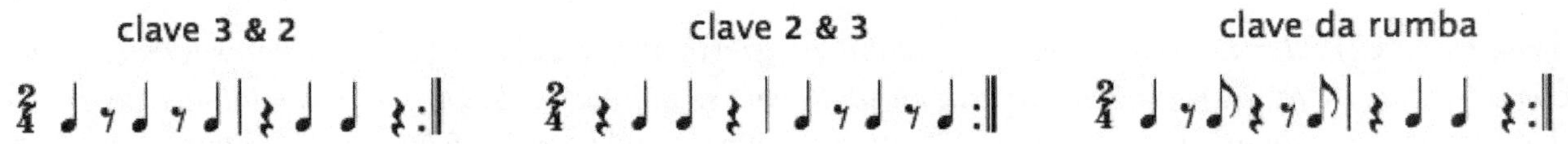

Exemplo 15 — *clave "3 & 2", clave "2 & 3" e "clave da rumba" ou "clave africana"*[65]

Ave Maria Morena (exemplo 16), canção tradicional cubana, e *Birdlike* (exemplo 17), composição autoral gravada em 1961 pelo trumpetista *Freddie Hubbard* — ilustram a forma como a *clave* compõe-se com o fraseado musical.

Exemplo 16 — *fragmento de Ave Maria Morena em clave "3 & 2"*[66]

65 Fonte: *The jazz theory book* (LEVINE, 1995, p. 462).

66 Fonte: *The jazz theory book* (ibid., p. 463).

Exemplo 17 — fragmento de Birdlike em clave "2 & 3"[67]

2.3.6 Padrão contramétrico de oito pulsos

O etnomusicólogo africano Kazadi wa Mukuna relata que, ao estudar a contribuição da cultura Bantu[68] na nossa música, encontrou elementos associados a *time-lines* como e . São padrões de oito e 16 pulsos, que exemplifico com unidades mínimas representadas por semicolcheias (como em nossas práticas musicais) — portanto, oito e 16 semicolcheias. Escrevo as *time-lines* sob a organização métrica da notação clássica (por exemplo, como e) — próximo da escrita que usamos na música popular — com o objetivo de facilitar sua visualização, mesmo sabendo de que esta forma possa não traduzir, em sua totalidade, o que ouvimos da música africana.

Mukuna diz que esses padrões rítmicos pertencem à cultura musical de uma tribo no Congo que ocupa uma área no interior, longe de onde a coroa portuguesa exerceu atividades escravagistas — período da segunda metade do século XVI à quase fins do século XIX. Contudo, supõe-se que esses elementos musicais entraram no Brasil não só (diretamente) através dos escravos traficados, como também pelos próprios portugueses (mesmo em menor escala) — como haviam sugerido Mário de Andrade e Baptista Siqueira. De qualquer forma, lembra o etnomusicólogo, a organização rítmica da música brasileira parece ter origem africana, aqui chegando via África ou Portugal (onde também havia negros escravos).

> *Como frequentemente é o caso nos sincretismos musicais resultantes da reunião de elementos africanos e europeus, há uma predominância do conceito rítmico africano de organização, que fornece um pano de fundo sobre o qual as influências européias, manifestas em implicações harmônicas e melódicas, encontram suporte. (MUKUNA, 2010.:75).*

É provável que elementos rítmicos do samba tenham sido herdados do lundu, que, por ser popular na Bahia, durante o século XVII chegou a atingir centros agrícolas como o Vale do Paraíba. O motivo de acompanhamento do lundu, encontrado pelo estudioso francês Gerard Béhague na coleção *Modinhas do Brazil*, parece ser uma variante de .

O "padrão contramétrico de oito pulsos" recorrente na melodia e no acompanhamento de diversos gêneros musicais brasileiros é o que musicólogos cubanos chamam de *tresillo* — um ritmo assimétrico de oito pulsos e três articulações (3+3+2), que poderia ser representado (em notação clássica) por em compasso 4/4 ou por em compasso 2/4. O *tresillo* e suas variações aparecem em muitos lugares da América onde houve importação de escravos — está, por exemplo, presente na *habanera* e no tango argentino, e aqui, no lundu, na polca-lundu, no cateretê, no fado, no coco, na chula, no tango brasileiro, no maxixe, no samba primitivo etc. Dentre todas suas variações, na música brasileira é especialmente importante aquela chamada por Mário de Andrade de "síncopa característica" ( ) — curiosamente, a mesma célula rítmica ouvida, no Brasil, no caxixi da música de capoeira e, no Congo, no *díkàsà* (chocalho de cesto) da cerimônia de *bampamba* das tribos lubas, segundo Mukuna.

A síncope característica, observa Carlos Sandroni, pode ser vista como uma variante do *tresillo* se dividirmos os agrupamentos ternários em 1+2. Separa-se 3+3+2 em (1+2)+(1+2)+(2), ou em

67 Fonte: *The jazz theory book* (ibid., p. 463).

68 Bantu é o conjunto das tribos que ocupavam o antigo Reino do Kongo no início das atividades escravagistas do século XVI. Isto é, as tribos que ocupavam o vale do Rio do Congo que se estende pelos dois lados da fronteira Congo-Angola, excluindo-se o Gabão e Mayombe, que nesse período estavam organizados em nações autônomas. (MUKUNA, 2010, p. 19).

♫ ♫ ♪ (o mesmo que ♫♫♫). Da mesma forma, a divisão de agrupamentos ternários em 2+1 resulta em uma figura rítmica também recorrente na música brasileira (em acompanhamentos de cavaquinho em choros e maxixes, em determinados toques de agogô e tamborim em sambas) - um padrão com cinco articulações chamado por musicólogos cubanos de *cinquillo*. Separa-se 3+3+2 em (2+1)+(2+1)+(2), ou ♪. ♪. ♪ em ♫♫♪ (o mesmo que ♩♫ ♫♩). Continuando, a divisão do segundo agrupamento ternário em 1+2, mas não o primeiro, resulta em outra figura rítmica presente na música brasileira da segunda metade do século XIX e início do século XX (em obras de Henrique Alves Mesquita e Ernesto Nazareth, por exemplo) — fórmula conhecida como "ritmo da *habanera*" ou "ritmo do tango." Separa-se 3+3+2 em (3)+(1+2)+(2), ou ♪. ♪. ♪ em ♪. ♫ ♪(o mesmo que ♩.♫♫). Sandroni chama o conjunto desse tipo de variações de "paradigma do *tresillo*", todas elas com a característica comum da marca contramétrica no quarto pulso[69] (ou, em notação convencional, na quarta semicolcheia) de um grupo de oito, dividido em duas partes desiguais (3+5). Tais variações rítmicas[70] são usadas nas *time-lines* do paradigma, como em palmas do coco nordestino, do samba de roda e do partido alto, em agogôs e gonguês da chula, do maracatu, do samba, em cavaquinhos do maxixe etc.

O padrão contramétrico de oito pulsos presente na música brasileira (em diversos choros do fim do século XIX e início do século XX, inclusive nas gravações dos *Os Oito Batutas*, conhecido grupo de Pixinguinha) tem dois agrupamentos ternários e um agrupamento binário — 3+3+2 (♪. ♪. ♪) — e imparidade rítmica 3+5 (♪. ♪♩). O esquema do exemplo 18 ilustra:

grupos binários e ternários	nº de pulsos	imparidade rítmica
[3]+[3+2]	8	3+5 (2/4 ♪. ♪♩ :‖)

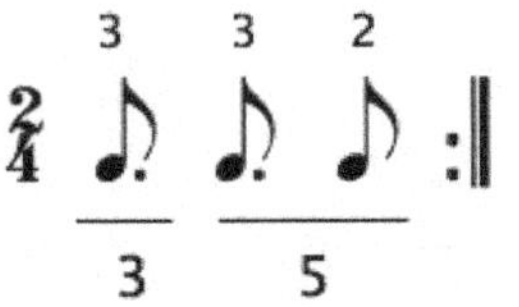

Exemplo 18 — *padrão contramétrico de oito pulsos*

2.3.7 Padrão contramétrico de 16 pulsos

Mukuna menciona a presença de um ciclo rítmico de "16-pulsos" na cultura Bantu e na música brasileira — nesta, identificado no tamborim ou no cavaquinho do samba. Usando colcheias como unidade mínima (ou "referente de densidade", segundo sua nomenclatura), anota-o como ♩♩♪♩♩♩♩♪♩ (e sua variação como ♩♩♪𝄽 ♩♩♩♪♩). O etnomusicólogo separa o ciclo na sua batida acentuada (na variação, essa divisão está marcada por pausa de semínima), resultando em dois segmentos principais de 7 e 9 colcheias — o que caracteriza um caso de imparidade rítmica 7+9. Ele ilustra sua exposição nos modelos do exemplo 19.

Exemplo 19 — *ciclos de 16 pulsos*[71]

Esse ciclo, ou padrão, é, então, composto pelos agrupamentos de pulsos [2+2+(1+2)]+[2+2+2+(1+2)][72] e está muito próximo do que identificamos como samba atualmente

69 Opto, neste livro, por usar o termo "pulso", no lugar do termo "pulsação" usado por Sandroni.

70 Na opinião de Sandroni, parte significativa da cultura brasileira compreende a "síncope característica", assim como o "ritmo da *habanera*", como variantes do *tresillo* (SANDRONI, 2012, p. 33). Mesmo que tais variações (muitas delas, intercambiáveis dentro de um mesmo gênero) não apresentem figuras sincopadas, a contrametricidade se apresenta na acentuação da posição da quarta semicolcheia do grupo de oito.

71 Fonte: *Contribuição Bantu na música popular brasileira* (MUKUNA, 2010, p. 90).

72 Os agrupamentos 1+2 no primeiro e segundo segmento são divisões de agrupamentos ternários.

— isto é, na "forma popular" (oposta à "folclórica"), na "forma carioca" (oposta à "baiana")[73], na mesma forma que surgiu por volta dos anos 30 junto a compositores e ritmistas do bairro do Estácio de Sá e da escola de samba *Deixa falar*. Ao notá-lo em 2/4, com unidades mínimas em semicolcheias, surge a célula rítmica 2/4, nominada pelo etnomusicólogo Samuel Araújo de "ciclo do tamborim" ou "padrão do tamborim." Esse "padrão contramétrico de 16 pulsos", que compõe uma das fórmulas do conjunto chamado por Carlos Sandroni de "paradigma do Estácio", é um dos principais pontos que diferenciam o samba de outros gêneros brasileiros. Está também presente no samba-choro, na bossa-nova e no choro no estilo sambado.[74]

Usando a notação x • x • x • x x • x • x • x x •[75], o etnomusicólogo austríaco Gerhard Kubik transcreve o samba em uma outra "versão em nove-batidas" (*nine-stroken version*)[76], segundo sua nomenclatura, do padrão contramétrico de 16 pulsos (que diz estar também em certas regiões do Zaire e Angola), esta composta de dois segmentos desiguais constituídos de nove colcheias [2+2+2+(1+2)] e sete colcheias [2+2+(1+2)]. O ciclo é resultado da inversão das posições dos segmentos com 7 e 9 pulsos do padrão anterior, resultando em imparidade rítmica 9+7 (ao invés de 7+9). O modelo do exemplo 20 ilustra o ciclo.

Exemplo 20 — *ciclo de 16-pulsos notado por Kubik*[77]

Escrito em 2/4, com unidades mínimas em semicolcheias, ele pode resultar na célula rítmica 2/4 — uma inversão do dito "padrão do tamborim", em imparidade rítmica 9+7. Os dois ciclos, em 9+7 ou 7+9, são verdadeiras "figuras fáceis" nas gravações dos sambas cariocas dos anos 1930.[78] Contudo, o padrão em 9+7 se estabilizou em grande parte dos sambas que ouvimos hoje, presentes nas gravações de Paulinho da Viola, Zeca Pagodinho, nas escolas de samba (inclusive em sambas de compositores do Estácio, como *Se você jurar*, de Ismael Silva, Nilton Bastos e Francisco Alves, escrito em 2/4 no exemplo 21), em grande parte dos choros no padrão sambado compostos por Jacob do Bandolim (como *Noites cariocas*) etc., enquanto o padrão 7+9 pode ser encontrado em alguns sambas-choros como *Conversa de botequim* (de Noel Rosa e Vadico), algumas bossas-novas como *Samba de uma nota só* (de Tom Jobim e Newton Mendonça, escrita em ₵ no exemplo 22), e diversos choros-sambados adaptados a partir de estruturas relacionadas a polcas e maxixes (como aqueles gravados por Pixinguinha e Benedito Lacerda, como *Proezas de Solon*) etc. As *time-lines* desses padrões podem ser tocadas por instrumentos como o tamborim, o agogô, a cuíca, a caxeta, a caixa, o cavaquinho etc.

Exemplo 21 — *fragmento inicial do samba Se você jurar, em padrão 9+7*[79]

73 As formas folclóricas e baianas, como as similares do samba *Pelo Telefone*, estão associadas ao padrão contramétrico de oito pulsos.

74 Choro no padrão sambado, choro no estilo sambado ou choro-sambado designam choros tocados ou compostos com as figurações rítmicas do samba.

75 Esta notação mostra uma figura de 16 pulsos (nove x + sete •), com x nos lugares onde há "batidas."

76 (KUBIK, 1979, p. 17).

77 Fonte: *Contribuição Bantu na música popular brasileira* (MUKUNA, 2010, p. 129).

78 SANDRONI, 2012, p. 37.

79 Fonte: *Songbook As 101 melhores canções do século XX* • *v.2* (CHEDIAK, 2010, p. 151)

Exemplo 22 *— fragmento inicial da bossa-nova Samba de uma nota só, em padrão 7+9*[80]

Sandroni fala ainda de outra versão originada da troca de lado de um dos agrupamentos binários, o que resulta em um agrupamento binário de um lado e quatro do outro, ou seja (2+3)+(2+2+2+2+3) ou — constituindo-se para ele, neste caso, em imparidade rítmica 5+11. Por possibilitar variantes mais cométricas e melhor assimilação por intérpretes e público do novo estilo de samba, o musicólogo chama essa fórmula de "versão de transição." Ela se assemelha às *time-lines* tocadas pela cuíca que encontrou nas gravações de samba, como , e — esta última, um conhecido padrão rítmico do pandeiro do samba de partido alto. Neste livro classificarei a chamada "versão de transição" como um caso de imparidade rítmica 9+7[81], por entender que as diferenças rítmicas fundamentais nos fraseados do samba e do choro recaem sobre as organizações dos ciclos em imparidades rítmicas 9+7 e 7+9, que implicam no "adiantamento" de uma semicolcheia no primeiro ou no segundo compasso 2/4 do padrão (considerando a escrita usual da música popular brasileira), respectivamente. Seguem modelos para as duas versões nos exemplos 23 e 24.

grupos binários e ternários	nº de pulsos	imparidade rítmica
[2+2+(1+2)]+[2+2+2+(1+2)]	16	7+9

Exemplo 23 *— padrão contramétrico de 16 pulsos, em imparidade rítmica 7+9*

grupos binários e ternários	nº de pulsos	imparidade rítmica
[2+2+2+(1+2)]+[2+2+(1+2)]	16	9+7

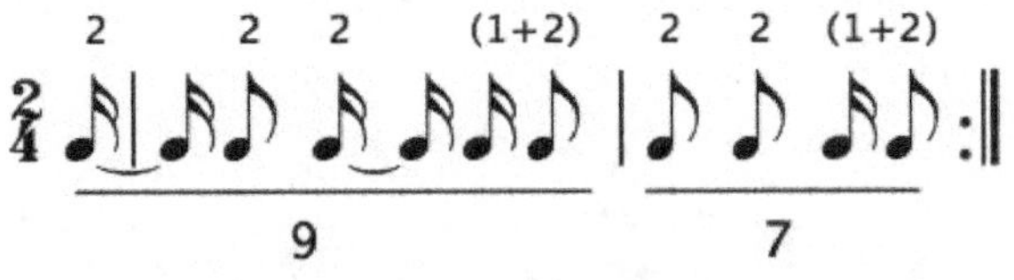

Exemplo 24 *— padrão contramétrico de 16 pulsos, em imparidade rítmica 9+7*

2.4 Notação musical e regras

A notação musical representa uma tentativa de substituir fatos auditivos por sinais visuais. Esta convenção, no entanto, é recente, não universal e bastante imprecisa. O compositor e escritor R. Murray Schafer expõe três sistemas gráficos para a notação:

a) o da "acústica", que descreve propriedades mecânicas dos sons — em papel ou tela de raio catódico (como a de um computador);

80 Fonte: *Songbook Tom Jobim* • *v.2* (CHEDIAK, 1994, p. 91)

81 As divisões rítmicas dos fraseados do choro e do samba no padrão contramétrico de 16 pulsos 9+7 e na "versão de transição" (5+11) são similares.

b) o da "fonética", que desenha o som da fala; e

c) o da "notação musical", que representa determinados sons através de códigos e modelos musicais. Enquanto os dois primeiros sistemas são descritivos, o terceiro é prescritivo.

A notação musical desenvolveu-se gradualmente por um longo período — da Idade Média ao século XIX — utilizando duas dimensões: a horizontal, que representa a ordem temporal dos eventos; e a vertical, que representa a altura, ou frequência dos sons (agudas acima e graves abaixo). Este sistema tomou emprestadas diversas indicações das artes visuais e das descrições espaciais do mundo, como

> *alto, baixo, ascendente, descendente (todos referindo-se à altura); horizontal, posição, intervalo e inversão (referindo-se à melodia); vertical, aberto, fechado, denso e rarefeito (referindo-se à harmonia); e contrário e oblíquo (referindo-se ao contraponto – o que é, por sua vez, um termo visual). (SCHAFER, 1997, p. 176).*

Embora as primeiras tentativas de representar graficamente os sons tenham sido através do alfabeto fonético, os sistemas descritivos desenvolveram-se mais recentemente, no século XX, procurando medir os sons de forma exata quantitativamente, através de parâmetros como tempo, frequência e amplitude, ou intensidade, dentro de um pensamento tridimensional.[82] Porém são sistemas que, como o da "notação musical", recorrem a convenções artificiais.

A notação musical, sendo um sistema prescritivo, trabalha através de códigos no esforço de explicar como eventos sonoros devem ser reproduzidos. Esse sistema, mesmo usando aproximadamente os mesmos símbolos, foi modificando seu significado e função em razão de mudanças estilísticas na história da música. A notação não deve ser considerada um método intemporal e internacional para transcrever a música. De forma geral, até cerca de 1800 a música era notada segundo o princípio da obra, possuindo raras indicações de execução. No período barroco, as partituras raramente indicavam dinâmicas ou andamentos (estes, quando notados, em geral estavam associados ao caráter da obra)[83], e praticamente não traziam indicações de articulação e fraseado. No período clássico, as partituras passaram a trazer ornamentações, dinâmicas, articulações e acentuações como parte integrante da composição. A improvisação (característica da música barroca), assim, tornou-se desnecessária e não desejada na maioria das vezes, salvo em *fermatas* e *cadenzas*.

> *O músico atual toca exatamente o que está escrito na partitura, sem saber que a notação matemática e precisa só se tornou corrente no século XIX. Uma outra fonte de problemas é a enorme questão da improvisação que, até mais ou menos o fim do século XVIII, não pode ser separada da prática musical. (HARNONCOURT, 1988, p. 20).*

Diferentemente dos períodos clássico e posteriores, no período barroco não era incomum que intérpretes tocassem mais de um instrumento e fossem também compositores. As especializações de compositor e de intérprete eram menos evidentes. Pressupunha-se, desta forma, um maior envolvimento do executante com o pensamento do autor da obra e uma maior liberdade no ato de sua execução — como costuma acontecer, curiosamente, na música popular de hoje. Em uma música de caráter popular, notação e conhecimentos estilísticos encontram-se intimamente associados.

> *Tomemos um exemplo que deve ser claro para todo músico atual: a música de dança vienense do século XIX, uma polca ou uma valsa de Johann Strauss. O compositor tentava integrar a notação no que na sua opinião era indispensável aos músicos de orquestra sentados diante dele, os quais sabiam exatamente o que era uma valsa ou uma polca e como deveriam ser tocadas. Entregue a uma orquestra que não possua*

82 Programas do tipo do *Sonic Visualiser* ou outros espectrogramas podem ajudar à construção de uma notação mais precisa.

83 Embora possam tais indicações possam ser entendidas como metáforas retóricas de andamento, o musicólogo Ross W. Duffin diz que *Allegro* significa "com alegria", *Adagio* "de uma maneira tranqüila", *Largo* "amplamente", e *Grave* significa "com seriedade." Raramente há indicações de andamentos nestes termos, com exceções para *Lento*, por exemplo, ou *Presto*, que significa "rápido." (DUFFIN, 1995, p. 6).

> *este conhecimento, que não conheça estas danças, e cujos músicos toquem exatamente o que está na partitura, a música que disto tudo resulta é outra, totalmente diferente. Não se pode escrever esta música de dança exatamente como deve ser tocada. Frequentemente é necessário atacar uma nota um pouco antes ou depois, ou tocá-la mais longa ou mais curta do que está escrito, etc. Poder-se-ia certamente tocar esta música de maneira exata, metronomicamente exata, mas o resultado não teria absolutamente nada a ver com a obra imaginada pelo compositor. (ibid., p. 37).*

No período barroco, uma espécie de notação "estenográfica", segundo Harnoncourt, mostrava o desenvolvimento harmônico de uma peça, trazendo como elementos apenas a voz do canto e a linha do baixo cifrado. Tal notação referia-se a indicações de execução do chamado "baixo contínuo", tocado tradicionalmente pelo cravo, o órgão ou a teorba em uma orquestra barroca. A execução musical a partir de leitura das cifras de acordes, nesta escrita, deveria ser improvisada de acordo com o caráter da peça, semelhantemente ao que os músicos fazem hoje no *jazz*, no choro e em outras músicas populares.

> *A dicotomia que surgiria mais tarde entre compositor/intérprete não existia no período Barroco. Por isso mesmo não havia, por parte do compositor, a preocupação de notar inequivocamente suas intenções. Mesmo nos casos em que não era o intérprete visado, o compositor compartilhava com este a linguagem de sua época. E os intérpretes dominavam a ornamentação como parte dessa linguagem, — a qual era executada na hora, de improviso. Daí não ser descabida a comparação, aliás bastante frequente, entre dois estilos tão diferentes como o Barroco e o Jazz. Assim como no Jazz, a partitura barroca é frequentemente apenas um ponto de partida. (RÓNAI, 2008, p. 218).*

Na música popular, por fazer parte do presente, encontram-se vários aspectos da antiga compreensão musical: "a unidade poesia-canto, unidade ouvinte-artista e a unidade música-tempo."[84] Na música popular percebe-se a representação do que significava a música antigamente na vida das pessoas.

Frequentemente, Harnoncourt parece separar os signos da "notação musical" em dois níveis de percepção: o da "obra", na qual indicações de ritmo, altura das notas e caráter são grafados; e o das "regras" de interpretação, que conduzem a obra à uma leitura subjacente. Ele utiliza inúmeras vezes o termo regras para designar procedimentos comuns que seguem os intérpretes conhecedores da música antiga. Esse senso comum, atualmente, baseado não só na prática desse estilo, mas em estudos e pesquisas em interpretação histórica (como as leituras de tratados barrocos), são conclusões sobre a forma de interpretar a música antiga em geral. "As regras dos tratados antigos só começam a tornar-se interessantes para a prática a partir do momento em que as compreendemos — ou pelo menos, quando elas fazem algum sentido para nós."[85] Elas são capazes de revelar aquilo que não foi escrito — os compositores não escreviam o que era por todos sabido.

Dentre o que maestro cita como "regras" estão, entre muitas outras, aquelas sobre: duração das notas, que devem terminar extinguindo-se aos poucos — "a nota nasce e morre como o som de um sino"[86]; andamentos, que podem ser indicados pelos passos de dança; figuras com notas pontuadas, na qual a nota curta após a pontuada pode ser tocada quase no último instante (depois de seu valor notado), dependendo do caráter da obra; apojaturas, que não devem ser separadas da nota principal; dissonâncias, que devem ser acentuadas e ter suas resoluções a elas ligadas; ligaduras, que devem ter sua primeira nota acentuada e mais longa que as seguintes; e a hierarquia dos acentos em um compasso, que pode ser perturbada através da articulação e da dissonância.

Mesmo em escritas musicais tão detalhadas, como as de certas músicas eruditas europeias do século XX, é inevitável que ocorram imprecisões em relação às expectativas do compositor. Duração das notas, mudanças graduais de andamento, indicações de dinâmica etc. são praticamente impossíveis de serem notadas com precisão. As regras, como as escritas em tratados barrocos, embora pareçam ter um caráter demasiadamente determinador, podem ser ferramentas

---

84 HARNONCOURT, 1988, p. 25.

85 Ibid., p. 39.

86 Ibid., p. 38.

importantes na interpretação de uma notação musical relacionada a períodos e estilos distantes na tradição — "não se deve culpar as regras, sem as quais não poderíamos seguir em frente."[87] Cabe ao intérprete não perder a perspectiva de que, atrás dos limites e da inexatidão da notação musical, é possível revelar a intenção do autor.

> *A escrita musical não pode, como tal, reviver uma obra musical, mas unicamente fornecer alguns pontos de referência para que isto aconteça. Autêntico, no puro sentido da palavra, é aquele que reconhece nas notas o pensamento do compositor e assim as reproduz. (HARNONCOURT, 1988, p. 63).*

Assim como o estilo barroco, o *jazz*, o choro e outros gêneros populares têm suas músicas notadas apenas com indicações essenciais — ritmos melódicos, formas, alturas, tonalidades e sugestões de andamento (fornecidas, muitas vezes, por indicações de gênero nas peças). Detalhes de articulação, de dinâmicas e agógicas (dentre as poucas exceções, está a obra pianística de Ernesto Nazareth) raramente são prescritos. Muitos procedimentos interpretativos dos choros encontram-se revelados em um sistema de códigos compartilhados pela tradição oral ou por gravações.

O bandolinista Pedro Aragão, ao analisar o livro *O choro*, de Alexandre Gonçalves Pinto, de 1936, e outros documentos da época, concluiu que nas práticas musicais dos chorões, através da observação direta e da tradição oral, os músicos aprendiam e construíam um "vocabulário de códigos" — estes relacionados à interpretação, a conduções rítmico-harmônicas, contracantos melódicos etc. Certos instrumentistas, como violonistas e cavaquinistas, utilizavam quase que exclusivamente esse processo. Contudo, a leitura e a escrita de partituras eram também importantes para a transmissão do choro — muitos músicos escreviam álbuns de partituras, copiados uns pelos outros, em uma verdadeira "rede de informação." Usadas por músicos de escola (como os flautistas)[88], tais partituras, com melodias e indicações de gênero somente, serviam como "suporte para a memorização da estrutura básica da música, a ser 'contemplado' por outros aspectos não escritos como 'colorido', 'improvisação' etc."[89] As partituras, que não notavam marcações de articulação, acentuação, ornamentação e aspectos rítmicos relacionados ao fraseado musical (normalmente aprendidos por tradição oral), serviam como uma espécie de esboço, ou de *script*, conforme conceito de Nicolas Cook.[90]

> *A transmissão de choros através de partituras era (e continua sendo) algo que contemplava apenas alguns aspectos do fazer musical — a melodia, o gênero a que a música pertencia etc.; outros aspectos, como a condução rítmico-harmônica e os eventuais contracantos melódicos (quando não escritos) eram transmitidos através da oralidade. Podemos aqui aplicar o conceito de Nettl de que ao lado de "peças" musicais fechadas — no nosso caso "polcas", "valsas", "schottischs" etc. —, existe um vocabulário de unidades menores que são transmitidas e recorrentemente recombinadas. (ARAGÃO, 2013, p. 166).*

Em analogia à música do período barroco, poderíamos conceituar o vocabulário de códigos utilizado pelos chorões como um conjunto de regras com finalidade de dar suporte à notação musical. Embora estas supostas regras sejam (desejavelmente, muitas vezes) passíveis de serem subvertidas (para toda regra há exceções), o fato de conhecê-las pode ser útil na revelação do pensamento dos intérpretes e compositores nas práticas musicais do gênero. Procedimentos recorrentes no choro são capazes de apresentar-se nas relações com a forma e a fraseologia (rondó, motivos iniciais e finais, etc.) ou com o fraseado (flexibilidades rítmico-melódicas, acentuações, ornamentações, articulações etc.).

---

87 Ibid., p. 50.

88 O flautista Joaquim Callado, considerado um dos pioneiros do choro, foi antecessor de Duque Estrada Meyer na cadeira de flauta do Conservatório Imperial (que se transformaria no Instituto Nacional de Música, na República), como lembra Aragão. Sucederam Callado e Meyer, os flautistas Pedro de Assis e Patápio Silva, todos eles relacionados, em maior ou menor intensidades, à prática dos choros.

89 ARAGÃO, 2013, p. 164.

90 O musicólogo, em seu artigo *Entre o processo e o produto*, classifica as partituras de *scripts*, um termo teatral, ao invés de textos. Lembra que a performance rotineiramente requer não tocar o que está grafado, e vice-versa; neste sentido, há uma incomensurabilidade entre o detalhe da notação e o detalhe da performance, de forma que a noção de um maior ou menor detalhamento não vem ao caso. (COOK, 1995, p. 13).

3 ESTILOS E GÊNEROS RELACIONADOS AO CHORO

3.1 Conceitos

Ao tentarmos descrever em palavras uma composição ou uma interpretação, podemos nos colocar curiosamente diante de um impasse. Um dos primeiros recursos que comumente lançamos mão é a tentativa de descobrirmos a que "estilo" ou "gênero" determinado evento musical está associado. Contudo, o fato, que ocorre muitas vezes, de usarmos ambos os termos para designar coisas similares têm causado uma série de confusões. No intuito de estabelecer possíveis diferenças entre estilo e gênero no âmbito da música, assim como averiguar seus significados próprios, procurei recorrer a alguns conceitos.

Allan F. Moore cataloga possíveis significados para estilo e gênero. Segundo o musicólogo contemporâneo inglês, estilo refere-se ao modo de articulação dos gestos musicais, enquanto gênero refere-se à identidade e ao contexto desses mesmos gestos. Essa distinção pode ser entendida nos termos de "o que" é permitido se fazer em uma obra de arte (gênero) e "como" ela é realizada (estilo).[91] Estilo tem a ver com a maneira de realizar e não com a essência. Gênero, ao enfatizar o contexto dos gestos, pertence mais usualmente à estésica[92], enquanto estilo, em sua ênfase sobre o modo de articulação, pertence mais usualmente à poiética.[93] Se gênero organiza uma experiência prescritiva, estilo organiza uma experiência descritiva. Gênero também é associado a características restritivas, enquanto estilo frequentemente é associado a um grau de autonomia negociável. Moore questiona os sistemas de hierarquização entre gênero e estilo.

O escritor português Levi Leonido também investiga definições para os termos gênero e estilo. Citando vários autores, diz que gênero é um certo espírito que preside à concepção de uma obra ou, ainda, uma reunião num mesmo conjunto de um determinado número de formas que têm entre si bastante afinidades de caráter[94], enquanto *estilo é a qualidade de uma obra e fundamenta-se em condições naturais que exprimem o seu criador.*[95] Ele comenta que a palavra estilo deriva do uso do estilete, da maneira como os antigos *imprimiam através desse instrumento suas escritas e criações em tábuas.* Leonido lembra que estilos musicais aparecem com frequência combinados a outras palavras, tais como: *estilo monódico, estilo polifônico, estilo recitativo, estilo concertante, estilo galante, estilo clássico* etc.

Para o compositor e filósofo americano Leonard B. Meyer, "estilo é uma replicação de padronização, seja no comportamento humano ou nos artefatos produzidos pelo comportamento

91 MOORE, 2001, p. 441.

92 Estésico: do francês esthésique (Molino, via Nattiez), é um adjetivo relacionado à aesthesis, ou seja, à percepção da música, ao invés da produção/construção/criação/realização musical. Basicamente, o mesmo que recepcional e o oposto de construcional ou pöiético. Na música, busca descrever um elemento da estrutura do ponto de vista de suas qualidades conotativas percebidas, ao invés de sua construção, por exemplo, "delicado", "som de detetive", "allegro" ao invés de "con sordino", "acorde menor com sétima maior", "quarta aumentada", "pentatonicismo" etc. (TAGG, 2011, p. 15)

93 Pöiético: do francês poïétique (Molino, via Nattiez), é um adjetivo relacionado à poïesis, ou seja, o fazer musical, ou invés da percepção musical. Basicamente, o mesmo que construcional e o oposto de estésico ou recepcional. Na música, busca descrever um elemento da estrutura musical do ponto de vista de sua construção, ao invés de suas qualidades conotativas percebidas, por exemplo, "con sordino", "acorde menor com sétima maior", "quarta aumentada", "pentatonicismo" ao invés de "delicado", "som de detetive", "allegro" etc. (TAGG, 2011, p. 15)

94 HODER, apud LEONIDO, 2008, p. 1.

95 SCHÖNBERG, apud LEONILDO, 2008, p. 1.

humano, que resulta de uma série de escolhas feitas dentro de um dado conjunto de restrições."[96] Ele constrói toda uma teoria com o objetivo de criar ferramentas para análises estilísticas, e classifica o que chama de restrições em três níveis hierárquicos — "leis, regras e estratégias" —, em que:

a) as "leis", universais, são os princípios que regem os padrões de percepção e cognição. A descoberta, a formulação e o teste das leis são da área da teoria musical;

b) as "regras", intraculturais (não universais), especificam os meios materiais permitidos por um estilo de música — como o seu repertório de possíveis alturas, divisões duracionais, amplitudes, timbres, modos de ataque etc. As diferenças ou uniformização de regras distinguem ou ligam, por exemplo, grandes períodos da música europeia, como o barroco, o classicismo e o romantismo; e

c) as "estratégias", por fim, são as escolhas composicionais feitas dentro das possibilidades estabelecidas pelas regras do estilo.

Um estilo musical (e poderíamos dizer, também, um gênero), para definir-se como tal, obedece a um conjunto de regras que o caracteriza, porém cada compositor ou instrumentista associado a esse estilo (ou gênero) manipula diferentemente tais regras a partir de seu gosto, sua escolha, criando, assim, seu próprio estilo. Segundo Meyer, para qualquer estilo específico há um número definido de regras, mas há um número indefinido de possíveis estratégias para realizar ou fundamentar tais regras. Existem, por exemplo, os estilos musicais de Mozart, de Beethoven, de Haydn, pertencentes ao chamado estilo clássico.

O musicólogo inglês Philip Tagg diz que cada estilo musical possui um indicador de estilo (*style indicator*) — um conjunto de estruturas musicais constantes que determinam normas de composição. Para identificarmos o estilo de uma obra, devemos reconhecer padrões (melódicos, harmônicos, formais) que nela se repetem. E, então, relacioná-los dentro de um determinado universo estilístico, que pode pertencer a uma região geográfica, a uma época ou a um determinado grupo de compositores, por exemplo.

Franco Fabbri associa regras à própria definição de gênero musical — "um gênero musical é um conjunto de eventos musicais[97] (real ou possível), cujo curso é governado por um conjunto definido de regras socialmente aceitas."[98] O musicólogo usa a teoria dos conjuntos para explicar a existência de subgêneros (subconjuntos) e eventos musicais que podem pertencer a dois ou mais gêneros ao mesmo tempo (interseções). Cada gênero possui formas típicas, mesmo que o inverso não seja verdadeiro. As regras formais e técnicas têm um papel importante em todos os gêneros musicais. Há regras que têm um código escrito, em tratados teóricos ou manuais, e outras repassadas por tradição oral, como acontece no choro. Cada gênero possui um estilo definido por regras próprias. Poderíamos dizer que o gênero choro está associado a um "estilo chorado", este definido por um conjunto de procedimentos, padrões de recorrência e regras próprias.

Considerando-se outro nível hierárquico, é comum haver diferentes estilos para um mesmo gênero, como os estilos de Nazareth, de Pixinguinha e de Jacob do Bandolim para o gênero choro. Este conceito (de estilos para um gênero) se assemelha ao conceito de "estratégias" para um estilo. Por outro lado, pode haver, também, diferentes gêneros compostos em um mesmo estilo. Tanto Pixinguinha quanto Jacob do Bandolim escreveram choros, sambas, valsas, frevos e baiões — cada um desses gêneros marcados pelo estilo de cada um dos compositores.

Moore diz que o encontro de convenções estilísticas com a experiência sonora provocado por um compositor ou um improvisador — fenômeno que denomina de *friction* (fricção) — pode contribuir para gerar um novo estilo ou mesmo um novo gênero. Tal situação parece ter ocorrido na criação do "choro no estilo sambado", quando músicos como Benedito Lacerda e Luiz Americano, influenciados pelo samba do Estácio, impuseram um novo fraseado rítmico-melódico para antigos

---

96 MEYER, 1996, p. 3.

97 Fabbri usa, para evento musical, a definição de "música" do semiólogo italiano Gino Stefani: "qualquer tipo de atividade realizada em torno de qualquer tipo de evento que envolva som." (STEFANI, apud FABBRI, 1980, p. 1).

98 FABBRI, 1980, p. 1.

choros, que tinham estilos associados à polca e ao maxixe.

O texto desta seção objetiva trazer à tona alguns conceitos que dizem respeito à discussões sobre estilo e gênero. Uma dimensão mais ampla do tema extrapolaria, certamente, os limites destas linhas. No intuito de estabelecer-se uma maneira de usar os termos estilo e gênero no estudo do fraseado do choro, poder-se-ia:

a) adotar os conceitos (e tudo neles envolvido) de "o que" para gênero e "como" para estilo;
b) admitir que, em determinado nível hierárquico, há regras associadas a estilos ou (estilos de) gêneros; e
c) considerar a existência de padrões de recorrência para a identificação de um estilo. Passam a justificar-se, junto a contextualizações históricas e musicológicas, as análises estruturais a seguir.

3.2 Análise de estilo

Meyer propõe um método para a análise de estilo a partir da descrição de padrões de recorrência em um grupo de obras, com o intuito de descobrir e formular regras e estratégias, assim como investigar a maneira como estas se relacionam entre si. Um conjunto de obras ou um repertório deve ser estudado a partir de suas características compartilhadas. Os critérios para selecionarmos esse conjunto podem ser bem variados. Dentre os repertórios por ele sugeridos para análise de estilo, poderíamos selecionar, para o estudo dos choros, aqueles que contivessem:

a) obras de um grupo de compositores de um dado período em uma mesma cultura;
b) obras pertencentes a um gênero particular;
c) obras de um segmento social de uma cultura, podendo ultrapassar fronteiras geográficas; e
d) obras escritas em um período de tempo na mesma área cultural.

Uma análise de estilo, segundo o teórico, deve iniciar com o reconhecimento de relações e traços recorrentes em um repertório. Meyer chama isso de "classificação." Para estudarmos essas relações e traços, as obras musicais (ou partes delas) devem ser tratadas em entidades isoláveis — sejam estas intervalos, padrões rítmicos, progressões harmônicas ou um esquema formal.

Diferentes choros possuem elementos comuns associados a contornos melódicos, a padrões rítmicos, a conduções de baixos e a estruturas formais. Tais entidades relacionam-se a outras entidades, agrupando-se como membros de uma determinada classe de eventos. Objetivando uma análise de estilo, poderíamos, por exemplo, selecionar choros em três partes, no modo menor e em um mesmo padrão rítmico etc., e classificá-los em um único grupo.

Em uma análise de estilo, a compreensão de eventos temporais deve ser tanto prospectiva quanto retrospectiva (ou seja, aquilo que olha para a frente e aquilo que olha para trás). O teórico americano Thomas Christensen chama a atenção para a existência de duas possíveis correntes interpretativas na abordagem de um evento musical: a "presentista", com perspectiva ahistórica; e a "historicista", com perspectiva ateórica. E diz que, se por um lado o "presentismo" busca analisar uma teoria musical sob uma perspectiva contemporânea, o "historicismo" procura compreender essa teoria sob a ótica de uma posição histórica nativa, suprimindo sua visão atual. Sendo mutante o conceito de tradição, a interpretação do historicista não deveria deixar de considerar o contexto cultural contemporâneo que afeta sua observação — o que seria essencial para uma abordagem prospectiva.

> *É preciso lembrar que uma tradição não é meramente uma acumulação passiva ou algo na qual nós nascemos: na verdade, é algo que cultivamos ativamente. A tradição é a consciência daquelas condições históricas que governam nosso entendimento presente. (CHRISTENSEN, 2000, p. 34-5).*

Uma análise de estilo deve formular hipóteses que expliquem por que traços classificados de um repertório (como padrões melódicos, agrupamentos rítmicos, progressões harmônicas, texturas, timbres etc.) se encaixam, complementando-se. Meyer chama de "esquemas" os padrões estáveis de classificação, aqueles que são repetidos com frequência. Tratam-se de elementos constantes, úteis para a observação, identificação e classificação de diferenças de estilo. São esquemas formais, por exemplo, o tema com variações, o rondó, as árias *da capo* e as formas-sonata. A polca brasileira, a valsa brasileira, a *schottisch* brasileira, o tango brasileiro e o choro obedecem, via de regra, à forma rondó de três seções (A–B–A–C–A) — um esquema. Inícios ou finalizações de choros, poderiam ser considerados, também, esquemas.

Ele chama ainda de "transformação" um tipo de paráfrase em que o analista modifica uma passagem de um estilo a fim de que ela possa parecer pertencer a outro. Neste caso, a estrutura básica de uma obra em seu estilo original — no que diz respeito a harmonias, alturas melódicas, comprimentos de frase — deve ser mantida para que outros parâmetros (normalmente os de primeiro plano) sejam alterados. Uma melodia originalmente composta sobre uma polca ou um tango passa por um processo de transformação para adaptar-se ritmicamente a um maxixe ou a um choro no estilo sambado, por exemplo. Tal fenômeno, que ocorreu de forma gradual na história do choro, foi responsável pela adaptação de um estilo representado por polcas de fins do século XIX a um estilo musical representado por sambas e seus novos padrões rítmicos, em voga, no Brasil, a partir dos anos 1930.[99] Temos exemplos dessa situação nos arranjos gravados por Jacob do Bandolim (em obras como *Tira Poeira*, de Sátiro Bilhar, *Saudações*, de Otávio Dias Moreno) e Pixinguinha ao lado de Benedito Lacerda (como *Proezas de Solon*, da própria dupla).

A classificação de estilos, gêneros, linguagens e afins baseia-se em uma análise estatística e um dos problemas centrais desse método está em estabelecer os limites da amostragem. De uma maneira geral, quanto mais poderosa a teoria que liga os fenômenos, menor o número de instâncias necessárias para confirmá-la.[100] Ou seja, um estilo musical parece estar sedimentado quando são necessárias poucas obras para que se identifiquem seus traços característicos. Meyer resume seu conceito de análise de estilo:

> *Análise de estilo é uma questão, como vimos, de identificar os traços característicos de alguma obra ou conjunto de obras, e de relacionar esses traços entre si. Não existe, sobretudo, a preocupação em saber por quê as características observadas foram escolhidas por um compositor ou grupo de compositores. Tal explicação é tarefa da história. (MEYER, 1996, p. 65).*

O choro, como gênero musical, possui traços de identidade que formam um estilo. São traços marcados por diversos padrões de recorrência em um repertório que chega, atualmente, a cerca de um século e meio de existência. Entende-se a origem dessa música a partir do surgimento de polcas (europeias) adaptadas a uma maneira peculiar de composição e interpretação (brasileira) — esta fundamentada no uso de uma instrumentação à base de violões, cavaquinho e instrumento solista (como a flauta).

O cavaquinista Henrique Cazes acredita que o termo choro consolidou-se por traduzir a "maneira exacerbadamente sentimental" com que músicos populares abrasileiravam as danças européias.[101] Danças européias, como a polca, a valsa, a quadrilha, a *habanera*, a mazurca e a *schottisch*, e gêneros nacionais que já existiam ou se formaram posteriormente, como a modinha, o lundu, o tango brasileiro, o maxixe ou até mesmo o próprio samba, passaram a estar intimamente associados à música dos chorões. Tais danças ou gêneros passaram, em algum momento, a ser denominados simplesmente de: choro (sobretudo as polcas e os tangos brasileiros) ou classificados como subgêneros do choro — como a polca brasileira (ou polca-lundu, ou polca-choro), a valsa brasileira (ou valsa-choro, ou valsa seresteira), a *schottisch* brasileira (ou *schottisch*-choro), o choro maxixado, o samba-choro, o samba de gafieira e o choro-sambado.

Segundo Cazes, mais recentemente, choro voltou a significar uma "maneira de frasear" aplicável a diferentes músicas, brasileiras ou não. O bandolinista Pedro Aragão, ao citar o musicólogo Curt Sachs,

---

99 Para mais informações, recomenda-se a leitura do artigo. *A polca é como o samba: uma tradição brasileira – interações entre polca e samba nas décadas de 1930 a 1950*, de Pedro Aragão.

100 MEYER, 1996, p. 59.

101 CAZES, 2010, p. 17.

diz que os processos de transmissão musical passam por "quatro instâncias: a oral, a escrita, a impressa e a gravada" e o que se transmite no choro não são apenas "peças musicais" fechadas, mas também sistemas de acompanhamento, de fraseados, de improvisação etc. Citando o musicólogo Bruno Nettl, ele vê o processo de aprendizado do choro através da transmissão de seus diversos códigos. Códigos estes (padrões de recorrência) passíveis de serem investigados em uma análise de estilo.

> *Poderíamos pensar em um repertório não como uma série de "peças", mas consistindo de um vocabulário de unidades menores como: motivos melódicos ou rítmicos, acordes, sequência de acordes, fórmulas de cadência etc. Desta forma o processo de transmissão poderia ser estudado sob o prisma de como um repertório conserva (ou não) estas unidades intactas, e como elas são combinadas. (ARAGÃO, 2013, p. 163).*

3.3 Classificação por gêneros

O sistema de classificação por gêneros, na música, espelhou-se no sistema de classificação científica usado na biologia. Nele, gênero é uma unidade de taxonomia — termo este que define, dando-lhes nomes, grupos biológicos com características comuns. Por exemplo, *Homo sapiens* é o nome da espécie humana, no qual o gênero é *Homo* e seu modificador é *sapiens*.

Embora tal sistema seja amplamente usado na análise e descrição da criação artística, a noção de gênero como um conceito claramente definido, neste caso, tem sido questionada. Nas questões relacionadas às músicas popular e folclórica, a construção de uma categoria genérica se dá através de um processo de eliminação da diferença a favor da semelhança.[102] A etnomusicóloga colombiana Ana Maria Ochoa afirma que é importante conhecer a maneira como os gêneros musicais se constituíram historicamente e que sua classificação pode se associar não só a aspectos estéticos, mas também a aspectos ideológicos.

A separação de músicas populares brasileiras (ou mesmo de outros lugares do mundo) em gêneros nem sempre se definiu de forma clara. Novas e questionáveis classificações genéricas sempre podem surgir provocadas pelo aparecimento de novos estilos musicais (importados ou não), de movimentos ideológicos[103], de disputas por autenticidade estilística e reserva de trabalho, ou podem ser criadas por conveniências do mercado editorial (de partituras ou de discos). O nome tango, por exemplo, foi apropriado para nominar estilos que não tivessem uma estruturação musical europeia definida.

> *Essa imprecisão da designação de músicas que não viessem já estruturadas da Europa (como a valsa, a quadrilha, a mazurca, a schottisch ou a própria polca) estava destinada a permitir que a palavra tango servisse durante muito tempo para encobrir — embora sem exclusividade — o tipo de música que se adaptava à dança do maxixe. (TINHORÃO, 1991, p. 69).*

Mário de Andrade, ao comentar que a música brasileira se formou de uma "complexa mistura de elementos estranhos", descreve como gêneros musicais se entrelaçaram e geraram formas híbridas.

> *A modinha, ao contato com a valsa européia, modificou-se profundamente. Hoje em dia bom número das modinhas populares são em três-por-quatro e valsas legítimas. A polca, a mazurka, a schottish se tornaram manifestação normal da dansa brasileira. A modinha algumas vezes se reveste do corte rítmico da chótis. (ANDRADE, 1942, p. 151).*

O maestro Baptista Siqueira relata como o fado — uma variante do lundu, para alguns pesquisadores — serviu para caracterizar gêneros musicais ainda indefinidos.

> *As deformações estilísticas, geradas pelo acúmulo de obras típicas oriundas de várias regiões do país, em pleno estágio na Côrte do Rio de Janeiro, chegaram a tal ponto que autores nacionais se viram conturbados sem saber designar corretamente suas obras características. Na falta de orientação melhor os músicos começaram a adotar a designação de fado que era geral entre nós, desde a transmigração da família real. (SIQUEIRA, 1969, p. 72).*

102 OCHOA, 2003, p. 87.

103 O livro *O mistério do samba*, de Hermano Vianna estuda o caso brasileiro do samba como um gênero musical de identidade nacional.

Para Andrade, formou-se aqui uma "misturada geral" composta de gêneros sincopados de fronteiras pouco definidas, mas representativos do universo afro-brasileiro — como maxixes, tangos brasileiros, polcas, lundus ou choros.[104]

Um debate entre dois compositores de samba — Donga (1890–1974) e Ismael Silva (1905–1978) — exemplifica bem disputas por autenticidade em um gênero musical. O jornalista Sérgio Cabral conta que ele se desenvolveu, na década de 1960, motivado por uma pergunta que fez aos dois sambistas: "qual o verdadeiro samba?"

> *DONGA — Ué, o samba é isso há muito tempo: "O chefe da polícia/Pelo telefone/Mandou me avisar/ Que na Carioca/ Tem uma roleta para se jogar."*
> *ISMAEL SILVA — Isto é maxixe.*
> *DONGA — Então, o que é samba?*
> *ISMAEL SILVA — "Se você jurar/ Que me tem amor/ Eu posso me regenerar/ Mas se é/ Para fingir, mulher/ A orgia assim não vou deixar."*
> *DONGA — Isto não é samba, é marcha. (CABRAL, 1996, p. 37).*

Evocando-se o termo autenticidade, questões semelhantes costumam separar estilos diferentes de interpretação, arranjo, instrumentação, composição etc. no universo do choro e de outros gêneros populares brasileiros.

É sabido que boa parte da literatura sobre a música brasileira é organizada não só por diversos períodos, mas, principalmente, por gêneros musicais ou estilos ligados a personagens que marcaram presença em nossa cultura. Por exemplo, Tinhorão já no título de *Pequena história da música popular — da modinha à lambada*, aponta como está organizada sua pesquisa. O historiador associa cada capítulo a um gênero específico, como *A modinha*, *O choro*, *A marcha e o samba*, *O frevo*, *O baião* etc. Jairo Severiano organiza *Uma história da música popular brasileira* mesclando capítulos que se referem a gêneros — como *O tango brasileiro e o maxixe*, *A bossa nova* etc. —, a personagens — como *Catulo*, *O jovem Pixinguinha* etc. —, a grupo de personagens — como *Os cantores e músicos pioneiros do disco*, *A jovem guarda* etc. — e a episódios ou períodos determinados — como *O Estado Novo e a música popular*, *Depois dos festivais* etc. E Ary Vasconcelos divide o *Panorama da música brasileira na belle époque* em *História* — com subcapítulos divididos em nomes de gêneros, alguns músicos (ou grupos), períodos e episódios — e *Personagens* — com verbetes de inúmeros músicos da *belle époque*, em um molde similar a Alexandre Gonçalves Pinto, em *O choro — reminiscências dos chorões antigos*. Todos os livros assumem a (muitas vezes questionável) classificação por gêneros musicais.

Este capítulo recorre, junto a outros estudos específicos, a esse tipo de bibliografia. O resultado apresentado obedece à chamada classificação "taxonômica" dos gêneros musicais. Considero que os gêneros abordados já se encontram relativamente estabilizados, possibilitando análises e estudos históricos. Observo, também, que tais termos genéricos costumam ser usados pelos músicos em suas práticas, mesmo com uma ou outra imprecisão, para definir estilos (e procedimentos) musicais. É verdade que determinados gêneros chegam a estar marcados por estilos pessoais muito fortes, como é caso da *schottisch* brasileira, por Anacleto de Medeiros, e do tango brasileiro, por Ernesto Nazareth. A classificação que se segue tem o simples intuito de organizar as análises dos procedimentos de construção musical de cada gênero, como aqueles que dizem respeito a suas estruturas fraseológicas. Parece ser fato, por razões diversas, que o "estilo chorado" apresenta peculiaridades de cada um dos gêneros aqui apresentados.

3.4 Choro e gêneros afins

O choro surgiu por volta de 1870 como designação de uma forma brasileira de se tocar danças originárias da Europa, nos conta o pesquisador José Ramos Tinhorão. Mas o emprego do termo choro para nomear um gênero musical só ocorreu a partir dos anos 1910, em substituição, sobretudo, ao que antes se chamava de polca. Para o historiador Jairo Severiano, o choro é o mais

104 MACHADO, 2007, p. 115.

importante gênero instrumental brasileiro. Muitos gêneros da música urbana de diferentes países resultaram da mistura de elementos similares: "danças europeias (principalmente a polca) + sotaque do colonizador + influência negra."[105] No Rio de Janeiro, pelas mãos de músicos profissionais e amadores, surgiram a polca-lundu, o tango brasileiro, o maxixe, o samba e o choro. Há diferentes hipóteses para a origem do termo choro. Pedro Aragão expõe cinco possíveis:

> *a) a versão de Câmara Cascudo, que vê a palavra como corruptela do termo xolo, identificado como designação africana para "bailes de negros realizados em dias de festas"; b) a versão de Mozart de Araújo, para quem a palavra viria da "expressão dolente, chorosa da música que aqueles grupos executavam"; c) a versão de Ary Vasconcelos, para quem a palavra seria derivada da expressão choromeleiros, "corporação de músicos importantes no período colonial brasileiro"; d) a versão de Baptista Siqueira, para quem a expressão viria da corruptela da expressão latina chorus, empregada erroneamente em um dos catálogos da Casa Edison; e e) a versão do musicólogo Curt Lange, que aponta para uma possível incorporação do termo alemão chöre, utilizado para designar grupos corais e instrumentais do sul do país que teriam se propagado para outras regiões, tornando-se dessa forma sinônimo de agrupamentos musicais. (ARAGÃO, 2013, p. 34).*

Corroborando, de alguma maneira, a versão do musicólogo brasieiro Mozart de Araújo estão ainda as de:

a) Tinhorão, que choro viria de uma maneira de tocar passagens em sons graves, executadas pelo violão (denominadas de baixarias), conferindo impressão de melancolia[106]; e
b) Henrique Cazes, que seria consequencia da "maneira chorosa de frasear", gerando o termo chorão para o músico que "amolecia" as polcas.

A bibliografia mais clássica destaca que o choro nasceu do nosso jeito (este ligado a uma sincopação, tida como africana) de tocar danças europeias, como a polca, a valsa, a quadrilha, a mazurca e a *schottisch*. Assim como as versões de Tinhorão, Cazes e Mozart de Araújo, ela associa o termo choro a questões interpretativas peculiares. A escuta, ora de gravações antigas, ora de execuções atuais de músicos ligados ao gênero, parece confirmar esses aspectos. Contudo, possivelmente, o estilo chorado já teria sido usado, com o mesmo significado, para a maneira com que instrumentistas acompanhavam gêneros como o lundu, em períodos anteriores às polcas de Callado.

> *As relações entre o lundu e o Choro podem esclarecer um pouco mais sobre as origens do Choro como uma manifestação musical tipicamente brasileira. Em seu magnífico Memórias de um Sargento de Milícias [de 1854], Manoel Antonio de Almeida relata que o tocador de viola que acompanhava o lundu buscava reproduzir o ritmo cadenciado fazendo as cordas "chorarem." Já Nicolau Tolentino de Almeida, citado por Tinhorão na Pequena História da Música Popular, refere-se no início do século XIX a um bandolinista que tocava "por pontos, o doce lundu, chorado." (SIMAS, 1997, p. 3).*

No livro *O choro* (de 1936), o termo choro é usado para designar: 1) agrupamento musical; 2) sinônimo de festa ou lugar físico onde se praticava essa música; e 3) uma "peça" ou um "gênero" musical.[107] A palavra, que se estabilizou nesses significados, hoje se liga também, e cada vez mais, a um estilo de tocar e compor (mesmo em se tratando de outro gênero musical) associado a um fraseado e a um vocabulário fraseológico próprio.

O pesquisador Ary Vasconcelos organiza uma cronologia do choro a partir de períodos denominados de: "Primeira geração do choro" (1870 a 1889), "Segunda geração do choro" (1889 a 1919), "Terceira geração do choro" (1919 a 1930), "Quarta geração do choro" (1930 a 1945) e "Quinta geração do choro" (1945 a 1975).

Iniciada logo após o término da Guerra do Paraguai, a primeira geração do choro (de 1870 a 1889) foi marcada, entre outras características e fatos, pelo abrasileiramento de danças europeias,

---

105 CAZES, 1995, p. 5.

106 O historiador diz que os músicos dos grupos que utilizavam esse procedimento recebiam a designação de chorões.

107 ARAGÃO, 2013, p. 82.

sobretudo a polca (algumas passaram a receber o nome de polca-lundu), pelo aparecimento da coreografia do maxixe e dos tangos brasileiros compostos por Nazareth, e pela proliferação de grupos instrumentais (como o *Choro de Callado*), que serviram de paradigma para as demais formações de conjuntos de choro existentes até os dias de hoje — grupos, estes, construídos à base de flauta, cavaquinho e violões (eventualmente, também, um oficleide[108]), supostamente a partir de uma evolução da música de barbeiros.[109] O choro se popularizou através dessas formações, que em boa parte eram compostas por músicos amadores (normalmente funcionários públicos) — acompanhadores de modinheiros, tocadores noturnos de polcas-serenatas nas ruas e orquestras de dança em casas de bairros humildes cariocas[110]. Destacaram-se, nesta geração, nomes como o maestro e compositor Henrique Alves de Mesquita (1830–1906), os flautistas e compositores Joaquim Callado (1848–1880) e Viriato Ferreira (1851–1883), e os pianistas e compositores Chiquinha Gonzaga (1847–1935) e Ernesto Nazareth (1863–1934).

Junto ao início da República, a segunda geração do choro (de 1889 a 1919), no primeiro momento, teve seu maior expoente em Anacleto de Medeiros (1866–1919), compositor, fundador e primeiro maestro da Banda do Corpo de Bombeiros — um agrupamento que, assim como outras bandas militares, agregava diversos músicos de choro. As gravações mecânicas, surgidas neste período, e que aproveitaram bastante uma instrumentação à base de sopros, foram importantes na sistematização de gêneros musicais, especialmente a *schottisch* brasileira. Destacaram-se compositores, maestros e instrumentistas como o oficleidista e trombonista Irineu de Almeida (1873–1914), professor de Pixinguinha, o maestro Albertino Pimentel, "Carramona" (1872–1929), que sucedeu a Anacleto na Banda do Corpo de Bombeiros, o trombonista Candinho (1879–1960), o pianista Zequinha de Abreu (1880–1935), o violonista João Pernambuco (1883-1947), o flautista Patápio Silva (1881–1907) e o cavaquinista Mário Álvares (1861–1905). Surgiu, nos últimos anos do período, aquele que é considerado um dos mais importantes instrumentistas e compositores da história do gênero — o flautista Alfredo da Rocha Viana, "Pixinguinha" (1897–1973). Ary Vasconcelos chega a afirmar que "se você tem 15 volumes para falar de toda a música popular brasileira, fique certo que é pouco. Mas se dispõe apenas do espaço de uma palavra, nem tudo está perdido; escreva depressa: 'Pixinguinha'."[111] Não é por acaso que o "Dia do Choro", 23 de abril, é comemorado na data de seu nascimento.

A fase final desta geração aponta a transição para um período de profissionalização do músico de choro.[112] Nesta época tornaram-se conhecidas as festas nas casas das "tias baianas" — como a *Casa da Tia Ciata*, no bairro da Saúde, Rio de Janeiro —, marcadas por choros (em bailes, nas salas) ao lado de sambas e batuques (em rodas, nos quintais) e pela presença de músicos como João da Baiana, Sinhô, Caninha, Pixinguinha e Donga. José Miguel Wisnik comenta que o choro, ao participar de diferentes práticas musicais em diferentes regiões da cidade, inclusive na situação descrita, ocupava

> *um "lugar paralelo e elástico entre o samba, o salão e o sarau" por conter um duplo significado: ao mesmo tempo em que "tangenciava a batucada", aspirava eventualmente a um status erudito. Em outras palavras, o choro seria uma espécie de "curinga" musical, podendo se configurar como uma música apta a ser tocada nos "grandes salões" quanto na mítica casa da Tia Ciata. (ARAGÃO, 2013, p. 31).*

Ary Vasconcelos classifica o período entre 1870 e 1919 (entre a primeira e a segunda geração) como a "Idade de Ouro do Choro" — no qual as *jazz-bands* ainda não haviam entrado com seus

108 Instrumento da família dos metais. O nome oficleide, ou oficlide, se originou do grego *óphis,eós* (serpente) e *kleís,kleidós* (chave), por ter forma de cobra com chaves ao longo do corpo. Hoje praticamente desaparecido, o oficleide era o quarto instrumento mais popular entre os chorões, segundo levantamento do livro *O choro*, de 1936.

109 "Músicos barbeiros" eram normalmente escravos libertos que, no período colonial, se reuniam em grupos instrumentais para ganhar a vida nas cidades. (ARAGÃO, 2013, p. 35). A sincopação africana (de origem indefinida) nas polcas brasileiras é atribuída por alguns como uma herança destes músicos.

110 TINHORÃO, 1991, p. 105.

111 VASCONCELOS, apud CABRAL, 1997, p. 14

112 ARAGÃO, 2013, p. 47.

saxofones e baterias no cenário musical brasileiro. "O chorão tocava sem qualquer interesse pecuniário, pelo prazer de tocar e pelo prazer de... comer."[113]

A terceira geração do choro (de 1919 a 1930) é aquela em que ocorre a fixação do choro como gênero através da música de Pixinguinha, líder do emblemático conjunto *Os Oito Batutas* — este conhecido pelas execuções virtuoses do flautista, pela inserção de instrumentos de percussão como o pandeiro, o ganzá e o reco-reco em sua formação e por uma pioneira turnê a Paris (em 1922). Neste período, começaram a brotar as *jazz-bands*, com repertório baseado em foxtrotes, mas incluindo também sambas e maxixes. Dentre elas, destacou-se a *Jazz Band Sul-Americana*, de Romeu Silva, cujos maxixes integram o acervo do choro. Surgiram, durante esta fase, compositores e instrumentistas de diferentes partes do país, tais como o trompetista Bonfiglio de Oliveira (1894–1940), de São Paulo, o clarinetista e saxofonista Luiz Americano (1900-1960), de Sergipe, o saxofonista Ratinho (1896–1972), da Paraíba, e o violonista Jaime Florence (1909–1982), o Meira, e o bandolinista Luperce Miranda (1904–1977), ambos de Pernambuco.

A quarta geração do choro (de 1930 a 1945), associada ao nascimento do "samba batucado", ao surgimento das gravações no sistema elétrico, ao aparecimento do rádio no Brasil e ao crescimento dos cassinos, foi um período em que os grupos de choro (profissionais), igualmente chamados de "conjuntos regionais"[114] (todos tendo um pandeirista como integrante) — como os liderados por Benedito Lacerda (1903–1958), Rogério Guimarães, Dante Santoro (1904–1969), Luiz Americano e Claudionor Cruz (1910–1995) — passaram a atuar sistematicamente na função de acompanhadores de cantores famosos, como Francisco Alves, Carmem Miranda, Silvio Caldas e Orlando Silva. Através desses músicos (influenciados pelas atuações e gravações com sambistas) — sobretudo os dos conjuntos *Gente do Morro* e o *Regional de Benedito Lacerda*[115] — foi sendo criado um novo padrão de acompanhamento para o choro baseado em modelos rítmicos usados pelo samba do bairro do Estácio. Neste período foi gravado o primeiro choro nesse padrão sambado — *Gorgulho*, de Benedito Lacerda e Valdemar. Há muitos outros exemplos do estilo em gravações de Luiz Americano e Benedito Lacerda. Na quarta geração, Pixinguinha firmou-se como importante arranjador de nossa música popular, ao buscar em sua linguagem orquestral um destaque especial à percussão. Dentre as orquestras que organizou, estão as *Victor Brasileira*, *Diabos do Céu* e *Grupo da Velha Guarda*. Foram gravadas as suas composições que revolucionaram paradigmas formais e harmônicos do choro — *Carinhoso* e *Lamentos*. Projetaram-se ainda no período, entre outros, o atuante arranjador e pianista sulista, de sólida formação erudita, Radamés Gnattali (1906–1988) e o inovador compositor e multi-instrumentista (violão, bandolim, banjo, cavaquinho etc.) Aníbal Augusto Sardinha (1915–1955), o Garoto. Apesar do período de 1927 a 1946 ter sido considerado por vários historiadores como a "Idade de Ouro" da música popular brasileira — no qual a canção atravessou um "período de esplendor"[116] —, no que diz respeito ao repertório de choros gravados foi uma época fraca.

Na quinta geração do choro (de 1945 a 1975) — uma fase melhor para o gênero, quase uma "pequena fase de ouro"[117] — explodiu no Rio de Janeiro a *Orquestra Tabajara*, uma *big-band* de sabor brasileiro sob a regência do maestro Severino Araújo (1917–2012), com diversos choros no repertório; realizou-se a antológica série de 34 gravações de Benedito Lacerda (na flauta, na melodia) e Pixinguinha (no sax tenor, no contraponto)[118], acompanhados de Canhoto (no cavaquinho), Meira e Dino (nos violões) e percussão; construiu-se aquela que é considerada

113 VASCONCELOS, 1998, p. 72.

114 Segundo Jairo Severiano, a partir dos anos 1930, com o intuito de acompanhar cantores em rádios e discos, proliferou um tipo de conjunto musical, com o nome de regional. Os regionais eram continuadores dos pioneiros conjuntos de choro, mas acrescentando à formação básica destes o pandeiro ou outra percussão.

115 Ambos conjuntos chefiados pelo exímio flautista e compositor Benedito Lacerda, um dos principais músicos em gravações de intérpretes da época.

116 VASCONCELOS, 1998, p. 86.

117 Ibid., p. 90.

118 Pixinguinha, em 1942, após gravar a flauta pela última vez, passou a assumir o saxofone tenor como seu principal instrumento.

a mais rica obra discográfica do gênero, pelas mãos do compositor, pesquisador e bandolinista Jacob do Bandolim (1918–1969); e apareceu o mais bem sucedido vendedor de discos de choros de todos os tempos, o *virtuose* cavaquinista Waldir Azevedo[119] (1923–1980). Nota-se que, entre as composições de choros do período, muitas já nasciam no estilo sambado. Destacaram-se ainda, entre outros instrumentistas e compositores, os clarinetistas e saxofonistas Abel Ferreira (1915–1980), de Minas Gerais, e K-Ximbinho (1917–1980), do Rio Grande do Norte, o flautista Altamiro Carrilho (1924–2012), o trombonista Raul de Barros (1915–2009), os acordeonistas Sivuca (1930–2006), da Paraíba, e Chiquinho (1928–1993), do Rio Grande Sul, este integrante do inovador sexteto organizado por Radamés Gnattali.

Seguindo a ideia de Ary Vasconcelos, seria possível dizer que as últimas gerações do choro se formaram a partir da segunda metade dos anos 70, em um movimento de renascimento de um gênero esquecido há cerca de duas décadas. Esta fase foi marcada, inicialmente, pelas ações de clubes de choro e festivais de choro; pela atuação do cavaquinista e compositor Paulinho da Viola (também famoso sambista); pelo aparecimento de lugares abertos para encontros de chorões, como o botequim *Sovaco de Cobra*[120]; pelo surgimento de grupos de jovens chorões como o *Os Carioquinhas*, o *Galo Preto*, a *Camerata Carioca* — que se uniu ao bandolinista Joel do Nascimento (1937) e Radamés Gnatalli em uma fusão erudito-popular da interpretação do choro — e o *Nó em Pingo D'água*[121] — que semeou a ideia de uma fusão do choro com elementos da música popular contemporânea. Destacaram-se, ainda, entre outros, instrumentistas como os violonistas Canhoto da Paraíba (1926–2008) e Raphael Rabello (1962–1995), os bandolinistas Armandinho Macedo (1953) e Izaías Bueno (1937), o trombonista Zé da Velha (1942), os clarinetistas e saxofonistas Paulo Moura (1932–2010) e Paulo Sérgio Santos (1958), e o antigo *Conjunto Época de Ouro*, fundado por Jacob do Bandolim e que retornou à atividade com o bandolinista Déo Rian (1944) como solista — este, o único discípulo do antigo líder.

Este período está caracterizado também pelo início de diversos trabalhos editorais na linha de métodos de instrumentos do choro (cavaquinho, bandolim, violão de sete cordas etc.), livros de exercícios, livros de partituras, gravações didáticas etc.[122] Em mais um fôlego para o gênero, apareceram posteriormente cursos e escolas de choro, como a *Escola Brasileira de Choro Raphael Rabello* (Brasília) e a *Escola Portátil de Música* (Rio de Janeiro), ambas com atuação intensa, e uma grande quantidade de novos grupos e instrumentistas, entre eles o *Trio Madeira Brasil*, o *Rabo de Lagartixa*, o Água de Moringa, o *Quarteto Maogani*, o *Tira Poeira*, o bandolinista Hamilton de Holanda (1976), o multi-instrumentista de sopros Dirceu Leite (1961), o violonista Yamandú Costa (1980) etc., alguns influenciados pela mistura do choro com outros elementos do *jazz* e da música popular contemporânea. O choro, hoje, participa também de uma rede de concertos nacionais e internacionais, chegando a apresentar seguidores e grupos estabelecidos em diferentes pontos do mundo, como Japão, Israel, França, Estados Unidos, Argentina etc.

Muito dos elementos estruturais do choro usados em todas as gerações tem origens em diversos estilos, gêneros e ritmos que no Brasil conviveram e se fundiram. Os textos seguintes buscam investigar, através de análises estilísticas e históricas, como determinados gêneros musicais brasileiros — da modinha ao samba — contribuíram para a construção de um estilo chorado de fraseado musical.

119 Waldir inova o sistema de gravação no gênero ao introduzir o efeito da "câmara de eco" no som de seu cavaquinho, no choro *Pedacinhos do Céu*.

120 Importante reduto de chorões no bairro da Penha, Rio de Janeiro. Em analogia ao que foi comentado por Sandroni sobre o samba no estilo novo, o choro, antes tocado em casas ou festas particulares, deve ter assumido, como espaço para suas práticas, lugares mais públicos, socialmente mais abertos, como os botequins.

121 Grupo do qual sou fundador e integrante.

122 Dentre essas modalidades editoriais, sou autor do livro *Vocabulário do choro* e um dos coordenadores dos três volumes do *Songbook Choro* e dos dois volumes do livro e *play along Choro duetos* – Pixinguinha e Benedito Lacerda.

3.4.1 Modinha

No início do século XVI, a monodia estava em plena efervescência na península ibérica. Da abreviação da palavra monodia resultou, no sentido musical, o termo moda — que até o século XVIII, tanto em Portugal quanto no Brasil, era uma maneira geral de designar as canções populares. No século XVII, nasceu, como primeiro gênero da canção brasileira, a modinha, assim chamada para diferenciar-se da moda portuguesa. O uso sistemático de frases curtas dos versos de quatro ou sete sílabas, próprios da poesia popular, levou as pessoas a referirem-se a tais modas usando o diminutivo de modinhas.[123] O poeta-compositor Domingos Caldas Barbosa (1740–1800) — um de nossos primeiros modinheiros — era filho de português e de escrava alforriada. Foi a Portugal completar seus estudos e, nomeado Capelão — "de batina e se acompanhando numa viola de arame" —, lá se fez conhecido na década de 1770 ao cantar suas modinhas e lundus para a corte de D. Maria I — assim nos diz o pesquisador Jairo Severiano. Quando foi para a Europa, a modinha retratava, de certa forma, o ambiente passado da Idade Média. Mesmo aparecendo em um período musicalmente marcado pela obra clássica de Haydn e seus contemporâneos, ela lá se destacou em razão de sua pureza melódica e seu descompromisso com formalismos e esquemas pré-estabelecidos.

Embora nas grandes escolas poéticas do Brasil (a baiana e a mineira) a língua fosse a mesma de Portugal, a modinha chegou aqui a passar por um conflito entre a herança europeia e o nosso desejo de expressão musical. As contribuições alienígenas deviam-se à quadratura poético-musical, ao formalismo, aos contornos melódicos, ao tonalismo e aos instrumentos usados nos acompanhamentos — os de cordas dedilhadas e simples (como a viola) e os de cordas duplas e tangidas (como o cravo), enquanto o que havia de mais brasileiro relacionava-se a características rítmicas da melodia e do acompanhamento.

Os primeiros registros do gênero encontram-se na coleção de manuscritos *Modinhas do Brazil*, pertencente à *Biblioteca de Ajuda*, em Lisboa — são peças em duo (com linhas melódicas em terças ou sextas paralelas), supostamente de autoria de Caldas Barbosa, que representam o início da sistematização de modinhas e lundus. Os estudos do pesquisador Edilson de Lima sobre a coleção da biblioteca portuguesa — com análises e transcrições de 30 peças — encontram nas modinhas a recorrência de:

a) frases constituídas por pequenos motivos;
b) terminações femininas em finais de frases (no desenho , como na modinha anônima *Choro, padeço, suspiro...*, do exemplo 25 ou no desenho , antecipada ritmicamente uma semicolcheia, como na também anônima *Eu estando bem juntinho*, do exemplo 26);

Exemplo 25 — *terminação feminina e apojaturas em Choro, padeço, suspiro...*[124]

123 TINHORÃO, 1999, p. 15.
124 Fonte: *Modinhas do Brasil* (LIMA, 2001, p. 118).

***Exemplo 26** — terminação feminina, síncopas e apojaturas em Eu estando bem juntinho*[125]

c) ornamentos provindos da tradição europeia[126] — apojatura longa (inferior ou superior, como as ap anotadas nos exemplos 25 e 26 — que representam o tipo de ornamento mais usado na coleção e nas modinhas em geral), apojatura curta (com função melódica, sem função harmônica), grupeto, trinado e portamento;

d) modulações, quando ocorrem, para o tom relativo;

e) inversões de acordes e baixos pedais, muitas vezes associadas à linguagem idiomática do instrumento acompanhador (como a viola);

f) uso equilibrado dos modos maior e menor;

g) finalizações suspensivas (em doze modinhas), por vezes sugerindo repetição;

h) uso de compasso binário $\frac{2}{4}$ (em 23 modinhas, como as dos exemplos 25 e 26 — apenas duas estão em $\frac{6}{8}$ e três em $\frac{3}{4}$); e

i) síncopes nos compassos $\frac{2}{4}$, muitas vezes associadas ao lundu-canção — classificadas como: internas ao compasso (♬♪♬, ♬♬♩♪ ou ♪♬♩♬♪, 𝄾♩♪ e ♬♪♪♪♬); ou prolongadas além da barra de compasso (como as encontradas do c. 2 para c. 3 e do c. 4. para c. 5, no exemplo 26).

Carlos Sandroni chega a chamar, por questões rítmicas, de "proto-lundus" as modinhas brasileiras da coleção que carregam as figuras sincopadas[127] dos lundus. A julgar pela forma normalmente cométrica em que a modinha (brasileira) se estabilizou posteriormente, faz sentido a denominação de proto-lundus dada a algumas peças de *Modinhas do Brazil*. O etnomusicólogo vê analogias nas diferenças "modinha portuguesa x modinha brasileira" e "modinha x lundu."

> *É assim que as coisas aparecem nos depoimentos do final do século XVIII: faz-se diferença entre modinhas portuguesas e brasileiras, seja para preferir estas últimas porque mais variadas, joviais, sensuais etc. (como Lord Beckford), seja para preteri-las porque grosseiras, vulgares etc. (como Antonio Ribeiro dos Santos). Mas nunca se menciona uma diferença entre modinha e lundu, diferença à qual, no entanto, se poderá assimilar à primeira. A última, porém, só se estabelece realmente no decorrer do século XIX, não mais como diferença entre Brasil e Portugal, mas como separação interna à música brasileira. (SANDRONI, 2012, p. 48).*

Lima, em uma análise morfológica das peças da coleção, destaca quatro tipos formais:

a) forma simples (sem divisões em partes distintas);

b) forma binária em 11 modinhas, onde três possuem coda (A–B–coda);

c) forma ternária, em dois tipos distintos — A–B–A' e A–B–A–coda; e

d) formas livres.

O autor, como Mário de Andrade e Mozart Araújo, defende que a variedade de esquemas formais está ligada ao fato de a modinha ser uma descendente direta da moda, que no século XVIII

125 Fonte: *Modinhas do Brasil* (ibid., p. 150).

126 O musicólogo Bruno Kiefer afirma que, pela abundância de ornamentos melódicos, a modinha inicialmente "pagou tributo ao bel canto" e aproximou-se da canção operística.

127 É verdade que se poderia atribuir a algumas dessas síncopes também um caráter de expressão, relacionando-as a "acentos patéticos" — segundo termo usado por Baptista Siqueira — e não a "acentos rítmicos", estes relacionados à contrametricidade (que aludem ao universo afro-brasileiro).

designava qualquer tipo de canção. A modinha, por ter sido música de salão, trazia as formas das árias de salão do final do século XVII.

O compositor, violonista e cavaquinista Joaquim Manoel da Câmara foi o primeiro modinheiro a se destacar em inícios dos 1800 no Brasil, chegando a impressionar Sigismund von Neukomm[128], que harmonizou vinte de suas peças. Contudo, considera-se o maior autor de modinhas dessa geração o compositor, letrista, cantor e violonista Cândido Inácio da Silva — considerado por Mário de Andrade "salvas as proporções, o Schubert de nossas modinhas de salão."[129] O modinheiro aprendeu música com o célebre Mestre de Capela José Maurício Nunes Garcia, nome de destaque nos princípios da música erudita brasileira — um autor de obras sacras e de concerto mas que, eventualmente, fazia modinhas e lundus.

A modinha na forma próxima à ária portuguesa (esta influenciada pela italiana) difundiu-se em nossos salões motivada pela vinda de Portugal da corte de D. João VI, em 1808, passando a interessar músicos de escola. Na segunda metade do século XIX, a partir dos salões — onde o cravo e o piano (que aqui chegou com a Família Real) substituíam a viola — irradiou-se para as camadas populares nas serenatas, pelas mãos de tocadores de violão mestiços, à luz dos lampiões de rua. Quando, por volta de 1860, o cantor baiano Xisto Bahia tornou-se conhecido, a modinha já circulava na voz dos seresteiros populares pela cidade. Os violonistas acompanhadores de modinhas normalmente aprendiam "de ouvido", por tradição oral, destacando-se, entre eles, "aquele que mais soubesse empregar as falsas[130] e não titubeasse na passagem modulante mais atrevida"[131] — qualidade também atribuída aos chorões. Siqueira descreve, de maneira lírica, a relação modinheiro-violão:

> *Nos salões o violão se eclipsou um pouco e isso era natural, não somente porque era tocado intuitivamente, como porque o piano, seu rival, vinha como novidade, como coisa da moda. Por isso o violão sentiu-se diminuído no ambiente estreito dos salões e fugiu, numa noite de luar, para ir gemer, com os trovadores, na amplidão infinita, sem jamais parar nos seus lamentos. É por isso que não se pode compreender a modinha sem a plangência do violão, nem a magia de seu timbre sem lírica doçura dos serenos... (SIQUEIRA, 1979, p. 97).*

Em uma ampla pesquisa a partir de diversas fontes e diferentes épocas, incluindo obras de autores anônimos ou pouco divulgados, o maestro classifica as modinhas em:

> *a) Modinha bárdica — primitiva, monódica e mais generalizada no Brasil; b) Modinha estrófica — ocorrente no século XVII; c) Modinha árcade — surgiu com os poetas da Arcádia, sendo, portanto considerada do século XVIII; d) Modinha do século XIX — destaca-se pelo estilo do acompanhamento violonístico. (ibid., p. 219).*

Elas se diferem por formas estruturais diferentes, sendo a quarta associada à forma e fraseologia da música dos chorões:

a) a modinha bárdica relaciona-se à poesia popular do início de nossa colonização, orientada pela lírica dos trovadores portugueses do século XVI, e tem o esquema musical mais elementar de todas elas, com estrofes poéticas separadas por interlúdios repetidas vezes.

b) a modinha árcade relaciona-se aos versos da Arcádia Ultramarina, que constituiu a escola mineira em fins do século XVIII, e caracteriza-se pela influência da forma livre dos românticos.

c) a modinha estrófica (como a versão popular de *Tarde, bem tarde...*, recolhida por Baptista Siqueira, mostrada no exemplo 27) tem a forma que se estabilizou no gênero, constituída por duas estrofes simples, podendo estas serem seguidas de um refrão ou um trio. *Tarde,*

128 Sigismund von Neukomm (1778–1858), músico austríaco, melhor discípulo de Haydn, veio para o Brasil ao tempo de D. João VI.

129 ANDRADE, apud SEVERIANO, 2009, p. 28.

130 Termo associado, segundo Baptista Siqueira, ao "cromatismo não modulante." As "falsas" serviam para designar, na linguagem de antigos músicos de choro, os acordes diminutos de passagem.

131 SIQUEIRA, 1979, p. 49.

bem tarde... tem duas estrofes (A e B)[132] com oito compassos cada, tendo B uma repetição — A está em Lá menor e B em Dó maior.

***Exemplo 27** — Tarde, bem tarde, exemplo de modinha estrófica*[133]

O maestro separa, ainda, os três tipos de modinha sob uma perspectiva histórica: o tipo ancestral, o bárdico; o tipo evolutivo, o árcade e, finalmente, o estrófico, que conglomera os demais[134] e apresenta "caracteres de brasilidade", como:

a) a modulação passageira ao tom da quinta justa inferior — região da subdominante — (no membro da frase inicial ou no terceiro membro do período binário de 16 compassos);

b) os intervalos melódicos descendentes apresentados sucessivamente;

c) as repetições temporais, apojaturas expressivas, frases decapitadas, como terminações femininas; e

d) ausência de modulação ao tom da dominante.

Em *Tarde, bem tarde...*, encontram-se as características descritas: a região da subdominante aparece nos segundo e sexto compasso de A (depois de 𝄋) e no sexto compasso de B (depois do estribilho); a melodia tem tendência descendente, com recorrência de apojaturas e terminações femininas (como nos segundo, quarto e sexto compassos de A e sexto e sétimo compassos de B); e não há modulação para a dominante. Os aspectos citados são também recorrentes no choro e alguns gêneros afins — exceto o último, pois alguns choros podem apresentar, eventualmente, modulações para a dominante entre as partes do rondó.

Siqueira observa, no universo que pesquisou, a reincidência do modo menor — fato que, curiosamente, relaciona à nossa religiosidade.

> *Sob o prisma musical, diremos que a predominância é do modo menor e parece corresponder a influência religiosa e não propriamente à tristeza da raça... Como sabemos, o modo jônico, que corresponde a nosso modo maior, foi, em virtude de sua grande popularidade, considerado "modos lascivos" pela Igreja Católica. Os modos menores, pelo contrário, continuaram sendo empregados sem restrições de qualquer natureza. Sendo nosso povo extremamente religioso, e por cima disso, sua música inicialmente dirigida*

---

132 A parte A inicia na anacruse do % e termina, depois de oito compassos, onde está sinalada a fermata (U). A parte B, tocada duas vezes (casa 1 e casa 2), inicia na anacruse do 'estribilho'.

133 Fonte: *Modinhas do passado* (ibid., p. 154).

134 Ibid., p. 112.

por jesuítas, é claro que os modos menores deviam ser muito mais empregados. Se considerarmos, por outro lado, que as modinhas nunca serviram para ajudar a dançar, essa premissa ainda mais positiva se apresentará. (ibid., p. 52-53).

Ao analisar modinhas do século XIX, o musicólogo Bruno Kiefer lista aspectos que formariam a imagem da "essência musical da modinha brasileira urbana" e destaca as linhas melódicas descendentes (segundo o musicólogo, "nossa tristeza") com início atingido por saltos grandes ascendentes ou por poucas notas arpejadas ascendentemente ("verdadeiros suspiros"). O estudioso apresenta uma série de significados para esses aspectos:

Estas características melódico-harmônicas (mais importantes do que as rítmicas), cuja significação é fácil de imaginar, conferem a modinha singeleza, intimismo, doçura, saudade. Modinha: uma sequência de suspiros amorosos. O delicado sentimento que se expressa na modinha esta longe da grandiloqüência das árias de ópera italianas e de seu caráter extrovertido e enfático. (KIEFER, 1986, p. 24).

Percebermos que grande parte do que foi descrito encontra-se no choro, seja em sua forma ou sua fraseologia. Poderíamos intuir que as semelhanças entre a música dos modinheiros e a dos chorões refletiram-se nas práticas interpretativas do choro, sobretudo nas construções de fraseados. Gestos musicais de instrumentistas, aproximando-se ao de cantores, podem ter flexibilizado ritmicamente a execução melódica de gêneros dançantes como a polca. Tinhorão caracteriza o estilo poético da modinha urbana, e de alguns gêneros dela derivados (como o da valsa brasileira), como um "estilo derramado do ultra-romantismo popular."

Ligando-se a instrumentistas das camadas populares, [os intelectuais cultores da modinha], livraram suas músicas dos preconceitos, embora sua condição de adeptos da poesia romântica em nível literário os levasse a requintar a parte da letra, através de um preciosismo que mais tarde seria responsável pela tradição de pernosticismo de várias gerações de letristas semi-analfabetos da musica popular brasileira. (TINHORÃO, 1991, p. 21).

Dentre os compositores desse estilo se destacou, entre outros, o poeta, violonista e cantor maranhense Catulo da Paixão Cearense (1866–1946), que chegou jovem ao Rio de Janeiro, por volta de 1880. Dado a leitura de autores clássicos, publicou alguns livros de poesias — como *Cancioneiro popular*, que teve 50 edições, indicando sua enorme popularidade. Sem talento para criar melodias, a fim de veicular seus versos uniu-se às obras dos maiores compositores de sua época — chorões como João Pernambuco, Anacleto de Medeiros, Ernesto Nazareth e Viriato Figueira. Ao serem reeditadas como "modinhas do Catulo", essas músicas — polcas, *schottisches*, valsas, a grande maioria temas instrumentais pré-existentes — tiveram sua popularidade ampliada. Siqueira classifica o que chama de polca-modinha, *schottisch*-modinha e valsa-modinha de "formas mistas ou evoluídas da modinha" — estilos responsáveis pelo ressurgimento do gênero no início do século XX, no qual se destacou também, entre outros compositores, a pianista e maestrina Francisca Gonzaga (autora da conhecida modinha *Lua Branca*), nome absolutamente presente nos princípios do choro. A adaptação de tais gêneros musicais para a forma de canção popular — mesmo interpretados em andamentos desacelerados — nos faz perceber íntimas semelhanças melódicas, formais e harmônicas entre a música dos chorões e a modinha — que, não por acaso, ganhou as ruas através de conjuntos de choro a partir do início do século XX.

A partir de 1902, quando se iniciaram as gravações fonográficas no Brasil, cantores como Baiano, Cadete, Eduardo das Neves e Mário Pinheiro começaram a gravar modinhas e lundus para a Casa Edison. Entre o surgimento, aqui, do rádio (1930) e da televisão (1950), as modinhas seguiram sendo interpretadas e compostas, mas por detrás de outros gêneros também românticos — como a canção, a canção sertaneja, a valsa-canção e o tango-canção.

3.4.2 Lundu

Originado de uma dança trazida pelos escravos bantos, só nas décadas finais do século XVIII o lundu tomou a forma de canção. Acompanhado por viola, apoiado por estribilhos curtos, foi cultivado aqui por negros, mestiços e brancos de baixas camadas sociais. A dança do lundu — com mãos na testa, no quadril e estalos de dedos (a imitar castanholas), mas com umbigada africana — tornou-se aqui uma adaptação da coreografia do fandango[135] ao batuque dos negros, realizada por brancos.[136]

Iniciado também com o modinheiro Domingos Caldas Barbosa[137], o lundu como canção, em sua forma estilizada, interessou a músicos de escola — "que acabariam por desfigurá-lo, a ponto de poder ser confundido nos fins do século XVIII com a modinha de sabor erudito" — e de teatro — "que viam no casamento de um texto engraçado com a malícia da dança uma boa atração para o público de brancos amantes das emoções eróticas."[138] O lundu de teatro, cantado e dançado, tinha letras cômicas, maliciosas, envolvendo relações de brancos, mulatas e negras (que poderiam passar pela "sexualização da comida")[139] e versos que imitavam de maneira caricata a fala dos africanos. Mário de Andrade explica que a comicidade era o "disfarce psicossocial" que permitia a difusão do lundu nas classes dominantes, aspecto que relaciona com o aparecimento, na Itália, da ópera *buffa*, em que "o personagem do povo foi consentido dentro da aristocracia da ópera..., mas consentido pela comicidade."[140] Como a modinha, o lundu-canção — *lundum* ou lundu de salão — teve sua difusão nos salões brasileiros por contribuição da corte portuguesa, que aqui se estabeleceu no início do século XIX. Como a modinha, o lundu-canção chegou aos dias de hoje, em boa parte, devido às partituras editadas a partir desse período. A história do lundu-canção, no que diz respeito a sua música grafada, seus compositores e intérpretes, caminhou junto com a da modinha.

> *Ao contrário da modinha, o lundu surgiu da fusão de elementos musicais de origens branca e negra, tornando-se o primeiro gênero afro-brasileiro da canção popular. Na verdade, essa interação da melodia e harmonia de inspiração européia com a rítmica africana se constitui em um dos mais fascinantes aspectos da música brasileira. Situa-se, portanto o lundu nas raízes de formação de nossos gêneros afros, processo que culminaria com a criação do samba. (SEVERIANO, 2009, p. 19).*

Considerado o lundu a gênese dos gêneros afro-brasileiros, suas transcrições surgem com a primeira sistematização de figuras rítmicas marcantes no nosso vocabulário musical — figuras estas baseadas em síncopes. Por elas, passamos a identificar, musicalmente, a influência do negro africano na música do Brasil. Para Mário de Andrade, "o lundu é a primeira forma musical afro-negra que se dissemina por todas as classes brasileiras e se torna música nacional. É a porta aberta da síncope característica."[141]

Ao analisar a coleção *Modinhas do Brazil*, onde supostamente encontram-se lundus, ou "proto-lundus", o etnomusicólogo francês Gerard Béhague chamou a atenção para a existência, além dos padrões de acompanhamento , de diversas sincopações nas melodias, tais como as antecipações de um compasso ao outro em movimentos cadenciais,

---

135 Tinhorão afirma que as descrições da dança do lundu — cuja referência mais antiga, usando esse nome de lundu, é de 1780 — deixaram sempre claro que, se o seu ritmo de acompanhamento básico era a percussão dos batuques dos negros escravos, a sua coreografia imitava em grande parte a da dança espanhola do fandango. (TINHORÃO,1991, p. 54).

136 KIEFER, 1986, p. 33.

137 Bruno Kiefer considera a hipótese de que sendo o lundu uma dança derivada do batuque no Brasil, Caldas Barbosa o transformou em lundu-canção na impossibilidade de vê-lo dançado em Portugal. (KIEFER, 1986:35).

138 TINHORÃO, 1991, p. 54.

139 Na opinião de Carlos Sandroni a "sexualização da comida" seria uma alusão ao afro brasileiro, pois a mulata — alvo predileto dos desejos masculinos em lundus e sambas — era também quem se encarregava, na cozinha, dos repastos do senhor. (SANDRONI, 2012, p. 54). O musicólogo dá exemplos de sambas, herdeiros do lundu nessa conotação, como "Vatapá" (de Dorival Caymmi) e "Os quindins de Iaiá" (de Ary Barroso).

140 ANDRADE, apud SANDRONI, 2012, p. 56.

141 Mário de Andrade em seu *livro Música, doce música* afirma que a "síncopa... no primeiro tempo do dois por quatro" é a "característica mais positiva da rítmica brasileira." (SANDRONI, 2012, p. 21-22).

gerando frases com terminações femininas.[142] Segundo Sandroni, tanto Mário de Andrade quanto Béhague estabeleceram "implicitamente" uma hierarquia para as síncopes de acordo com sua posição no compasso musical:

a) dentro de um tempo ();
b) de um tempo a outro dentro de um compasso (como em ); e
c) de um compasso para o outro (como em ), sendo esta considerada mais próxima da prática popular em nossa música.

Carlos Sandroni nota, ainda na mesma coleção, a recorrência da "síncope característica" (simbolizada pela figura 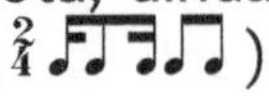) e suas variações, estas representadas:

a) na omissão, no primeiro tempo, da primeira semicolcheia (); e
b) na substituição, no segundo tempo, pela figura sincopada do primeiro tempo () — neste caso, eventualmente, também, com ligadura entre notas dos dois tempos ( ), resultando, assim, em uma "síncope entre tempos."

O etnomusicólogo brasileiro observa, também, outras ocorrências de síncopes:

a) em anacruses que começam por colcheia (como em );
b) em inícios de frases entre compassos (como em ); e
c) em terminações femininas nos finais de frases (como em ).

Muitos desses aspectos encontram-se também presentes nas análises de Edilson de Lima, como vimos. Carlos Sandroni, ao analisar outra coleção de lundus, a da *Biblioteca Nacional do Rio de Janeiro* (40 peças editadas entre 1837 e 1900), descobre em seus acompanhamentos, o padrão de oito pulsos do *tresillo* () e suas variações (como  e ).[143]

Bruno Kiefer apresenta um quadro geral para o que chama de "traços essenciais do lundu-canção":

a) o compasso dominante é o $\frac{2}{4}$;
b) o modo maior predomina;
c) os esquemas formais são variados — do A–A–B–B–refrão até a composição contínua, com ou sem introdução instrumental;
d) os versos costumam apresentar quadras com refrão, predominando a redondilha maior;
e) a fraseologia obedece à quadratura tradicional;
f) as cadências das frases são variadas;
g) as linhas melódicas descendentes são ligeiramente predominantes (menos que nas modinhas);
h) a ocorrência de fragmentos melódicos curtos, entre pausas, é equivalente a ocorrência de maiores;
i) as síncopes internas () são onipresentes nas melodias;
j) embora não seja uma regra, a ocorrência de síncopes é frequente nos acompanhamentos; e
l) há lundus sem modulação para o tom da dominante (V), este substituído pelos graus IV ou VI.

Sandroni lembra ainda que, mesmo convivendo ao longo do século XIX com arpejos em semicolcheias, baixos de Alberti etc. (limitados, muitas vezes, a apenas alguns compassos), o padrão sincopado de acompanhamento do lundu (sobretudo o da figura ) passou a ser transportado para outros novos gêneros, como a polca brasileira, o tango brasileiro, o maxixe etc. e transformou-se em característica comum a diversos gêneros musicais reconhecidos como nossos.

Kiefer observa que, se do lundu-canção nasceu a polca-lundu (desembocando no que conhecemos como choro), do lundu-dança, junto a elementos de outras danças, surgiu o maxixe. O lundu, de diversas maneiras, tornou-se responsável pelas primeiras contribuições ao caráter sincopado das melodias e dos acompanhamentos de diversos choros.

---

142 BÉHAGUE, apud SANDRONI, 2012, p. 49.

143 Na opinião de Carlos Sandroni, essas figuras são lidas na música brasileira, apesar de não apresentarem sincopação, como variações do *tresillo*.

3.4.3 Valsa

A vinda da Família Real, em 1808, trouxe para o Brasil uma grande onda de civilização e desenvolvimento. Na música, chegaram da Europa o piano e uma série de danças, dentre as quais prevaleceram a quadrilha[144] e a valsa, por seu caráter mais popular. A quadrilha, composta de cinco partes, em movimentos *allegro* e *allegreto*, obedecendo ao seguinte esquema geral: primeira parte em $\frac{2}{4}$ — ou $\frac{6}{8}$, como a terceira — e as três outras (segunda, quarta e quinta) normalmente em $\frac{2}{4}$ [145], foi incorporada pelos chorões (através da música de compositores como Henrique Alves de Mesquita, Joaquim Callado e Anacleto de Medeiros). Ela caiu em desuso nos grandes centros urbanos durante o século XX, adaptando-se, com diferentes nomes, a danças rurais — é muito conhecida no período de festas juninas em várias regiões do Brasil. A valsa, em compasso ternário, uma das danças de salão mais apreciadas no mundo ocidental, a primeira em par enlaçados, ganhou diferentes estilos nos países que a importaram.[146]

Ao final dos 1820, começaram aqui a impressão de partituras e a venda de pianos — instrumento que passou a ser presença obrigatória nas salas das famílias mais abastadas. O piano manteve sua hegemonia durante cerca de oitenta anos (de 1850 a 1930)[147], até o violão — instrumento barato e portátil — ganhar lugar na preferência popular. A valsa, criada no ambiente dos salões burgueses da Europa, cultivada no repertório pianístico de Schumann, Schubert, Liszt e Chopin, teve grande impulso no Brasil, nos anos 1840, com a chegada das valsas vienenses dos dois Johann Strauss (pai e filho) e de outros compositores. Seu prestígio fez com que chegasse a ser dançada nas festas da coroação do imperador Pedro II. Alguns compositores brasileiros — como Chiquinha Gonzaga, Anacleto de Medeiros, Patápio Silva, entre muitos outros — se dedicaram à composição de valsas, destacando-se, especialmente, o pianista e autor de tangos Ernesto Nazareth, que as considerava seu gênero nobre. Caracterizada por seu fluxo melódico cométrico (praticamente sem lançar uso de figuras sincopadas), a valsa brasileira instrumental, ou valsa-choro, se estabilizou, salvo exceções (como é o caso de *Primeiro amor*, de Patápio Silva, em 16 compassos por parte), na forma rondó com sessões (partes) de 32 compassos, divididas em dois períodos de 16 compassos (como *Faceira*, *Eponina*, *Turbilhão de beijos* e *Coração que sente* — esta com a parte A mostrada no exemplo 28 —, entre as cerca de 40 valsas que Nazareth compôs).

Exemplo 28 *— parte A da valsa Coração que sente*[148]

144 A quadrilha, de origem francesa, desfrutou de grande prestígio na maior parte do século XIX, declinando com o fim da Monarquia. A dança abria bailes da corte — um costume da realeza européia que encantou brasileiros. (SEVERIANO, 2009, p. 24).

145 TINHORÃO, apud ARAGÃO, 2013, p. 113.

146 SEVERIANO, 2009, p. 23.

147 Foi nos anos 1850 que, segundo Mário de Andrade, o poeta romântico Manuel de Araújo Porto Alegre teria chamado o Rio de Janeiro de a "cidade dos pianos." (MACHADO, 2007, p. 19).

148 Fonte: *Todo Nazareth – obras completas • valsas* (CURY; MACHADO, 2007, p. 38-39)

Nos fins do século XIX, incorporada pelos conjuntos de choro, em andamento lento — propenso ao discurso passional —, a valsa assumiu características da modinha[149] e passou a ser identificada como gênero seresteiro. Diversos compositores, como o poeta Catulo da Paixão Cearense, ao colocar letras nas valsas, começaram a popularizá-las ainda mais, transformando-as em canções românticas, próximas às modinhas. A valsa brasileira nesse estilo seresteiro (ou valsa-canção) foi o terceiro ritmo mais gravado no Brasil na década de 30 (1.080 fonogramas, correspondentes a 16,24% do total gravado), perdendo apenas para o samba e a marchinha.[150]

3.4.4 Polca

A polca, dança alegre de origem camponesa, de par enlaçado, composta em compasso binário, nasceu na região da Boêmia por volta de 1830. Sete anos depois, foi introduzida em Praga, espalhando-se para Viena, São Petersburgo, Paris, Londres e Nova York. Chegou ao Rio de Janeiro, segundo Jairo Severiano, no mês de outubro de 1844.[151] A nova dança reforçava a intimidade proporcionada pela valsa, que já era de par unido, mas trazia a "substituição dos volteios alados em $\frac{3}{4}$ pelo puladinho na ponta dos pés" em $\frac{2}{4}$.[152] A sociedade na época, que demandava uma música a ser desfrutada fora da formalidade dos auditórios, recorreu espontaneamente à "música diversiva." Chegaram ao Brasil, em meados do século XIX, a polca, a mazurca, a *schottisch*, a *habanera*[153] e o tango, formas de músicas dançantes que, juntamente com a valsa, predominavam nos salões do mundo inteiro. As próprias óperas, para obterem sucesso aqui, chegavam a trazer polcas avulsas. O novo gênero era uma reação a antigas danças palacianas (como o minueto da Corte), com a novidade no movimento coreográfico de levantar a perna, despertando a "curiosidade" das pessoas.

> *A cidade do Rio de Janeiro na segunda metade do século XIX tinha uma vida musical intensa que abrangia tanto os teatros fechados, como o São Pedro, o Phoenix e mais tarde o Municipal, na chamada belle époque, como o espaço público das ruas, botequins e festas populares ou a intimidade dos salões das casas de família. De um lado, existia uma cultura musical ligada à vida popular da camada média da população, que se dava principalmente nos espaços públicos e, por outro, uma cultura musical de elite, que circulava pelos grandes teatros e pelos salões da sociedade. O que existia em comum entre esses dois universos? A Polca. (...) [Ela foi] o médium cultural (na sua origem latina, o que está no centro, que concilia opostos, mediador) da sociedade do Segundo Império. (MACHADO, 2007, p. 20).*

Introduzida no Rio de Janeiro pelas companhias de teatros francesas — que aqui contavam com o apoio do público de sua colônia —, a polca entrou nos salões como "criação europeia e civilizada", um consentimento que o lundu jamais obtivera.[154] Sua popularidade tornou-se imediatamente tal que, ao final de 1840, os brasileiros já compunham polcas, não restando dúvidas de que a dança se integrara definitivamente à nossa cultura musical.

Na segunda metade do século XIX, a polca fundiu-se ao antigo lundu (ambos em compasso $\frac{2}{4}$), este resgatado por compositores brasileiros motivados pela campanha de libertação dos escravos. Outros gêneros também binários, com fórmulas rítmicas semelhantes ao lundu — entre eles, o tango e a *habanera* — já haviam entrado no Brasil, como vimos. Tinhorão descreve como se deu a mistura da polca com o lundu:

> *Quando, pois, a partir da segunda metade do século XIX, a polca vence as barreiras da censura familiar e se transforma numa loucura coletiva no âmbito da classe média urbana brasileira (chegou a ser criado*

149 Pode-se perceber, na valsa *Coração que sente*, por exemplo, uma grande quantidade de terminações femininas, que, como vimos, era também um procedimento habitual nas modinhas.

150 SEVERIANO, 2009, p. 202.

151 O cavaquinista e pesquisador Henrique Cazes, em seu livro *Choro — do quintal ao Municipal*, diz que a polca foi dançada aqui pela primeira vez no mês de julho de 1845, no Teatro São Pedro.

152 TINHORÃO, 1991, p. 59.

153 Muito populares na Espanha e na América Latina, o tango andaluz e a *habanera* cubana têm provavelmente origem em cantos remotos da África do Norte, levados pelos árabes para a Espanha e pelos negros para Cuba. (SEVERIANO, 2009, p. 27).

154 TINHORÃO, 1991, p. 56.

o verbo polcar), a semelhança de ritmo com o lundu permite a fusão que poderia às vezes ser apenas nominal, mas que garante ao gênero de dança saído do batuque a possibilidade de ser afinal admitido livremente nos salões sob o nome mágico de polca-lundu. (TINHORÃO, 1991, p. 56).

Na década que vai de 1870 a 1880, a polca-lundu[155], com a colaboração do flautista carioca Joaquim Antonio da Silva Callado (compositor de polcas como *Querida por todos*, do exemplo 29), surgiu como principal gênero do repertório popular. A historiadora Mariza Lira relata, de maneira derramada, que "as valsas e polcas de importação europeia, ao sopro de Callado, transformavam-se nas brasileiríssimas valsas 'sestrosas' e as polcas, espertas, traduziam, soluçantes, os autênticos 'choros' do boêmio carioca."[156]

Exemplo 29 — *Querida por todos, o "protótipo da polca-lundu", segundo Baptista Siqueira*[157]

Sendo música instrumental e de caráter popular, a polca já contribuíra para evitar a "tendência lamentosa" e as subordinações de "ordem prosódica" das modinhas.[158] Ela havia cativado o carioca, não apenas pelas melodias, mas também por unir seus dois instrumentos prediletos — o piano e a flauta[159]. Joaquim Callado, preferindo a atmosfera violonística, acabou por formar "o mais original agrupamento musical reduzido de nosso país"[160] — o *Choro do Callado* —, cuja formação à base de um instrumento solista (a flauta, no caso), dois violões e um cavaquinho estabeleceu o modelo para os conjuntos de choro até os dias de hoje. Nesses grupos, normalmente, só o solista lia música, os demais deveriam ser improvisadores do acompanhamento harmônico (como eram os violonistas de modinha). Muitas das polcas de Callado não chegaram a ser publicadas por julgarem-nas, os editores da época, complicadas melodicamente. O flautista tinha, provavelmente, o maior

155 A expansão mundial da polca talvez possa ser explicada por sua força musical estar em um ritmo de marcha simples, binário, capaz de se adaptar facilmente às tradições locais. Na Alemanha, virou *Schnellpolka* (polca-galope); na Polônia, polca-mazurca; e no Brasil, polca-lundu, polca-tango, polca-maxixe, polca. etc. (MACHADO, 2007, p. 41-42).

156 LIRA, 1978, p. 47.

157 Fonte: *Três vultos históricos da música brasileira* (SIQUEIRA, 1969, p. 115-6)

158 SIQUEIRA, 1969, p. 111.

159 Henrique Cazes (lembra que, no Brasil, o interesse pela flauta se intensificou primeiro, com vinda da Família Real e, posteriormente, em 1859, com a chegada, a convite de D. Pedro II, do exímio flautista belga Mathieu-André Reichert, que aqui ajudou a introduzir o sistema *boehm* da flauta transversa moderna. Reichert, se contaminando com música dos chorões, compôs no estilo — como mostra a polca *La coquette*, incluída no repertório desses músicos com o título *As faceiras*.

160 Ibid., p. 98.

repertório nos cadernos manuscritos de partituras que circulavam entre os chorões de seu tempo[161] — entre peças de Candinho, Viriato Figueira, Albertino Pimentel, Anacleto de Medeiros, Chiquinha Gonzaga e outros. Tendo iniciado, aos oito anos de idade, seus estudos com o maestro Henrique Alves de Mesquita, Callado — considerado o "pai dos chorões" — simboliza o nascimento do choro como um estilo musical de interpretar e compor danças europeias, sobretudo a polca.

Assim como outros gêneros originados de estruturas clássicas, a polca estabeleceu-se aqui na forma rondó em seções, ou partes, com períodos quadrados e necessariamente regulares, construídas com oito ou 16 compassos binários (dependendo da repetição) e, na maioria das vezes, conclusivas.[162] Todavia, no Brasil as formas do rondó passaram a inverter valores tradicionais — em alguns casos com a estrofe precedendo o estribilho, fazendo uma introdução se incorporar à estrutura.[163] Algumas polcas de Callado, como *Querida por todos* (do exemplo 29), apresentam uma introdução como estribilho permanente a duas estrofes que se sucedem alternadamente na execução — estrutura que serviria de base para o maxixe, mas um pouco diferente da que consagrou a polca brasileira, esta em três partes (no formato A–B–A–C–A).

Através da análise de diferentes peças do flautista, Baptista Siqueira aponta outras características que parecem pertencer ao gênero. Referindo-se à polca *Saudosa*, ele observa, em um grupo de notas , um som repetido crescendo até o clímax, que logo cai de maneira quase imperceptível — relaciona este fenômeno ao que chama de "derivante da alternativa dinâmica-agógica"[164] — aspecto supostamente descrito, segundo o maestro, pelo termo "amaciando" usado por cronistas da época, relacionado também à flexibildade rítmico-melódica do fraseado musical. Henrique Cazes, usando o verbo "amolecer", vê no tipo de "interpretação *rubato*" uma associação da palavra choro com um estilo chorado de fraseado.

Siqueira destaca, ainda, nas polcas de Callado, "apojaturas expressivas, que se sucedem em razão de ordem estética" e frases com "propensão natural a conclusão feminina" — características que, entre outras, já se faziam presentes nas modinhas. E ainda observa que da modinha, a polca conservava também os traços culturais das "modulações imprevistas." Tais semelhanças parecem explicar a naturalidade com que as polcas brasileiras, compostas como música instrumental, ao receberem versos populares transformaram-se em canções seresteiras (ou modinhas) — a exemplo da melodia da polca *Choro e poesia*, do flautista Pedro de Alcântara (1866–1929), que serviu à canção *Ontem ao luar*, com letra de Catulo da Paixão Cearense, cantada em todo o Brasil na primeira década do século XX.

Músicos solistas, como Callado e outros flautistas, eram, normalmente, responsáveis por incentivar o gosto pelo choro, aguçando as qualidades musicais inatas dos acompanhadores de ouvido, arranjando tropeços através de modulações exaustivas.[165] Nomes associados a desafios de técnica instrumental ou de percepção harmônica, dados à polcas — do tipo *Caiu, não disse!*, *Não caio noutra*, *Apanhei-te cavaquinho* —, tornaram-se uma tradição dentro do choro. Pixinguinha, por exemplo, compôs *Acerta o passo*, *Cuidado colega*, *Segura ele* etc. Mário de Andrade considerava títulos como esses "um tesouro verdadeiro de argúcia, pernosticidade, meiguice e humorismo."[166] Carlos Sandroni comenta serem nomes que não poderiam, certamente, ser dados a valsas e a polcas de estilo europeu — e associa suas origens ao humor característico dos lundus.

Embora alegres e graciosas, a diferença entre as polcas brasileiras e europeias, está em que as nossas procuravam sentir as diferentes tendências dos dançarinos — uma constante na

161 Segundo Pedro Aragão, tais cadernos funcionavam como uma espécie de "ambiente paralelo" à indústria editorial, suprindo suas carências e propagando um repertório tocado nas rodas de choro — boa parte deste, aliás, jamais editado.

162 Para Cacá Machado, a polca forneceu a métrica musical (andamento binário e seções de oito e 16 compassos, por exemplo) sob a qual a música popular de sucesso (ou *pop*) se estruturou, especialmente na forma de canção — ele vê na polca o "protótipo do *pop*." (MACHADO, 2007, p. 21).

163 SIQUEIRA, 1969, p. 111.

164 O termo dinâmica-agógica, usado por Baptista Siqueira, provavelmente refere-se a conceitos usados por Hugo Riemann para o fraseado musical.

165 Ibid., p. 139.

166 ANDRADE, apud SANDRONI, 2002, p. 78.

história do choro e de nossa música. As "danças primitivas de negros e silvícolas desconheciam, ostensivamente, quaisquer ordens de ideias que pretendessem subjugar seus impulsos instintivos"[167], ou seja, pareciam obedecer a padrões próprios de organização do ritmo. O conflito da métrica com as reações dos passos nativos acabaram resultando em um novo modelo rítmico — aspecto notável nas polcas do Segundo Império. Tais polcas diferenciam-se por dois padrões rítmicos de acompanhamento, representados pelas figuras (como em *Linguagem do Coração*, de Joaquim Callado, na partitura para piano do exemplo 30) e . O primeiro padrão foi o que se estabilizou na polca brasileira (ou polca-choro) enquanto subgênero do choro.

***Exemplo 30** — padrão rítmico de acompanhamento da polca em Linguagem do coração*[168]

Carlos Sandroni percebe nas polcas nacionais a existência, ao lado dos padrões mencionados, de duas outras variantes do "paradigma do *tresillo*" — e (como em *Querida por todos*, do exemplo 29). Ao analisar a coleção de polcas para piano da *Biblioteca Nacional do Rio de Janeiro*, ele observa o percurso da síncope na nossa música impressa — embora não tenha encontrado um só exemplo de síncope que passasse de um compasso ao outro, como nos lundus. Este tipo de síncope, mesmo provavelmente fazendo parte das práticas musicais de alguns chorões, veio a evidenciar-se, no século XX, nas partituras de sambas e de choros no estilo sambado — muitos choros de Jacob do Bandolim foram compostos e editados com síncopes entre compassos.

A polca no padrão sincopado, por simples assimilação, passou a ser conhecida como choro e interpretada por quaisquer agrupamentos musicais, como bandas e fanfarras, além dos conjuntos de choro. Em determinadas classificações de gêneros, como nos conhecidos álbuns de partituras de composições de Pixinguinha e Benedito Lacerda editados pela Irmãos Vitale, em meados do século XX, reserva-se a designação de polca brasileira, ou polca-choro, àquelas melodias de choro feitas preferencialmente sob organização cométrica, com grande incidência de figuras do tipo , , e , e acompanhamento . É possível dizer que tal classificação, relativa ao fraseado e ao acompanhamento descrito, é usada atualmente entre os chorões para diferenciar a polca brasileira do choro e do maxixe, estes sempre associados a acompanhamentos que utilizam contrametricidade, mesmo em níveis e proporções variadas (como e).

3.4.5 *Schottisch*

A *schottisch* chegou ao Brasil pouco depois da polca e, como o gênero originário da Boêmia, foi dançada por bailarinos nos teatros populares. A dança polonesa, chamada pelos ingleses de polca alemã, tinha um sentido de virtuosidade dançante e logo caiu no gosto das elites brasileiras. A nossa versão da dança, a *schottisch* brasileira, composta na forma adaptada de rondó em três partes, estas por vezes com apenas oito compassos, estabilizou-se como música instrumental principalmente através do mestre de bandas Anacleto de Medeiros, nascido na Ilha de Paquetá no Rio de Janeiro. É ele considerado o "sistematizador do gênero" no Brasil. Em 1896, na função de organizar a Banda do Corpo de Bombeiros, Anacleto arregimentou alguns dos melhores músicos de choro, fazendo com que seu grupo passasse a se destacar das demais bandas da época pela qualidade de afinação, interpretação e arranjos. Era tradição as bandas serem responsáveis pelo processo de educação musical de seus componentes e, por serem seus mestres chorões, houve um efeito multiplicador da cultura chorística, fazendo surgir mais músicos que dominassem essa

167 SIQUEIRA, 1969, p. 111.

168 Fonte: arquivo da *Biblioteca Nacional do Rio de Janeiro*.

linguagem.[169] Além disso, a presença das bandas em eventos de porte foi importante, em fins do século XX, para a divulgação de polcas, mazurcas e *schottisches*, além de marchas, dobrados, gavotas e adaptações de trechos de ópera. Esse ecletismo de repertório contribuiu para estruturar, mais tarde, a linguagem orquestral da nossa música popular — Pixinguinha, por exemplo, mostrou forte influência do estilo das bandas em seus arranjos musicais.

A *schottisch* brasileira não alcançou o mesmo sucesso da polca pois, enquanto esta era "coletivizante e em tom maior", o gênero, além de ser normalmente em tom menor, "afeiçoava o ritmo obtido com o compasso quaternário", justifica Baptista Siqueira. Embora originalmente fosse escrita em compasso binário, ao adaptar-se a andamentos mais lentos passou gradativamente a ser escrita em compasso quaternário.[170] Henrique Cazes sugere a célula 4/4 𝄽 ♩ 𝄽 ♩ | 𝄽 ♫ ♩ (♩):‖ para o acompanhamento da *schottisch* no cavaquinho. E o violonista Luiz Otávio Braga, escrevendo em 𝄵, ilustra no exemplo 31 o acompanhamento da dança no seu instrumento. Curiosamente, um padrão rítmico similar é usado pelos chorões no acompanhamento de modinhas e canções seresteiras.

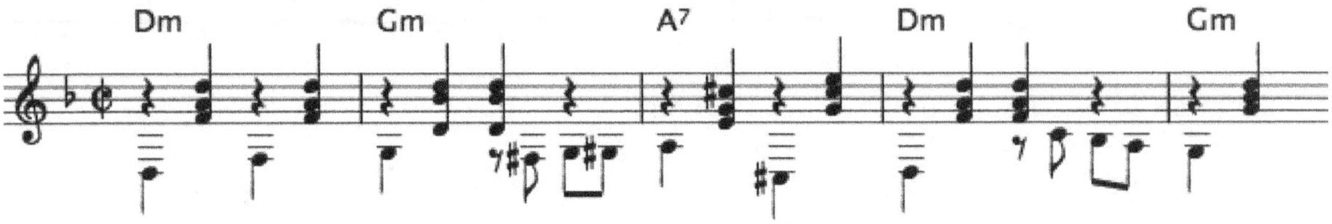

***Exemplo 31** — acompanhamento da schottisch ao violão*[171]

Embora a figura ♫ esteja presente em muitas partituras da *schottisch* brasileira, a execução de suas melodias aproxima-se da figura pontuada ♪.♬ ou de ♩♪ (tercina) — um procedimento similar ao encontrado na música barroca (*notes inégales*) e no *jazz*. Braga afirma que as colcheias devem ser tocadas, cada duas, como colcheia pontuada seguida de semicolcheia. Pedro Aragão, ao analisar um antigo manuscrito de uma composição intitulada *Schottisch e Polka* (do exemplo 32, que apresenta figuras pontuadas em semicolcheias e fusas), comenta que a primeira parte da música é uma *schottisch*, com "característica marcante de melodia pontuada", e a segunda transforma-se em uma polca.[172]

***Exemplo 32** — melodia pontuada na schottisch*[173]

No início do século XX, a introdução de versos por alguns poetas (como Catulo da Paixão Cearense e Hermes Fontes), adaptando-a à forma de canção dramática, fez com que a *schottisch*

---

169 CAZES, 2010, p. 29.

170 Ibid., p. 27.

171 Fonte: *O violão de 7 cordas* (BRAGA, 2002, p. 15).

172 ARAGÃO, 2013, p. 192.

173 Fonte: ibid., p. 270.

brasileira começasse a perder suas características de "música pura" (de caráter estritamente instrumental). Baptista Siqueira identifica na *schottisch Yara*[174] (exemplo 33), de Anacleto de Medeiros, desenhos rítmicos de inicio tético e final feminino (na primeira parte) e, curiosamente, "influência local através de modinha bárdica" (na terceira parte). De fato, como nas polcas, os contornos melódicos das *schottisches* adaptaram-se à forma da canção, mas trazendo a vantagem de já possuírem andamento lento — favorável à inclusão de letras — e pulsação quaternária — mais próxima da modinha.

Exemplo 33 — *schottisch Yara*[175]

A dificuldade técnica em se gravar o piano, durante a fase mecânica, no início do século, resultou na proliferação de pequenos grupos instrumentais que pudessem atuar nos registros de discos comerciais. Nesse momento, as peças de Anacleto, que ressentiam de uma literatura pianística à altura, passaram a ser enormemente valorizadas. Foi dessa maneira que as *schottisches* do maestro ganharam sistematização — não apenas através da escrita para formação de banda, mas sobretudo pelo resultado dos áudios gravados.

A *schottisch* emprestou ao xote nordestino seu nome e o uso das "figuras pontuadas" na melodia.[176] Contudo, o caráter predominantemente modal, o andamento mais ligeiro e uma marcação rítmica regional estabeleceram diferenças em relação à dança original europeia ou à sua versão chorada.

3.4.6 Tango brasileiro

Apareceu no Brasil, nos anos 1860, também através do teatro francês, uma quantidade expressiva de novas músicas de procedência espanhola, entre as quais a *habanera* e o tango. A *habanera* teria nascido possivelmente em Cuba, na década de 1830, a partir da contradança europeia, e o tango teria surgido na Andaluzia (entre 1717 e 1778) — ambos nomes de danças que designavam

174 A melodia de *Yara*, *schottisch* de Anacleto de Medeiros, ou de *Rasga coração* (nome que recebeu a partir dos versos de Catulo da Paixão Cearense), foi apropriada por Villa-Lobos ao compor uma de suas obras primas — *Choros 10*, para coro e orquestra.

175 Fonte: *Três vultos históricos da música brasileira* (SIQUEIRA, 1969, p. 171-2).

176 CAZES, 2010, p. 27.

um ritmo sincopado diferente da polca que se espalhou pelas Américas e que foi utilizado no Brasil sob o padrão de acompanhamento .[177]

Alguns compositores, como o maestro e trompetista Henrique Alves de Mesquita, passaram a adotar o termo tango para designar certas peças assemelhadas às *habaneras* que estavam inundando o País desde 1866.[178] Em novembro de 1871, surgiu o primeiro tango brasileiro — *Olhos matadores*, de Mesquita. Fixando-se numa forma tipicamente instrumental, o gênero surgiu de uma mistura de *habanera* e tango espanhol com elementos da polca e do lundu. Para Jairo Severiano, Henrique Alves de Mesquita é o verdadeiro "criador" do tango brasileiro, sendo Ernesto Nazareth seu "sistematizador" genial.[179]

Nazareth, que havia composto 21 polcas ainda jovem, chegou a escrever mais de 90 tangos[180] — estes com estrutura rítmica mais próxima do batuque e do lundu, numa variante diferente dos tangos de Mesquita e de outros compositores da época, mais próximos da *habanera* e do tango espanhol.[181] Nazareth, além do cachê de apresentações e aulas particulares de piano, vivia da venda de composições editadas mas suas peças não se classificavam como "música erudita nacional", nem como "música popular-folclórica."[182] O pianista ambicionava tornar-se concertista, mas frustrou-se por não ter conseguido desenvolver seus estudos na Europa (como Mesquita, Henrique Oswald, Carlos Gomes etc.). Entretanto, possuía enorme talento para composição de polcas, valsas e tangos. Do conflito entre sua ambição e sua vocação nasceu, felizmente, um dos pilares de nossa música: sua obra. Nazareth fazia questão de interpretar seu tango brasileiro — uma música com "caráter de virtuosismo instrumental"[183] — lentamente, para ser ouvido e não dançado.

As peças de Nazareth trazem consigo dois importantes aspectos: a transcrição para o piano do modelo de arranjos tocados pelos grupos de pau-e-corda de choros[184] e um dos mais sérios estudos sobre a síncope na música brasileira. O compositor transpôs para seu instrumento a estrutura, o fraseado melódico e a rítmica que ouvia das polcas-lundu de Viriato, Callado e outros chorões. Nazareth chamava de polca o que seus contemporâneos intitulavam de maxixe ou choro, associando-a ao pensamento homofônico da escrita musical: o da melodia acompanhada (a mão direita tocando o motivo melódico e a mão esquerda executando o acompanhamento sincopado) — muitos compositores, como Chiquinha Gonzaga ou Anacleto de Medeiros, usaram essa mesma lógica. O pianista, entretanto, chamava de tango a composição que, além do acompanhamento sincopado da mão esquerda, formasse uma textura de vozes rítmico-melódicas em planos polifônicos — próxima a de obras de compositores românticos da Europa.

A síncope na música brasileira deixou de ser um contratempo matemático para se transformar em um procedimento normativo da cultura nacional, observa Cacá Machado, autor de *O enigma do homem célebre*. Assim, ao usar padrões contramétricos — representados pelas sincopações "cheia" () e "dilatada" (), conforme nomenclatura de Machado — Nazareth foi transformando a "rigidez rítmica" dos gêneros europeus em algo nacional.

As polcas de Nazareth, de uma maneira geral, se caracterizam por sincopar pouco as melodias (em figuras cométricas como , ou), com exceção para alguns fins de frases ou motivos (com da célula contramétrica), muitas vezes, em terminação feminina. Seus acompanhamentos usam não só figuras do tipo e , mas também o padrão sincopado (do tipo "síncopa característica") — este aproximando-se da chamada polca-lundu. Já os tangos de Nazareth trazem obrigatoriamente o sentido sincopado, ou contramétrico,

177 MACHADO, 2007, p. 118.

178 Nesse ano, foi apresentada no Rio de Janeiro a célebre música *La paloma*, do compositor espanhol S. Yradier, com o nome de *habanera*.

179 SEVERIANO, 2009, p. 30.

180 A palavra tango serviu durante muito tempo para designar, mesmo sem exclusividade, músicas que se adaptavam à dança do maxixe.

181 Ibid., p. 30.

182 MACHADO, 2007, p. 27.

183 TINHORÃO, 1991, p. 99.

184 O compositor não participava diretamente das rodas de choro, mas a atmosfera está toda em seu piano – "criou uma escrita pianística paradigmática quando procurou estilizar os instrumentos do choro: principalmente o violão, com seu baixo cantábile, e a linguagem rítmica do cavaquinho." (MACHADO, 2007, p. 150).

entre as diferentes vozes. Mesmo que, por vezes, apareçam figuras cométricas (como ,  ou ), tanto nas melodias quanto nos acompanhamentos, elas estão invariavelmente contrapostas na mão esquerda ou na direita pelas mais diversas figuras, como as do tipo ,  etc. Junto à trama textural ritmo-melódica observada por Machado, a linguagem polifônica do tango brasileiro de Nazareth contempla ainda contrapontos na região grave, ao estilo das "baixarias" de violonistas chorões e tocadores de oficleide. Machado descreve, em sua opinião, os principais aspectos do estilo nazarethiano:

> *FRASEOLOGIA: a) motivos celulares que podem se desenvolver em paralelismo ou em sequência melódica; b) motivos estróficos, numa proporção menor que os celulares, que funcionam como respostas aos motivos celulares. RÍTMICA: a) uso da sincopa característica (e suas variantes) isoladamente ou dividida entre as mãos esquerda e direita; b) sincopação cheia ou dilatada, que provoca um sutil deslocamento do acento das frases, por contraste timbrístico ou acentuação dos tempos fraco do compasso. FORMA: a) forma tripartite originada do rondó dividida nas seções A, B e C (trio); b) uso de introduções, pontes e acréscimo de seção (parte D, por exemplo, quando o discurso musical exige ampliação da forma; c) cada seção apresenta uma ideia musical em oito compassos que se repete com terminação diferente, formando, portanto, seções com 16 compassos. HARMONIA: a) condução harmônica discursiva que valoriza linhas melódicas por meio da inversão dos acordes; seções A e B em tonalidades relativas, e seção C numa nova tonalidade (na maioria das vezes numa distancia de quarta justa da primeira tonalidade). (MACHADO, 2007, p. 147).*

O autor chama de "motivo celular" aquele formado por um elemento gerador reiterante e de "motivo estrófico-discursivo" aquele com maior inflexão melódica e mais próximo da oralidade.[185] Nazareth mescla os dois em suas peças. Seu famoso tango *Brejeiro*, por exemplo, inicia com motivos celulares na melodia na primeira parte (A), como mostra o exemplo 34, e é construído sobre frases melódicas de caráter estrófico-discursivo na segunda parte (B), como mostra o exemplo 35.

Exemplo 34 — *fragmento de Brejeiro, com motivos celulares*[186]

Exemplo 35 — *fragmento de Brejeiro, com motivos estróficos-discursivos*[187]

Nazareth usa contracantos no grave, ora em respostas às melodias (como no tango *Bambino*), ora em anacruses (como no tango *Fon-fon*). A forma rondó de três partes predomina em suas peças (como nas polcas *Apanhei-te cavaquinho* e *Ameno Resedá*), podendo ser reduzida para duas partes (como no tango *Brejeiro*) ou acrescida de eventuais introduções (como no tango *Está chumbado*, nas polcas *Você bem sabe* e *Cuera* e nas valsas *Pássaros em festa* e *Fidalga*), pontes ou mais partes (como nos tangos *Escorregando* e *Floraux* e nas valsas *Confidências* e *Gotas de ouro*). Seus tangos e polcas

185 MACHADO, 2007, p. 45.

186 Fonte: *Todo Nazareth – obras completas • tangos • vol. 1 • A-E* (CURY; MACHADO, 2007, p. 46).

187 Fonte: *Todo Nazareth – obras completas • tangos • vol. 1 • A-E* (ibid., p. 47-8).

normalmente têm 16 compassos cada parte, divididas em dois períodos de oito compassos cada. As introduções e pontes têm, usualmente, quatro ou oito compassos. A relação harmônica entre as seções do rondó nas peças obedece à tradição das polcas, valsas e gêneros afins (com modulações para tons relativos, vizinhos ou homônimos — similar àquelas que se perpetuaram nos choros). As sequências harmônicas, no estilo recorrente nos choros, utilizam (como no tango *Odeon* e na valsa *Expansiva*) movimentos lineares descendentes ou ascendentes, diatônicos ou cromáticos, na linha de baixo ou podem, eventualmente, fazer uso de baixo pedal (como no tango *Digo*).

Por vezes, muitos desses procedimentos aparecem na obra de Nazareth juntos em uma só peça — como no tango característico *Batuque*, dedicado ao compositor erudito brasileiro Henrique Oswald. Nessa composição encontramos: motivos celulares ou estrófico-discursivos nas melodias de diferentes partes; as células rítmicas ,  e  ("ritmo da *habanera*") no acompanhamento; baixos pedais ou em movimentos descendentes; e uma forma rondó expandida, com introdução, pontes e *coda*, sem perder o rigor da quadratura clássica e da música dançante.

> *Batuque tem um forte poder narrativo e imagético. Por essa razão, a sua forma é ampliada: introdução (16 compassos); seção A (oito compassos, com repetição); seção B (oito compassos, com repetição); ponte B>A (oito compassos); repetição da seção A; seção C (oito compassos, com repetição); ponte C>D (quatro compassos); seção D (16 compassos, com repetição); repetição da seção C; ponte C>A (oito compassos); repetição da seção A e coda. Além de ser um atípico tango de quatro partes (com introdução), existem 'pontes' de oito compassos que ligam uma seção à outra. As pontes nada mais são do que um recurso formal para o conflito entre as amarras que a rigidez da forma rondó da polca submete o compositor e a potencialidade narrativa do seu discurso musical. Dentro do formato da polca (e do tango), o autor é obrigado a terminar a sua ideia musical, para manter a regularidade da dança, em períodos de quatro, oito, 16 e 32 compassos. O rompimento disso gera movimentos de expressividade estranhos à prática coreográfica. (MACHADO, 2007, p. 120).*

A associação entre tango e batuque servia para fazer referência ao universo musical afro-brasileiro — o nome *Batuque*, para um tango, foi usado tanto por Ernesto Nazareth (em 1906) quanto por Henrique Alves de Mesquita (nos anos 1870). A primeira parte do tango *Gaúcho*, de Chiquinha Gonzaga — também conhecido pelo nome de *Corta-jaca* (passo de samba existente na Bahia) —, que é caracterizada por um movimento de baixos recorrentes na música brasileira, leva a indicação de batuque.[188] Essa linha na região grave sobre sequência tônica-dominante (em tons maiores ou menores), usada em lundus, maxixes e tangos pelos conjuntos de choro (como nas interpretações populares de *Brejeiro* e *Matuto*, de Ernesto Nazareth, e *Gaúcho*, de Chiquinha Gonzaga etc., como mostra o exemplo 36), tem um movimento melódico similar ao de um "baixo de Alberti", porém adaptado ritmicamente à figura 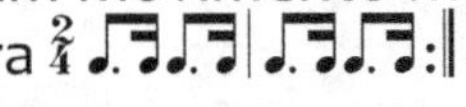.

Exemplo 36 *— introdução de Gaúcho, com movimentos de baixo* **tônica-dominante**[189]

Nazareth, ao transcrever nas partituras de suas valsas, polcas e tangos aspectos idiomáticos da música dos chorões, realizou uma obra que se constitui em uma das mais poderosas ferramentas para entendermos a organização composicional e interpretativa do gênero choro. A sofisticação em uma "escrita paradigmática" de suas peças — sua força melódica e harmônica, sua trama de planos polifônicos e sua fidelidade às tradições do choro (do fraseado rítmico-melódico à organização formal) — influenciou não só compositores populares como Pixinguinha e Jacob do Bandolim, mas também eruditos como Heitor Villa-Lobos, que o homenageou em *Choros nº 1*, e Radamés Gnattali, autor de *Ernesto Nazareth* — segundo movimento da *Suíte Retratos*.

188 SANDRONI, 2012, p. 80.

189 Fonte: *Songbook Choro • v.3* (SÈVE; SILVA; SILVA, 2011, p. 106).

No início de 1930, no Brasil, a moda do tango argentino (com letra) fez desaparecer o uso do termo tango para nomear o gênero de música brasileira (instrumental) — uma indicação que nunca tivera sentido em termos de música cantada.[190] Jairo Severiano explica que o tango argentino — surgido na década de 1870[191] e com origem na *habanera* e no tango espanhol — é resultado da fusão com a milonga crioula, e de alguma influência da polca e da *schottisch*.

3.4.7 Maxixe

A partir dos anos 1870, as danças populares no Rio de Janeiro deixaram de acontecer, exclusivamente, a partir das formas musicais das danças europeias. Surgiu, em par enlaçado (como nas danças importadas), um estilo de dançar ritmos sincopados em compassos binários e andamentos vivos tocados pelos chorões, como a polca-lundu — que, não por acaso, emprestou sua estrutura (como a de *Querida por todos*, de Joaquim Callado, do exemplo 29) para o gênero musical maxixe.

> *A polca dançada pelo povo do Rio de Janeiro se transformaria em algo de original (e finalmente numa nova dança, o maxixe) através da incorporação de um movimento típico do lundu. A melhor expressão disso é o surgimento da designação de gênero polca-lundu em partituras para piano editadas a partir de 1865. (SANDRONI, 2012, p. 71).*

Por outro lado, os chorões procuraram adaptar ritmicamente suas músicas — polcas, *schottisches* e mazurcas — aos "volteios e requebros de corpo" com que mestiços, negros e brancos do povo "teimavam em complicar" os passos das danças de salão.[192] José Ramos Tinhorão comenta que os conjuntos de choro, em casas de famílias, interpretavam sua música com contenção, próximo da escrita das partituras (e da execução nos salões, onde imperavam os pianos), e muito diferente de quando tocavam em clubes populares ou casas do bairro da Cidade Nova — este o mais populoso do Rio pelo recenseamento de 1872, p. 26.000 habitantes, sendo 3.836 de cor preta (1.440 africanos livres e 1.396 ainda escravos) e 8.010 portugueses (imigrantes recentes, morando ali pelo valor dos aluguéis).

Essa mistura de etnias fez surgir, na cidade do Rio de Janeiro, uma área com características de comportamento social e cultura próprias, a começar pela dança — que adaptava umbigadas, associadas ao som de lundus e batuques, à marcação rígida dos passos da polca. Os chorões que frequentavam a Cidade Nova viram-se então obrigados, na execução das polcas, a criar "movimentos amplos, acentuações exageradas, desenhos melódicos ondulantes e ritmos quebrados" — características encontradas na música do maxixe pelo compositor e pesquisador Luciano Gallet.[193] A partir desse bairro, o novo estilo de dança partiu imediatamente para os bailes das sociedades carnavalescas e teatros de revista, aumentando sua popularidade e atingindo as demais classes sociais da cidade. Um fato ocorrido fora da Cidade Nova teria dado o nome de maxixe à nova dança.

> *Um indivíduo conhecido por Maxixe teria dançado o novo ritmo em uma reunião carnavalesca dos estudantes de Heidelberg, a sociedade famosa do tempo, com passos coreográficos movimentados, requebros lúbricos, descaídas ousadas e gestos sensuais. Aplaudido pela alegria boêmia, não tardou a ser imitado. Moreira Sampaio e Arthur Azevedo, os comediógrafos da moda, aproveitaram a dança silenciosa e levaram-na para um número de uma de suas revistas, cujo figurante caricaturava o Maxixe. A novidade foi aclamadíssima e popularizou a dança. Teria assim surgido a nossa música característica de até pouco tempo — o Maxixe. (LIRA, 1978, p. 50).*

O gênero musical maxixe (por vezes disfarçado sob o termo polca-tango), recebeu sua versão estilizada, mais próxima da que conhecemos hoje, a partir de bailes animados por bandas (e não por

---

190 TINHORÃO, 1991, p. 102.

191 O tango brasileiro é anterior ao argentino. (SIQUEIRA, 1969, p. 78).

192 TINHORÃO, 1991, p. 58.

193 TINHORÃO, 1991, p. 63.

conjuntos de choro) nesses clubes. Mário de Andrade define o maxixe como um gênero proveniente da fusão da *habanera*, pela rítmica, e da polca, pela andadura, com adaptação da síncopa afro-lusitana.[194] O "maxixe-música" poderia ser caracterizado pela recorrência das figuras rítmicas e na melodia e contrapontos, e pelas variações do padrão do *tresillo* no acompanhamento. Henrique Cazes, em seu método de cavaquinho, apresenta para o ritmo maxixado no instrumento as células e , às quais poderíamos acrescentar — fórmula do *cinquillo*, também encontrada no *ragtime*. Para Tinhorão, o gênero se manifestou em duas criações:

> *Uma popular — a do maxixe surgido aos poucos, na área dos músicos chorões, como síntese como síntese de uma forma de acompanhar um estilo de dança espevitada — e outra semi-erudita — a do tango de Ernesto Nazareth, composto para piano com requintes de virtuosismo técnico, e possivelmente influenciado pela habanera, sempre mais aproveitada pelos músicos eruditos do que o maxixe tradicional. (TINHORÃO, 1991, p. 73).*

Nazareth foi um dos pioneiros a sistematizar o ritmo do maxixe (nome que repugnava para seus tangos-brasileiros), a partir das polcas-lundus interpretadas pelos conjuntos de choro. O compositor erudito César Guerra Peixe diz que a diferença entre o tango e o maxixe implica em "valores unicamente estilísticos." Ele relaciona essa questão com a "saliência exagerada" da "melodia contrapontada" nas baixarias dos maxixes que, em alguns casos, tomam "importância capital." Este fenômeno tomou destaque a partir das orquestras dos bailes dos clubes carnavalescos — ao aplicarem as baixarias de violão dos conjuntos de choro na música de trombone, bombardino, oficleide, tuba etc.

> *Era no Rio de Janeiro que os antigos chorões encontravam o melhor campo para as suas serenatas. Agrupamento instrumental, popular por excelência, o choro se caracterizava também por aquela originalidade mestiça que o brasileiro introduziu na baixaria do violão (contracanto), desde a modinha até as polcas e, mais recentemente os choros (forma musical). Essa baixaria, tão em voga naqueles românticos tempos, teria feito a sua incursão na música dos bailes públicos, os quais se chamavam maxixes — isto é, gafieiras em linguagem popular contemporânea. Os músicos das bandas — tantas vezes os mesmos dos bailes públicos — certamente levariam para as suas instrumentações — escritas ou improvisadas — esse processo urbano de contra-pontar. Colocariam, algumas vezes com relevância especial, essa baixaria nas introduções dos tangos, onde era salientada pelos instrumentos de tessitura grave. E o costume de empregá-la era tão apreciado que em certas ocasiões a melodia principal ficava colocada no registro grave, cabendo aos instrumentos restantes, dos registros médio e agudo, uma significação secundaria por alguns momentos, na estrutura do trecho musical. (PEIXE, 1954, p. 2).*

O maxixe — dança considerada imoral e obscena, ligada à origens negras e mestiças, e cultivada nos clubes carnavalescos por comerciantes e mulheres da vida — não conseguiu aceitação definitiva pela classe média brasileira. Apesar de quase meio século na vida musical do país, o gênero, como canção, não deixou grande legado e foi substituído, por volta de 1918, por novidades vindas do *charleston* e do *fox-trot* americano. Severiano relaciona isso ao fato de que, embora muitos tenham composto maxixes, não houve especialistas a se destacarem no gênero. Mesmo exceções, como os pianistas Chiquinha Gonzaga e Sinhô, tiveram seus maxixes disfarçados em outros gêneros — em tangos, os de Chiquinha, e em sambas, os de Sinhô (como seu famoso *Jura*[195], do exemplo 37).[196]

---

194 ANDRADE, apud TINHORÃO, 1991, p. 72.

195 Gravada em 1928 por Aracy Côrtes e por Mário Reis, a composição chegou a ser editada na época como samba-canção

196 SEVERIANO, 2009, p. 33.

Exemplo 37 *— introdução e fragmento da parte A de Jura, em partitura para piano*[197]

3.4.8 Samba

A *Enciclopédia da música brasileira* (*EMB*) nos diz que a palavra "samba" — que vem de *semba*, umbigada em quimbundo — servia para designar dança de roda (de coreografia semelhante à do batuque), popular em todo Brasil, geralmente com dançarinos solistas, aparecendo quase sempre a umbigada.[198] A mesma *EMB* define "umbigada" como um passo nas danças de roda, de origem africana, uma pancada que o dançarino solista dá com o ventre no ventre de quem deverá substituí-lo.[199] A umbigada é um gesto coreográfico associado a certas danças negras.[200] Essas danças (inclusive o lundu) foram chamadas de batuques (ou fados, xibas, cateretês e fandangos, dependendo da região do país) até no início do século XX, quando a palavra samba passou a ter significado mais geral. Nos anos 1840, samba definia vários tipos de música e de dança introduzidos por negros escravos no Brasil, incluindo, entre outros, o tambor de crioula do Maranhão, o coco do Nordeste, o samba de roda da Bahia, o jongo de Minas Gerais, Espírito Santo e estado do Rio de Janeiro e o samba rural de São Paulo.

Em fins do século XIX, com a decadência da cultura do café, a abolição da escravatura e o fim da Guerra de Canudos, cresceu a população de negros na zona urbana do Rio de Janeiro.[201] O samba, até então ausente da Cidade, começou a aparecer nas danças de umbigada em diferentes regiões, como o bairro da Saúde, Centro do Rio, onde cresceu uma comunidade de negros baianos. Notabilizaram-se aí as casas das "tias baianas", que promoviam festas com um autêntico caldeirão de ingredientes musicais vindos do choro e do batuque —, com "baile na sala de visita, samba de partido-alto nos fundos da casa e batucada no terreiro"[202], segundo relato do lendário pandeirista João da Baiana (1887–1974). O baile era conduzido por conjuntos de choros, com polcas, *schottisches*, valsas e gêneros semelhantes. A batucada, uma variante do samba de umbigada, fazia referência a um jogo corporal, como a capoeira. E o samba de partido alto, cantado em roda, acontecia em forma de desafio — um solista improvisava versos para respostas do coro, em refrão.[203] Tais festas eram frequentadas por macumbeiros e boêmios, profissionais (marceneiros, alfaiates), pequenos funcionários públicos, repórteres, baianos bem sucedidos no Rio e representantes da primeira

197 Fonte: acervo de partituras da *Casa do Choro*, disponível em http://casadochoro.com.br/acervo/Works .

198 EMB, 1988, p. 704.

199 Ibid., p. 793.

200 Nelas, os participantes formam uma roda, um deles dança no centro até escolher um participante do sexo oposto, para em seguida executar uma coreografia de par separado e substituí-lo. A gesto da umbigada marca a substituição do dançarino, que, então, volta à roda. Todos batem palmas e cantam um refrão curto — em resposta ao canto improvisado de um solista — acompanhados por membrafones (como o pandeiro), idiofones (como prato e faca) e, às vezes, por cordofones (como a viola).

201 A favela nasceu em 1897. Sérgio Cabral comenta que, no início do século XX, dos 700 mil habitantes cariocas, um quarto, de maioria negra, vivia em casas de cômodos — ou cortiços e cabeças de porco, como, também, eram chamadas.

202 MOURA, 1983, apud SANDRONI, 2001, p. 104.

203 O ensaísta José Miguel Wisnik, no intuito de investigar o que chama de "modo de articulação mais geral das mensagens culturais da sociedade" da época, amplifica a estrutura arquitetônica ("sala – fundos – terreiro") da casa de Tia Ciata — com suas "táticas de funcionamento" — para a disposição dos espaços musicais na cidade "sala-de-concerto – sarau – salão-de-baile – quintal-de-samba – terreiro-de-candomblé", desenhando assim, em uma linha horizontal, o caminho e relações entre o popular e o erudito (e vice-versa).

geração de compositores profissionais, tais como Sinhô (1888–1930) e Caninha. De uma produção coletiva na mítica *Casa da Tia Ciata* nasceu o primeiro samba gravado — *Pelo telefone*, registrado como parceria de Donga com o jornalista Mauro de Almeida, em 1917.

A versão gravada de *Pelo telefone* possui quatro partes com diferentes letras. Carlos Sandroni observa nelas duas dicções poéticas — uma pertencente a estrofes folclóricas e outra a estrofes autorais. O etnomusicólogo define a forma dos primeiros sambas como do tipo "rapsódica" e relaciona o estilo maxixado[204] de suas gravações ao fato deles terem sido contemporâneos ao surgimento do disco e passado pelas mãos de compositores e arranjadores profissionais como Sinhô[205], Careca, Caninha, Donga, Pixinguinha etc. O jornalista Sérgio Cabral comenta como o samba, posteriormente, passou a buscar um estilo alternativo:

> *O samba dos pioneiros, incluindo-se o Pelo telefone e os clássicos de Sinhô (Jura e Gosto que me enrosco, entre eles), pouco se diferenciava do maxixe, sendo assim, adequado para a dança de salão, mas pouco indicado para quem quisesse desfilar no carnaval. Não oferecia o que poderíamos chamar de síncopa carnavalesca aos foliões que desejavam andar enquanto brincavam o carnaval. Foi o que perceberam os jovens sambistas do Estácio, interessados na criação de um bloco carnavalesco que sairia pela cidade cantando suas músicas, ao qual dariam o nome de Deixa Falar. "A gente precisava de um samba para movimentar os braços para frente e para trás durante o desfile", disse-me o compositor Ismael Silva, um dos jovens compositores daquela geração do Estácio. (CABRAL, 1996, p. 34).*

No final dos anos 1920, no bairro do Estácio de Sá, surgiu um novo estilo de samba, com outra instrumentação e outro padrão rítmico (um padrão contramétrico de 16 pulsos, diferente do anterior, gravado em oito pulsos) — o samba como o reconhecemos hoje, relacionado à batida  do tamborim. Um grupo de compositores, ligados à escola de samba *Deixa Falar*, formado por Ismael Silva, Nilton Bastos e Bide, entre outros, destacou-se inicialmente. Enquanto o estilo antigo, maxixado, caracterizava-se pelo uso de instrumentos europeus (como os tocados pelos músicos da Cidade Nova), o estilo novo estava associado ao uso de instrumentos de origem africana (como a cuíca) ou inventados no Brasil (como o tamborim e o surdo).[206] Os pesquisadores Marília T. Barboza da Silva e Arthur L. de Oliveira Filho fazem a seguinte distinção entre os estilos:

> *A palavra samba, portanto, durante algum tempo designou dois gêneros musicais de origens distintas e bastante bem caracterizados. Para os músicos de formação profissional, que em geral sabiam ler na pauta, pertencentes à baixa classe média, frequentadores dos ranchos e dos teatros populares, como Donga e Sinhô, samba era sinônimo de maxixe, último estágio abrasileirado da polca europeia. Para os negros e mestiços descendentes de escravos, era um gênero novo, último estágio abrasileirado do batuque angolense, que eles propunham ensinar à sociedade nacional por meio do movimento das escolas de samba. (SILVA E OLIVEIRA FILHO, apud SANDRONI, 2012, p. 141).*

O estilo novo encontrou nos espaços públicos seu lugar de atuação. Blocos, ranchos e cordões carnavalescos (depois escolas de samba), e botequins eram socialmente mais abertos que as casas das tias baianas. Diferente do estilo antigo, que estava associado, muitas vezes, ao conceito de improvisação — com versos criados no momento da execução depois de um refrão —, o estilo novo passou a estabelecer nas composições, em geral, uma forma de duas partes (A e B) — dando-se mais valor à música de autor. Surgia no vocabulário e na prática desse samba a segunda parte, também chamada segunda[207] — esta (B) cantada, normalmente, só uma vez, após o estribilho (A). Noel Rosa (1910–1937), por exemplo, esteve presente na autoria de várias segundas

---

204 Considerando o fato dos negros percussionistas estarem fora da indústria cultural do período citado, o músico Luiz Otávio Braga atribui a um "equívoco musicológico reducionista" a questão que divide o samba carioca nos estilos "maxixado" e "do Estácio."

205 Compositor nato, com poucos conhecimentos teóricos, ele pode ser considerado o "sistematizador intuitivo" do gênero. (SEVERIANO, 2008, p. 75)

206 Segundo Sérgio Cabral, há hipóteses de que Bide, considerado um dos maiores ritmistas da história do samba, teria inventado, além do surdo, o tamborim; e de que João Mina, um veterano sambista do Estácio, teria inventado a cuíca.

207 SANDRONI, 2012, p. 155.

partes para sambas em processo de gravação. Nessa época, curiosamente, tornou-se também um hábito a existência da parceria, em sambas gravados, entre compositores e intérpretes — estes, geralmente, compravam dos compositores uma parcela dos direitos autorais da obra. O polêmico acordo[208] entre Benedito Lacerda e Pixinguinha, no qual este supostamente foi o único compositor, parece ser um exemplo de como o choro chegou a herdar esse hábito do samba. São exemplos do estilo antigo *Gosto que me enrosco*, de Sinhô, e *Já te digo*, de Pixinguinha e China, e do estilo novo *Se você jurar*, de Ismael Silva, Nilton Bastos e Francisco Alves, e *Feitiço da Vila*, de Noel Rosa, entre centenas de outras composições.

Os músicos de choro profissionais, que atuavam nas gravações de sambas, acabaram por estar entre os mais importantes mediadores na difusão do novo estilo. Assumiram especial importância, inicialmente, as atuações do regional liderado pelo flautista Benedito Lacerda[209] — notável no apoio dos mais famosos intérpretes de seu tempo, como Francisco Alves e Carmen Miranda —, e as orquestrações de Pixinguinha — um dos principais arranjadores do período, cuja escrita contribuiu para sistematizar um novo fraseado rítmico-melódico. Houve, assim, como observa Pedro Aragão:

> *a) o papel decisivo dos instrumentistas ligados ao choro nas transformações de contrametricidade surgidas no Estácio através de figuras mediadoras, como Benedito Lacerda (pouco lembrado na bibliografia tradicional sobre o samba, mas que teve, ao meu ver, papel decisivo na configuração deste novo padrão) e Pixinguinha; e b) o fato de que o choro também foi influenciado, de forma paralela e complementar, por essa contrametricidade. (ARAGÃO, 2013, p. 33).*

O músico diz que o processo de profissionalização dos instrumentistas de choro caminhou junto com o surgimento do novo padrão de acompanhamento do samba. Ele considera essa mudança de paradigma rítmico um marco para os dois gêneros. O choro passou a ser interpretado e composto influenciado pelo samba, resultando no que conhecemos hoje como choro no estilo ou no padrão sambado, ou como choro-sambado.[210] Choros originários de polcas e maxixes foram adaptados ao padrão sambado (como *Proezas de Solon*, de Pixinguinha e Benedito Lacerda) ou novos choros foram nele diretamente compostos (como *Noites Cariocas*, de Jacob do Bandolim).

> *A primeira gravação de um choro pelo grupo [Gente do Morro], a música "Gorgulho", de autoria do próprio Benedito Lacerda (discos Columbia 22129) já apresenta de forma inconfundível a "levada" de tamborim que caracterizaria o padrão contramétrico. (ibid., p. 148).*

Mesmo que essa gravação tenha apresentado, de alguma maneira, a interpretação do choro no padrão sambado, percebe-se nela que os músicos ainda não estavam confortáveis no novo estilo — à exceção do próprio Benedito Lacerda, possivelmente devido à sua proximidade ao bairro e ao samba do Estácio (onde estariam as "fontes", segundo termo usado por Carlos Sandroni). Da mesma forma com que aconteceu no samba, o aprendizado do novo padrão foi gradativo e em velocidades diferentes nas gravações de choros, não só pelo período em que estas foram realizadas, mas também pela "escola" a que cada instrumentista ou intérprete do gênero estava associado naquela hora.

---

208 Nos anos 1940, Pixinguinha passava por problemas de falta de trabalho e atraso no pagamento das prestações de sua casa. Benedito Lacerda, que gozava de prestígio entre gravadoras (como a *RCA*) e editoras (como a *Editora Vitale*), apareceu para ajudá-lo, propondo-lhe um acordo. "Benedito obteve da Vitale, a título de adiantamento, a liberação do dinheiro suficiente para o amigo ficar em dia com a prestação da casa e conseguiu da RCA Victor um contrato para a gravação de 25 discos, ele tocando flauta, Pixinguinha, sax tenor. Em troca, passaria a ser autor de todos os choros que gravassem, mesmo aqueles compostos por Pixinguinha quando Benedito nem sonhava ser profissional de música, como *Um a zero*, *Sofres porque queres*, *Oito batutas* etc." (CABRAL, 1997, p. 160).

209 Sérgio Cabral relata que o flautista Benedito Lacerda chegou a viver ao lado da sede improvisada da dita primeira escola de samba — a *Deixa Falar*, na Rua do Estácio 27, onde morava Ismael Silva. Não parece ter sido por acaso que no conjunto *Gente do Morro*, de Benedito Lacerda, tenha atuado o percussionista Bide (que tocou também cuíca no *Grupo da Velha Guarda*, organizado por Pixinguinha). Tais fatos apontam para evidencias de um intercâmbio entre as práticas musicais dos principais protagonistas do choro e do samba da época, gêneros que se influenciaram mutuamente.

210 "O 'choro-sambado', surgido a partir da atuação de Benedito Lacerda e, posteriormente, Jacob do Bandolim, seria aquele baseado em padrões de 'batida de tamborim'." (ARAGÃO, 2013, p. 147). É possível observar que o choro também influenciou o samba nesse processo — harmônica e melodicamente, por exemplo —, embora não seja muito usual falar-se em samba-chorado como estilo.

As gravações de samba a partir dos anos 1920 passaram a adotar, além das introduções instrumentais, uma versão instrumental da melodia, situada geralmente, nas gravações, antes da ultima repetição do samba pelo cantor. Assim, a mesma melodia, numa dada gravação, é exposta por diferentes enunciadores: ora o cantor principal, ora os diferentes instrumentos da orquestra, ora, em alguns casos, ainda o coro. Isto possibilitou ver que Francisco Alves [primeiro grande intérprete do estilo novo] empregava, em suas versões das melodias, ritmos mais próximos do paradigma do Estácio, ou, para dizê-lo de maneira mais geral, ritmos mais contramétricos que os instrumentistas. Talvez isso se devesse a que Francisco Alves [assim como Benedito Lacerda no choro-sambado], e também outros cantores da época, possuía uma proximidade em relação às 'fontes' — por assim dizer — que fazia a diferença em relação a outros profissionais envolvidos com a produção de gravações de sambas, como arranjadores e músicos de orquestra. (SANDRONI, 2012, p. 215).

Existia nas gravações iniciais de sambas do Estácio, como sugere Sandroni, uma relação entre a capacidade de assimilação de padrões contramétricos e as diferentes escolas musicais de instrumentistas envolvidos. Ou seja, em se tratando do ritmo das melodias, os músicos, quanto mais próximos da escola da tradição erudita, como os instrumentistas de orquestra (de cordas, sobretudo), mais distante das fontes se encontravam e, portanto, menos capazes eram de se adaptar ao crescimento da contrametricidade (esta representada pelo grau de complexidade e quantidade das figuras sincopadas). Por outro lado, os músicos, quanto mais próximos da escola da tradição oral, como os compositores e percussionistas (além dos próprios intérpretes), mais próximos das fontes estavam e, portanto, mais capazes eram de absorver o novo ritmo em figuras[211] do tipo 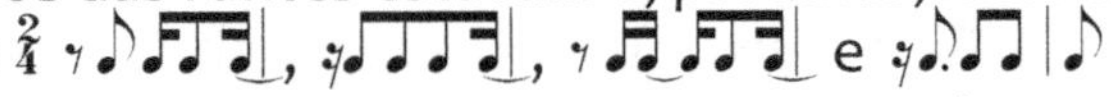 nas melodias (estas últimas presentes em *Arranjei um fraseado*, de Noel Rosa, do exemplo 38).[212]

Exemplo 38 *— figuras contramétricas no samba Arranjei um fraseado*[213]

Os arranjadores (no papel de sistematizadores das novas articulações e figuras rítmicas), ou os cavaquinistas e violonistas (músicos ligados ao choro, às práticas musicais e à tradição oral), funcionavam como mediadores para uma orquestração com naipes de metais (normalmente músicos de banda, acostumados a animar bailes) e de cordas. Entretanto, ouvem-se muitas vezes, nas gravações iniciais do novo padrão, diferentes fraseados.

Inúmeras outras gravações de samba do mesmo período foram realizadas sem orquestrações de metais e cordas, com cantores basicamente acompanhados de conjuntos de choro (regionais), à base de percussões (sobretudo pandeiro), violões, cavaquinho, e um solista (um sopro, normalmente). Nessa situação, os arranjos eram menos dependentes de partituras e mais próximos das práticas musicais em ambientes informais — costuma-se ouvir, por exemplo, a flauta de Benedito Lacerda e o clarinete de Luiz Americano[214] tocando introduções e improvisando solos e contracantos, adaptados às articulações e ao fraseado requeridos pelo novo padrão rítmico. Por estarem, de alguma maneira, próximos às fontes do novo samba, ambos os instrumentistas se tornaram compositores e intérpretes de destaque no choro de estilo sambado.

---

211 Essas figuras, apresentando sincopações que extrapolavam barras de compasso, algumas recorrentes nas antigas partituras transcritas do lundu-canção, encontram-se associadas à padrões rítmicos tocados pela percussão (como o tamborim e a cuíca) e pelo cavaquinho.

212 A partir do material que analisou, Carlos Sandroni afirma que nessas gravações a maior ou menor cometricidade das versões de uma mesma melodia (resultado da assimilação da cometricidade) pode estar relacionada "à maior ou menor pertinência dos enunciadores à tradição oral ou erudita."

213 Fonte: *Songbook Noel Rosa • v.1* (CHEDIAK, 1991, p. 35).

214 Ambos instrumentistas eram líderes de famosos grupos regionais que tinham também como ofício de acompanhar, com frequência, os cantores no rádio.

> *A partir de Benedito Lacerda, diversos outros compositores e intérpretes, ao longo da segunda metade do século XX, iriam consolidar este novo estilo de choro, enquanto o padrão de acompanhamento da polca seria, cada vez mais (...) associado a uma "antiga forma" de se tocar. (ARAGÃO, 2013, p. 148).*

Novos motivos rítmico-melódicos foram usados para se adaptar ao novo padrão de acompanhamento, com maior incidência de síncopes entre compassos. Figuras do tipo  e , relacionadas a melodias de polcas e tangos, passaram a ser escritas ou interpretadas como  e , por exemplo.

O samba gerou vários subgêneros. Para Tinhorão o samba-canção (um casamento de samba com a canção, esta sucessora da modinha), ou samba de meio de ano, foi uma criação de "compositores semi-eruditos" ligados ao teatro de revista do Rio de Janeiro, a partir de 1928, mesclando "romantismo melódico" do século XIX com a exigências de ritmo da moderna indústria, expressados pelas *jazz-bands*. *Último desejo*, de Noel Rosa e Vadico, e *Linda flor*, de Henrique Vogeler, Luiz Peixoto, Marques Porto e Cândido Costa, são exemplos de samba-canção. Segundo o historiador, dos fins de 1940 aos fins de 1950, o samba-canção se transformaria em sambas-boleros e sambas-baladas. O samba-choro, um gênero híbrido, só encontrou sua forma definitiva a partir de 1934, ao adaptar letras ao fraseado instrumental do choro — segundo Vasco Mariz, um "samba com fraseado de flauta na voz."[215] O samba de breque nasceu como uma variante do samba-choro — um fraseado sincopado, com breques para encaixar frases faladas, que teve no cantor Moreira da Silva um de seus principais representantes. *Conversa de botequim* (exemplo 38), de Noel Rosa e Vadico, é um exemplo de samba-choro e *Acertei no milhar*, de Wilson Batista e Geraldo Pereira, um exemplo de samba de breque.

Inúmeros subgêneros do samba ainda surgiram ou têm surgido, tais como samba de gafieira, samba-enredo, samba de quadra, sambalanço, samba-*jazz*, samba-*rock*, samba-*funk*, pagode etc., e tem gerado uma infinidade de compositores conhecidos, com seus estilos pessoais.

---

215 TINHORÃO, 1991, p. 160.

4 ELEMENTOS ESTRUTURAIS DO CHORO

4.1 Forma

A "forma" é o princípio organizador da música.[216] Ela é responsável por orientar a dispor elementos em uma obra musical, marcando para o ouvinte, entre outras coisas, o reconhecimento de temas e mudanças de tonalidades entre partes de uma composição. No âmbito da música erudita, a palavra forma costuma ser usada para referir-se à estrutura de um único movimento musical — acompanhada de termos como binária, ternária, *ritornello*, sonata, rondó e tema com variações. Herança das danças europeias, como outros gêneros da música popular brasileira, a música de choro estabilizou-se na chamada forma rondó.

4.1.1 Rondó e variações no choro

Originalmente surgido na poesia do século XII, o "rondó" passou a ser adotado para a linguagem musical a partir do período barroco por compositores franceses como Lully, Couperin e Rameau. Compositores ingleses e alemães, como Purcell e J. S. Bach, ao usar formas e recursos de composição franceses, contribuíram também para que, em meados do século XVIII, o rondó se estabelecesse. Essa forma musical esteve em voga na *opera buffa* e foi cultivada por compositores do classicismo, como C.P.E. Bach, Haydn, Mozart, Beethoven, entre outros. No período clássico chegou a ser criada a sonata-rondó, uma fusão da estrutura do rondó com a forma-sonata.

> *O Rondó (do francês Rondeau) é uma composição de caráter ligeiro, de movimento bastante rápido, de origem francesa, e predileta na construção da Suíte, precisamente pelos mestres da França. Nascido do canto, e muito provavelmente da dança em círculo (ronde significa redondo), o Rondó é uma série de estrofes (couplés) que se alternam com um estribilho (refrain). (BAS, 1947, p. 191).*

Leon Stein afirma que o rondó acabou sendo cultivado como uma forma essencialmente instrumental (poucas vezes encontrada na música vocal). O analista musical americano explica que ela consiste na existência de um tema recorrente, um refrão, alternando com uma, duas, três ou, excepcionalmente, mais digressões. São três os principais tipos de rondó:

a) primeira forma rondó (A–B–A), ou rondó de três períodos, que pode se confundir com a chamada forma ternária de canção;

b) segunda forma rondó (A–B–A–C–A); e

c) terceira forma rondó (A–B–A–C–A–B–A) — com as letras A, B e C representando os temas.

Geralmente, cada tema tem no mínimo um período em tamanho, sendo um deles, ao menos, uma música independente. Os temas subordinados (B e C) costumam se relacionar com o principal (A) por tons vizinhos e relativos. Outras características, como diferenças entre melodia, ritmo e padrões de acompanhamento de cada tema, podem ainda fazer parte da forma rondó clássica.

A grande influência exercida pela forma rondó sobre quase todos os gêneros de composição nunca cessou. Diversas danças de salão das cortes europeias dos séculos XVIII e XIX adotaram a forma rondó — incluindo a valsa, a *schottisch*, a mazurca e a polca, que aqui chegaram com arrebatador sucesso durante o Segundo Império. As versões brasileiras dessas danças conservaram

216 SADIE, 1994, p. 337.

a estrutura formal das danças originais. A forma rondó tornou-se uma característica marcante no desenvolvimento composicional de gêneros e estilos musicais relacionados ao choro.

Embora existam variantes, o rondó da polca-choro cristalizou-se na forma padrão de três partes com 16 compassos cada, geralmente.[217] Nestes casos, as partes A, B e C costumam apresentar-se em uma espécie de segunda forma rondó, no seguinte esquema: A–A–B–B–A–C–C–A (como no exemplo 39). Há também choros na primeira forma rondó, em apenas duas partes, sobretudo composições mais recentes.

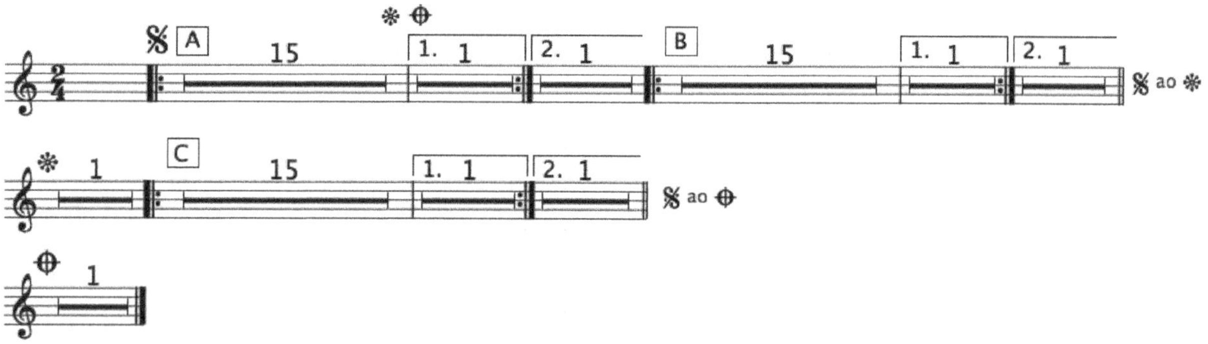

Exemplo 39 — forma de um choro de três partes de 16 compassos

Em partes de choros de 16 compassos, a cadência final costuma acontecer do 15° para o 16° compasso, ou seja, do penúltimo para o último compasso. Portanto, nestes casos, casas 1 e 2 e coda final (fi) têm um compasso apenas. Normalmente essa estrutura associa-se a polcas, tangos brasileiros, maxixes ou choros no padrão sambado em imparidade rítmica 7+9 (como é o caso de *Displicente* e *Proezas de Solon*, de Pixinguinha e Benedito Lacerda, entre outros).

Há também diversos choros com 32 compassos por parte — dentre os quais, os relacionados ao padrão sambado em imparidade rítmica 9+7. Alguns apresentam apenas duas partes (como é o caso de *Doce de côco*, de Jacob do Bandolim, que segue o esquema do exemplo 40). Em partes de choros de 32 compassos, a cadência conclusiva costuma acontecer do 30° para 31° compasso, ou seja, do antepenúltimo para o penúltimo compasso. Por isso, as casas 1 e 2, nas partes desses choros, assim como suas codas (fi), têm dois compassos.

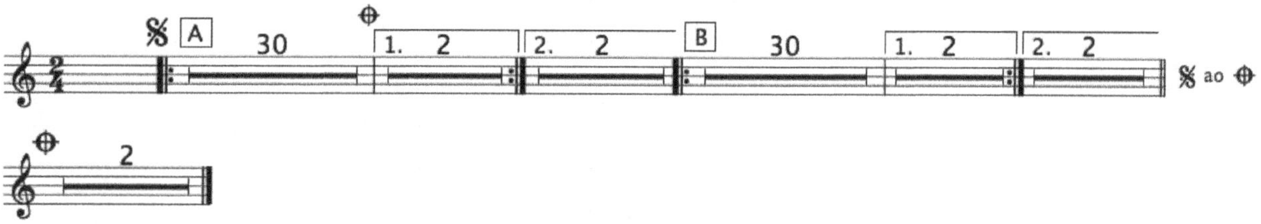

Exemplo 40 — forma de um choro de duas partes de 32 compassos

Podemos identificar dois tipos de rondó de três seções A–B–A–C–A (segunda forma rondó):

a) as estrofes B e C têm um caráter temático, mas dependem do tema principal, sendo quase dois episódios secundários do mesmo tema, em tons vizinhos; ou

b) as estrofes B e C são temas independentes, em tons próprios.

No que diz respeito a motivos melódicos e aspectos harmônicos, nos choros, suas partes costumam funcionar como temas independentes — relacionando-se entre si por tons vizinhos, relativos e homônimos, e tendo a parte A (tema principal) como uma espécie de "centro gravitacional." Giulio Bas, dizendo ser uma amplificação do tipo de três períodos (ou primeira forma-rondó A–B–A), chama a segunda forma rondó (A–B–A–C–A) de "rondó de cinco períodos." Segundo o teórico, ela pode aparecer como:

217 ALMADA, 2006, p. 9.

a) A–B–A1–B1–A2 (com A no tom principal; e B no tom vizinho); ou

b) A–B–A1–C–A2 (com A no tom principal; B no tom vizinho, frequentemente dominante; e C no tom vizinho, frequentemente subdominante) — o que explica, um pouco, a organização harmônica entre as partes de um choro.

O analista musical brasileiro Carlos Almada, autor de *A estrutura do choro*, descreve as três principais relações de tonalidades entre partes do que chama de um "choro típico":

a) A está em modo maior, B na região dominante e C na região subdominante — se A estiver em Dó maior, B aparecerá em Sol maior e C em Fá maior (como em *Descendo a serra*, de Pixinguinha e Benedito Lacerda);

b) A está em modo maior, B na região relativa menor e C na região subdominante — ou seja, se A estiver em Dó maior, B aparecerá em Lá menor e C em Fá maior (como em *Seu Lourenço no vinho*, de Pixinguinha e Benedito Lacerda); e

c) A está em modo menor, B na região relativa maior e C na região homônima maior — se A estiver em Ré menor, B aparecerá em Fá maior e C em Ré maior (como em *Naquele tempo*, de Pixinguinha e Benedito Lacerda).

O critério na escolha das tonalidades para composição e interpretação de um choro associa-se muitas vezes à instrumentação usada. No caso dos chamados conjuntos regionais — à base de acompanhamento de violões e cavaquinho —, são, normalmente, escolhidas tonalidades cujas escalas forneçam o maior número de cordas soltas desses instrumentos. Almada observa, no repertório de choros que pesquisou[218], a recorrência das tonalidades maiores de Fá, Dó, Sol e Ré, e das tonalidades menores de Ré, Lá, Mi e Sol.

A partir de levantamento com base no repertório dos três volumes do *Songbook Choro*[219], em um total de 296 choros editados, separei a recorrência de tonalidades em três categorias:

a) as mais usadas — Dó maior (52 choros), Sol maior (45), Ré menor (44) e Fá maior (42);

b) as eventualmente usadas — Lá menor (24), Ré maior (21), Sol menor (15), Dó menor (12) e Lá maior (10); e

c) as pouco usadas — Mi menor (5), Mi maior (4), Fá menor (4), Si♭ maior (3), Si menor (2) e Mi♭ maior (3).

É importante observar que a presença marcante, no *Songbook Choro*, de transcrições das gravações de Jacob do Bandolim (referências para arranjos tocados por grupos regionais) tem influência nesse resultado. O músico compôs, ou adaptou obras compostas originalmente para outros instrumentos, nas tonalidades adequadas aos aspectos idiomáticos de seu instrumento, que tem cordas soltas afinadas em Sol–Ré–Lá–Mi.

> *Muitas vezes, uma música original para piano, violão, ou outro instrumento, acabou por estar na versão consagrada dada pelos grupos que ouvimos. Sabemos, por exemplo, que Jacob do Bandolim arranjou várias peças do repertório do choro — adaptando melodias, harmonias e tonalidades — e que esses arranjos passaram a ser o modelo seguido até hoje. (SÈVE, SÈVE; SOUZA; DININHO, 2007, p. 14).*

218 Constituído de obras de Joaquim Callado e Pixinguinha.

219 O repertório do *Songbook Choro*, editado em três volumes por Almir Chediak, é baseado, principalmente, em uma amostragem representativa de peças tocadas em rodas de choro. Na apresentação do livro, comenta-se que com relação ao repertório tradicional, como critério usado, as referências principais — fora a nossa experiência e prática — vieram das gravações de Jacob do Bandolim, Conjunto Época de Ouro, Regional do Benedito Lacerda e do Canhoto, que são ainda a base da maioria dos arranjos praticados nas rodas de choro. (SÈVE, SÈVE; SOUZA; DININHO, 2007, p. 14).

Há alternativas, embora muito raras, à forma rondó no choro. O "tema com variações" — uma forma em que exposições sucessivas de um tema são alteradas ou apresentadas em contextos alterados[220] — pode ser uma delas. Leon Stein expõe os principais tipos de variação no período barroco, quando se utilizava:

a) a variação estrófica, onde a melodia é improvisada na sua reexposição;

b) o par de danças variado, onde duas danças, em compassos binários e ternários respectivamente, são executadas usando-se a mesma melodia;

c) a variação da linha do baixo (como *passamezzo*, *basso ostinato*, *passacaglia* e *chaconne*), onde ela acontece menos no tema do que no baixo; e

d) a paráfrase, onde ornamentações e figurações da melodia são os principais meios para variação.

O urubu e o gavião, composto e gravado em 1923 por Pixinguinha — reunindo suas variações sobre o refrão da música *Urubu malandro*, tema folclórico recolhido por Lourival de Carvalho (o Louro) —, tem sido considerado um exemplo de tema com variações dentro do choro. Tais variações são resultado de um tipo de improvisação recorrente no gênero — aquela que se faz sobre repetições sucessivas da sequência harmônica tônica-dominante ou dominante-tônica (como ‖: C^7 | F | C^7 | F :‖). Esta forma parece ter sido herdada também do samba primitivo (ou folclórico) e de alguns gêneros afro-brasileiros, com temas que se repetem (refrãos) intercalados por versos improvisados. Mário de Andrade caracteriza *O urubu e o gavião*, formalmente, como um tema com variações.

> *Quanto à música pura instrumental possuímos numerosas formas embrionárias. A forma da Variação é muito comum no populário. O que carece é especificar e desenvolver nossos processos de variação. Ela ocorre de maneira curiosa nos maxixes e valsas cariocas sobretudo na maneira de tratar a flauta. O "Urubu", sublime quando executado pelo flautista Pixinguinha, afinal das contas não passa dum tema com variações. (ANDRADE, 1962, p. 66).*

O exemplo 41 apresenta o tema da parte B de *Urubu malandro* com as respectivas variações. Essas variações, entre outras, costumavam ser tocadas de maneira improvisada e sem uma ordem específica por Pixinguinha. As que estão expostas no exemplo (ao todo oito variações sobre a sequência harmônica ‖: C^7 | F | C^7 | F :‖) — e não são todas as existentes — foram extraídas de manuscrito do próprio Pixinguinha (obtido no *Museu da Imagem e do Som – MIS*), que as juntou em uma só partitura na composição que chamou, desta vez, de *Samba do urubu*, para serem gravadas por Altamiro Carrilho no álbum *Som Pixinguinha* (1971 – Odeon, Nº: SC10108). Hermínio Bello de Carvalho escreve sobre a música e a gravação de Altamiro no texto da contracapa do LP:

> *Uma tremenda covardia de Pixinga, a de passar pra partitura as variações que executava na flauta, sobre o tema encontrado em Campos, em princípios do século (obrigado Ary Vasconcelos) pelo clarinetista Malaquias[221] — "diga ao Pixinga que não mudei uma só nota do que ele escreveu" — falou Altamiro, depois de enfrentar o verdadeiro "trem" (a partitura teve de ser estendida em 3 estantes). (CARVALHO, 1971).*

220 SADIE, 1994, p. 980.

221 Há diversos depoimentos atribuem ao clarinetista Louro a descoberta do tema *Urubu Malandro*. O clarinetista Manoel Malaquias gravou o tema com o *Grupo da Casa Edison* em disco Odeon de 1914.

Exemplo 41 — *fragmentos de Samba do urubu*[222]

O estudo dessas variações e outras (algumas ligadas a improvisos e ornamentações) parece ser uma das chaves para encontrar alguns padrões melódicos de recorrência no fraseado do choro.

Poderíamos considerar no choro a existência, também, de casos mistos da forma rondó com o tema com variações — situação em que uma das partes aparece reexposta com nova melodia, ornamentada ou totalmente variada. Analisando os três volumes do *Songbook Choro*, encontrei exemplos desse caso no samba *Vale tudo* (parte C), de Jacob do Bandolim, nas valsas *Quando me lembro* (parte A), de Luperce Miranda, e *Confidências* (parte C, exemplo 42), de Ernesto Nazareth, e no choro *Pitoresco* (parte A, que aparece em modo menor em C), de Guio de Moraes.

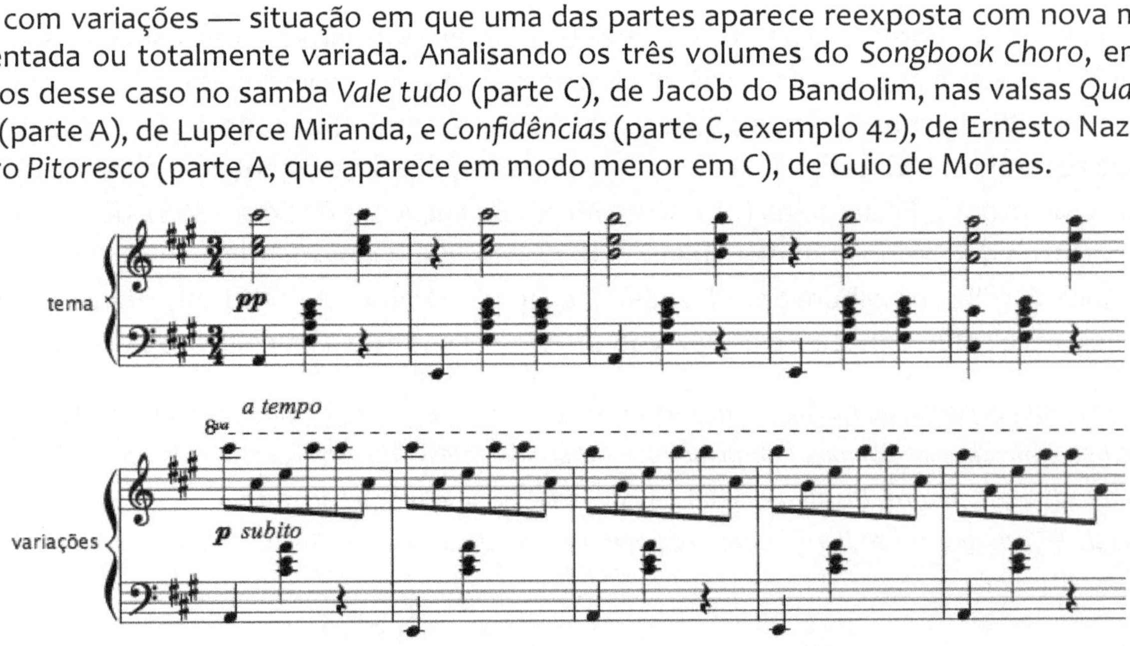

exemplo 42 — *fragmento de Confidências*[223]

222 Extraído de manuscrito de Pixinguinha, em arquivo pertencente ao MIS.

223 Fonte: *Todo Nazareth – obras completas • valsas* (CURY; MACHADO, 2007, p. 33-4).

Encontrei, nos mesmos livros, ainda dois exemplos próximos ao tema com variações, como o conhecemos:

a) no choro-baião *De Limoeiro a Mossoró*, de Jacob do Bandolim — onde a parte A (o tema da música) é transformado para modo menor (parte B) e depois apresentado em modo maior remelodizado (como no exemplo 43); e

Exemplo 43 — *fragmento de* De Limoeiro a Mossoró[224]

b) no arranjo de Jacob do Bandolim para *Brejeiro*, de Ernesto Nazareth — onde a parte A é reapresentada em modo menor, com outra melodia (em uma espécie de paráfrase), e a parte B reexposta em outra tonalidade (exemplo 44).

Exemplo 44 — *fragmento de* Brejeiro[225]

Do ponto de vista interpretativo, de alguma maneira, a forma tema com variações poderia ser identificada como:

a) "variação da linha do baixo", em rearmonizações de choros tradicionais (vide *Radamés Gnattali e Sexteto, Nó em Pingo D´água*, Jacob do Bandolim e outros); ou

b) "variação estrófica" (sistematizada na música barroca nas *Sonatas metódicas*, de Georg Phillip Telemann, como a em *Si menor*, do exemplo 45, no qual o tema é apresentado no primeiro sistema, as variações no segundo e o baixo contínuo no terceiro) nas performances dos hábeis instrumentistas do gênero — que frequentemente usam de ornamentar e improvisar as repetições de cada uma das partes do rondó (vide as diversas gravações de Jacob do Bandolim, como na parte A de *Naquele tempo*, de Pixinguinha e Benedito Lacerda, do exemplo 46); e

---

224 Fonte: *Songbook Choro* • *v.1* (SÈVE; SOUZA; DININHO, 2007, p. 116-7).

225 Fonte: *Songbook Choro* • *v.3* (id., 2011, p. 32-3).

Exemplo 45 — *primeiro movimento da Sonata metódica em Si menor, de Telemann*[226]

Exemplo 46 — *fragmento de Naquele tempo como variação estrófica*[227]

---

226 Fonte: *Zwölf methodische sonaten* (SEILFFERT, 1955, p. VII).

227 Fonte: *Songbook Choro* • *v.3* (SÈVE; SOUZA; DININHO, 2011, p. 140) e de *Tocando com Jacob* (PRATA, 2006, p. 139).

4.2 Fraseologia

Os sons tendem a se articular em pequenos agrupamentos que se concatenam entre si e formam conjuntos maiores. Estes, por sua vez, se encadeiam com outros conjuntos seguintes e formam novos grupos. A musicista brasileira Ester Scliar diz que se dá o nome de fraseologia ao estudo desse processo.

Ela classifica os elementos fraseológicos em:

a) inciso[228] (menor elemento);

b) membro de frase (dois ou mais incisos);

c) frase (dois ou mais membros de frase); e

d) período (formado, salvo exceções, por duas ou mais frases).

Todos são subordinados às leis do movimento (a fraseologia é uma manifestação do ritmo). Cada movimento é constituído de duas fases:

a) impulso ou *arsis* — "manifestação de energia", tendendo a durar o menos possível; e

b) apoio ou *thesis* — repouso, tendendo a durar mais.

Leon Stein diz que uma frase obedece às seguintes normas:

> *1. A frase convencional é geralmente uma unidade de quatro compassos. Excepcionalmente, pode ser mais curta ou mais longa. 2. A frase é a menor unidade terminada por uma cadência. 3. Ela é geralmente associada à uma ou mais frases. 4. Ela é a base estrutural das formas homofônicas e é também utilizada em algumas estruturas polifônicas. (STEIN, 1979, p. 22).*

Sob o ponto de vista qualitativo, Scliar diz que as frases podem ser:

a) afirmativas, quando os membros de frase são iguais ou semelhantes;

b) contrastantes, quando os membros de frase são diferentes em seus perfis; e

c) irregulares, quando os membros de frase são diferentes em suas extensões.

A estrutura fraseológica dos gêneros brasileiros binários relacionados à dança de salão (como os que deram origem à música dos chorões) é uma redução da métrica quaternária da música no sistema tonal ocidental e a frase periódica de quatro compassos "uma forma de controlar a grande estrutura métrica", gerando assim uma pulsação regular mais lenta e mais palatável.[229] O sistema de fraseado de quatro compassos (requerido pelos padrões de dança) era frequentemente utilizado nos inícios do século XVIII, chegando no último quarto deste a dominar quase todas as composições.[230]

4.2.1 Motivos iniciais no choro

Ester Scliar classifica o agrupamento musical em relação ao seu início. Ele pode ser:

a) tético, se iniciar com *thesis*;

b) anacrústico, se iniciar com *arsis* — sendo o grupo de notas que precede a *thesis* denominado de anacruse; e

c) acéfalo, se iniciar após a *thesis* com precedência de pausa não superior a um tempo.

É notável a grande quantidade de choros (ou partes de choros) que se iniciam em anacruses. Em suas pesquisas, baseadas em um repertório com obras de Joaquim Callado e Pixinguinha, o músico Carlos Almada constata três tipos de anacruses[231], constituídas por:

---

228 Ester Scliar diz que há controvérsias nessa terminologia: Hugo Riemann e Giulio Bas, por exemplo, consideram sinônimos inciso e motivo; Vincent d'Indy usa o termo célula, como menor elemento sintático ou morfológico; Leon Stein propõe figura (*figure*) como a menor unidade da composição etc.

229 MACHADO, 2007, p. 136.

230 ROSEN, apud MACHADO:136.

231 A partir de um universo de 86 partes de choros, de diversos autores e épocas, Almada observou que a incidência de anacruses

a) três (maioria dos casos), quatro ou cinco semicolcheias (, ou) — em movimento escalar, cromático, em arpejo (ou mesclando salto com graus conjuntos), formando bordadura (ascendente ou descendente) ou repetindo a mesma nota — como em *Diabinho maluco*, de Jacob do Bandolim, *Dinorah*, de Benedito Lacerda, *Doutor sabe tudo*, de Dilermando Reis, *Flor amorosa*, de Joaquim Callado e *Forró de gala*, de Jacob do Bandolim no exemplo 32, e *A vida é um buraco*, de Pixinguinha, e *Cem anos de choro*, de Capiba no exemplo 33;

Exemplo 47 — *tipos de anacruse em três semicolcheias nos inícios de Diabinho maluco, Dinorah, Doutor sabe tudo, Flor amorosa e Forró de gala*[232]

Exemplo 48 — *tipos de anacruse em quatro e em cinco semicolcheias nos inícios de A vida é um buraco e Cem anos de choro*[233]

b) uma colcheia ou uma semicolcheia (ou), seguida por salto ou grau conjunto — como em *Tira poeira*, de Sátiro Bilhar, e *Eu quero é sossego*, de K-Ximbinho, no exemplo 49; e

Exemplo 49 — *tipos de anacruse em uma semicolcheia e em uma colcheia nos inícios de Eu que é sossego e Tira Poeira* [234]

c) uma colcheia seguida de semicolcheia ( ) — como em *Cochichando*, de Pixinguinha, no exemplo 50.

Exemplo 50 — *tipo de anacruse em uma colcheia seguida de semicolcheia no início de Cochichando*[235]

---

ultrapassa o triplo dos casos com início tético.

232 Fonte: *Songbook Choro* • *v.1* (SÈVE; SOUZA; DININHO, 2007; 122, 124, 132, 142 e 146).

233 Fonte: *Songbook Choro* • *v.1* (ibid., p. 56 e 100).

234 Fonte: *Songbook Choro* • *v.1* (ibid., p. 138 e 230).

235 Fonte: *Songbook Choro* • *v.1* (ibid., p. 110).

Em inícios de temas principais (partes A) de choros e polcas (excluindo-se valsas, *schottisches*, baiões e outros gêneros) nos três volumes do *Songbook Choro*, nota-se a ocorrência de:

a) 78 peças com anacruse ,
b) 12 com ,
c) 11 com ,
d) nove com e
e) oito com .

São ainda encontradas outras figuras, como (que aparece nove vezes) e (seis).

Em choros no padrão sambado em imparidade rítmica 9+7, no qual a primeira nota do primeiro compasso aparece antecipada ritmicamente em uma semicolcheia (e ligada ao compasso seguinte)[236], nota-se a ocorrência de:

a) 10 peças com anacruse — como em *Lamentos*, de Pixinguinha (exemplo 51);
b) quatro com — como em *Noites Cariocas*, de Jacob do Bandolim (exemplo 51); e
c) duas com .

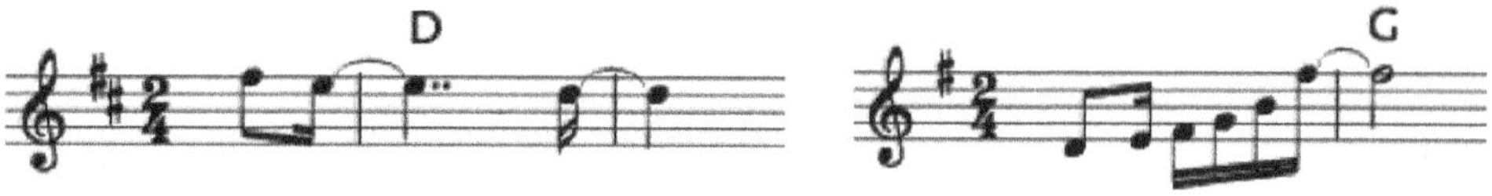

***Exemplo 51** — tipos de anacruse com antecipação rítmica nos inícios de Lamentos e Noites Cariocas*[237]

Nestes casos, esta semicolcheia adiantada (síncope) poderia ser compreendida com caráter tético — apesar de metricamente pertencer à anacruse —, visto que é um elemento recorrente na organização rítmica do padrão sambado em imparidade rítmica 9+7. Neste mesmo padrão pode ocorrer, entretanto, a existência de anacruses concluindo sobre a *thesis* (no primeiro tempo do primeiro compasso) no caso delas precederem o início da base rítmico-harmônica (a qual popularmente nominamos de "levada") do choro — como a figura anacrústica em *Cadência*, de Juventino Maciel, no exemplo 52 (observa-se que a mesma figura melódica da anacruse aparece ritmicamente alterada, como , entre c. 4 e c. 5, quando a base rítmico-harmônica já foi iniciada).

***Exemplo 52** — anacruse sem antecipação no padrão sambado em 9+7 no início de Cadência* [238]

Em choros no padrão sambado em imparidade rítmica 7+9, nota-se que a anacruse inicial conclui, invariavelmente, sobre o primeiro tempo do primeiro compasso, em figuras como , e . A presença de anacruses nesse formato (diferente do padrão sambado em 9+7) parece explicar por que choros compostos sob influência da polca e do maxixe tiveram mais facilidade de se adaptar, posteriormente, a choros no padrão sambado em 7+9, que se inicia coincidentemente à metrica. Este é o caso de alguns choros compostos originalmente em padrões maxixados, em imparidade rítmica 3+5, que foram regravados em padrões sambados pela dupla Pixinguinha e Benedito Lacerda (como *Proezas de Solon*).

Foram verificadas, porém em menor quantidade, outros tipos de anacruses no *Songbook Choro*, como: , na introdução e na parte A de *Carinhoso*, de Pixinguinha e Braguinha; (em mais de um compasso), no baixo introdutório de *Sofres porque queres*, de Pixinguinha

236 Comento sobre padrões rítmicos no acompanhamento do choro no capítulo 6.
237 Fonte: *Songbook Choro* • *v.2* (id., 2011, p. 124 e 150).
238 Fonte: *Songbook Choro* • *v.1* (id., 2007, p. 90).

e Benedito Lacerda; e  (em tercinas), no baixo introdutório de *Enigma*, de Garoto, e na melodia de *Sarau para Raphael*, de Paulinho da Viola.

No mesmo levantamento sobre inícios de choros e polcas, foram encontrados, ainda:

a) 51 composições com início tético e

b) 26 com início acéfalo.

O repertório do *Songbook Choro* baseia-se, em sua quase totalidade, em transcrições de choros gravados. Essas mesmas composições, nas rodas de choro, costumam ser, muitas vezes, introduzidas por anacruses tocadas nas baixarias do violão de sete cordas ou pela entrada prévia da base rítmico-harmônica. Neste último caso, se for choro no padrão sambado em 9+7, considero que a antecipação da primeira nota do compasso inicial — como  — não exclui seu caráter tético. De fato, alguns conceitos da fraseologia ocidental necessitam ser revistos para análises de procedimentos melódicos sobre padrões de ritmos de origem ou influência africana em nossa música — a exemplo do que acontece no choro, no maxixe e no samba.

Por fim, as anacruses nos inícios dos choros, que vimos ser um forte aspecto idiomático do gênero, podem apresentar-se de duas formas:

a) pertencendo ao motivo inicial[239] (como em *Chorando baixinho*, de Abel Ferreira, do exemplo 53); ou

Exemplo 53 — *anacruse incorporada ao motivo inicial de um choro no início de Chorando Baixinho*[240]

b) como um elemento de introdução (podendo estar na própria melodia, como em *Feitiço*, de Jacob do Bandolim, do exemplo 54, ou na baixaria do contraponto, como em *Sedutor*, de Pixinguinha e Benedito Lacerda, do exemplo 55).

Exemplo 54 — *anacruse como elemento de introdução de um choro, na melodia, no início de Feitiço*[241]

Exemplo 55 — *anacruse como elemento de introdução de um choro, na baixaria, no início de Sedutor*[242]

4.2.2 Terminações e codas no choro

Ester Scliar diz que os agrupamentos musicais, quanto ao final, podem ter:

a) terminação masculina, se finalizar no apoio (na *thesis*);

b) terminação feminina, se finalizar após o apoio;

239 Estou considerando que, nos choros, uma anacruse não pertence ao motivo inicial (sendo este, assim, tético ou acéfalo) quando a próxima reprodução (em sequência) ou repetição desse motivo (ou semi-frase) não apresenta anacruse, ou o mesmo modelo de anacruse.

240 Fonte: *Songbook Choro* • *v.3* (id., 2011, p. 52).

241 Fonte: *Songbook Choro* • *v.1* (id., 2007, p. 140).

242 Fonte: *Songbook Choro* • *v.3* (id., 2011, p. 180).

c) terminação feminina com caráter masculino, se finalizar após a *thesis* e estiver acentuada por "fatores condicionantes do acento", como precedência de valores menores e salto, por exemplo;

d) terminação masculina com caráter feminino, se finalizar com a *thesis* mas com efeito equiparado a terminação feminina, como resolução de apojatura, por exemplo; e

e) terminação suspensiva ou decaudada, se omitir o apoio final, "embora a *thesis* possa estar anunciada na harmonia."

A quarta opção (d) é recorrente nas composições relacionadas ao choro e gêneros afins. Carlos Almada comenta que o tipo de finalização que se segue à cadência da última frase da parte de um choro é um "maneirismo do gênero" (e uma herança das danças europeias), sem função importante no discurso temático. O autor classifica-a de "brevíssima coda" e apresenta as fórmulas mais usadas no último compasso de choros com partes de 16 compassos:

a) arpejo ascendente do I grau, podendo ser:

1. com quatro notas[243], como 1-3-5-1 (ou 1-♭3-5-1) na figura rítmica  (exemplo 56) — a qual poderia acrescentar  ; ou

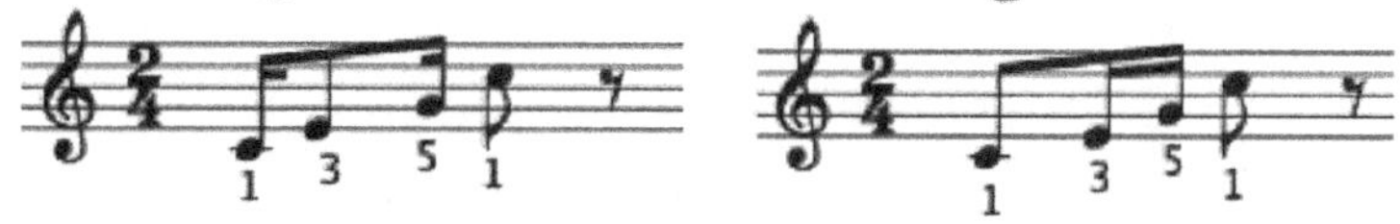

***Exemplo 56** — terminações em arpejos ascendentes do I grau com 4 notas em Dó maior*[244]

2. com cinco notas, como 1-3-5-3-1 ou 1-3-6-5-1 (ou 1- ♭3-5- ♭3-1 ou 1- ♭3- ♭6-5-1) — a qual poderia acrescentar 1-9-3-5-1 (ou 1-9- ♭3-5-1) — sendo 6 (ou 6) apojatura e 9 nota de passagem, na figura rítmica  , como no exemplo 57.

***Exemplo 57** — terminações em arpejos ascendentes do I grau com 5 notas em Dó maior*[245]

b) arpejo descendente do I grau, podendo ser:

1. com quatro notas 1-5-3-1 (ou 1-5- ♭3-1) nas figuras rítmicas  ou  , como no exemplo 58; e ◊

***Exemplo 58** — terminações em arpejos descendentes do I grau com quatro notas em Dó menor*[246]

243 Os números correspondem aos graus da escala.

244 Fonte: *A estrutura do choro* (ALMADA, 2006, p. 65).

245 Fonte: *A estrutura do choro* (ibid., p. 65).

246 Fonte: *A estrutura do choro* (ibid., p. 65).

2. com cinco notas 1-6-5-3-1 (ou 1-♭6-5-♭3-1), onde 6 (ou ♭6) é uma apojatura, e 1-♯4-5-3-1 (ou 1-♯4-5-♭3-1), onde ♯4 é uma apojatura, na figura rítmica , como no exemplo 59;

Exemplo 59 — *terminações em arpejos descendentes do I grau com 5 notas em Dó menor*[247]

c) movimento em três notas 1-5-1, em todas combinações, nas figuras rítmicas (neste padrão poderia, ainda, acrescentar a figura , pertencente a *Urubatan*, de Pixinguinha e Benedito Lacerda, por exemplo); e

d) movimento em duas notas em oitavas (1-1), ascendente ou descendente, nas figuras rítmicas ou .

É possível ainda observar que essas terminações:

a) costumam acontecer na melodia e na baixaria, juntas ou separadas, em contornos melódicos iguais ou diferentes;

b) podem assumir outros contornos melódicos ou figuras rítmicas além das citadas por Almada, como *Acerta o passo*, de Pixinguinha e Benedito Lacerda, *Sempre* e *Sonoroso*, de K-Ximbinho (exemplo 60); e

Exemplo 60 — *outras possíveis terminações em um compasso em Acerta o Passo, Sempre e Sonoroso*[248]

c) podem ter, em choros no padrão sambado em 7+9, a primeira nota do último compasso ligada à última semicolcheia do compasso anterior — como (*A menina do sobrado*, de Zequinha Reis) e (*Jurity*, de Raul Silva), do exemplo 61.

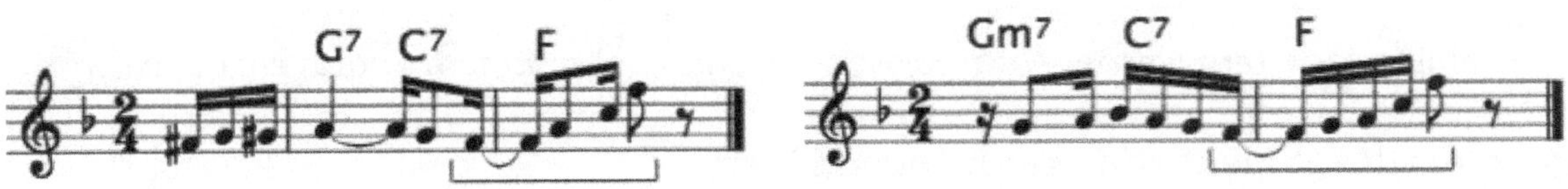

Exemplo 61 — *possíveis terminações em um compasso, no padrão sambado em 7+9, em A menina do sobrado e Jurity*[249]

Em partes de choros cuja cadência conclusiva final ocorre do antepenúltimo para o penúltimo compasso (como os de padrão sambado em 9+7), "breves codas" de dois compassos são recorrentes, em figuras rítmicas como as do tipo . Músicas como: É do que há, de Luiz Americano, e *Saxofone por que choras?*, de Ratinho (exemplo 62); e *Caminhando*, de Nelson Cavaquinho, *Receita de samba*, de Jacob do Bandolim, e *Murmurando*, de Fon-fon (exemplo 63), mostram esse procedimento.

---

247 Fonte: *A estrutura do choro* (ibid., p. 65).

248 Fonte: *Songbook Choro* • v.2 (SÈVE; SOUZA; DININHO, 2011, p. 21, 185 e 191).

249 Fonte: *Songbook Choro* • v.2 (ibid., p. 14 e 122).

Exemplo 62 *— possíveis terminações em dois compassos, no padrão sambado em 9+7, em É do que há e Saxofone por que choras?*[250]

Exemplo 63 *— possíveis terminações em dois compassos, no padrão sambado em 9+7, em Caminhando, Receita de samba e Murmurando*[251]

Nota-se, nessas terminações, o uso de diferentes figuras rítmicas nas melodias (como em *Caminhando* e *Receita de samba*) e de dissonâncias na última nota (como sextas e nonas, em *Caminhando* e *Murmurando*). Também se percebe certa independência nos contornos melódicos e figuras rítmicas entre terminações de melodias principais e contrapontos (como em *Murmurando* e *Receita de samba*).

Ainda que rítmica ou melodicamente, algumas terminações (em um ou dois compassos) se adaptem melhor a certa peça, elas podem ser escolhidas, indiferentemente, entre muitas opções, pois interferem pouco no discurso temático. É usual que concluam no segundo tempo ou na quarta semicolcheia do primeiro tempo do último compasso. Aqui, são apresentadas algumas das mais recorrentes e tocadas nas rodas de choro. Nas partituras do *Songbook Choro* constam, ainda, outras opções de *codas* (diferentes das terminações aqui apresentadas), mas que não devem ser consideradas modelos estilísticos, pois estão supostamente associadas a escolhas específicas de intérpretes e arranjadores para a gravação das peças — neste caso, podem ser maiores do que um ou dois compassos, inserirem motivos novos, modulações, dissonâncias etc.

4.2.3 Estrutura fraseológica da parte de um choro

4.2.3.1 Organização rítmica

Leon Stein lembra que, na música tonal, o tema[252] — composto por um ou mais períodos — está na base das formas homofônicas. Ester Scliar define período, ou sentença, como o agrupamento

250 Fonte: *Songbook Choro* • *v.3* (id., 2011, p. 89 e 178-9).

251 Fonte: *Songbook Choro* • *v.1* (id., 2007, p. 93, 173 e 203).

252 Na música instrumental, antes da era tonal, o tema homofônico na forma de sentença era frequentemente encontrado nas danças.

mais completo da fraseologia. E diz que os períodos podem ser binários, ternários e duplos. A forma de um período, salvo exceções, consiste em dois grupos:

a) o antecedente, enunciando uma oração interrogativa ao finalizar em cadência suspensiva; e

b) o consequente, completando o antecedente ao finalizar em cadência conclusiva.

E os períodos são classificados em:

a) paralelos, onde ao menos os primeiros compassos do consequente e do antecedente são similares; e

b) contrastante, se as direções das linhas melódicas do antecedente e do consequente diferem entre si.

Carlos Almada afirma que as estruturas de períodos e sentenças se baseiam em elementos semelhantes — "um enunciado inicial (a ideia motriz), uma repetição (literal ou variada) desse enunciado, uma ideia contrastante que se opõe à principal e um desfecho" —, mas diferenciam-se no posicionamento desses elementos.[253] Ele comenta que, nos choros, o período e a sentença estão no cerne da construção fraseológica de suas partes (ou temas). Um "modelo padrão" de 16 compassos[254], com quatro frases de quatro compassos (frase 1, frase 2, frase 3 e frase 4), compõe uma parte (ou um tema) de um "choro típico", conforme o exemplo 64.

$\frac{2}{4}$ **frase 1** (c. 1 a 4) | **frase 2** (c. 5 a 8) | **frase 3** (c. 9 a 12) | **frase 4** (c. 13 a 16) ||

Exemplo 64 *— modelo de Carlos Almada para a estrutura fraseológica de uma parte de 16 compassos em um "choro-típico"*

De acordo com suas análises, nas partes de choros organizadas em períodos (que corresponde à maioria dos casos), o antecedente (frase 1) e o consequente (frase 3) são, então, separados por uma idéia contrastante (frase 2), seguindo-se de desfecho (frase 4) — como nos choros *Segura ele* (parte A), do exemplo 65, *Proezas de Solon* (A) e *Os Oito Batutas* (partes A, B e C), *Descendo a serra* (A, B e C), *Vou vivendo* (B e C) e *Naquele tempo* (A, B e C), todos de Pixinguinha e Benedito Lacerda.

Exemplo 65 *— estrutura fraseológica em períodos na parte A de Segura ele*[255]

253 Carlos Almada usa a terminologia apresentada na obra "Fundamentos da composição musical", de Arnold Schoenberg.

254 Embora 16 compassos seja um padrão recorrente, há partes de choros com diferentes números de compassos. Em alguns casos, usa-se outro múltiplo de 4 (8, 20, 32, por ex.). (SÈVE, 1999, p. 19).

255 Fonte: *Songbook Choro* • *v.2* (SÈVE; SOUZA; DININHO, 2011, p. 182).

Já quando as partes de choros são organizadas em sentenças, as frases semelhantes (frase 1 e frase 2) são apresentadas em sequência[256], seguidas por uma idéia contrastante (frase 3) e desfecho (frase 4), como as polcas-choro *A vida é um buraco* (A), de Pixinguinha, do exemplo 66, *Ele e eu* (A e B), de Pixinguinha e Benedito Lacerda, e o choro *Os cinco companheiros* (B), de Pixinguinha.

Exemplo 66 *— estrutura fraseológica em sentenças na parte A de A vida é um buraco*[257]

Almada ainda observa que:

a) as frases 1, 2 e 3 geralmente possuem "estrutura simétrica" (cada uma possui duas semi-frases de dois compassos, motívicamente semelhantes no ritmo e no contorno melódico);

b) a frase 3 (quando comparada ritmicamente à frase 1, no caso de uma organização por período) costuma ter seu final modificado para conectar à frase 4; e

c) na maioria das situações, a frase final 4 não se divide em duas semi-frases, como as anteriores, apresentando, normalmente, maior número de notas por compasso — como resultado de um "forte impulso rítmico e harmônico (leia-se cadencial) em direção à conclusão da parte."

Percebe-se, nessa análise, uma intenção de separar a organização interna de cada frase em relação a aspectos rítmicos. Embora, de fato, Carlos Almada observe um procedimento usado em uma amostragem ampla de choros, analisando-se um universo mais diversificado (como o *Songbook Choro*) nota-se que há casos onde a frase 2 pode não estar separada ritmicamente em duas semi-frases e que a frase 4 pode não apresentar diferente impulso rítmico (vide o próprio *Segura ele*). Ele conclui em suas análises, entretanto, que "o elemento principal na caracterização funcional de cada frase é, mais que o ritmo, a harmonia."

4.2.3.2 *Figuras temáticas*

Apesar de suas frases distinguirem-se entre si, prioritariamente, por questões harmônicas — já que seu estilo muitas vezes utiliza-se de sequências e repetições em uma espécie de *motto* contínuo —, os choros costumam ter no material apresentado na célula rítmico-melódica inicial da parte A uma de suas marcas originais. Em levantamento feito nos três volumes do *Songbook Choro*[258] foi possível encontrar

---

256 Na maioria dos casos de sentenças, o enunciado inicial é sucedido não por uma repetição, mas por uma espécie de resposta, solidamente aparentada à idéia motriz ou proposta, sobre uma outra harmonia. (ALMADA, 2006, p. 15).

257 Fonte: *Songbook Choro • v.1* (id., 2007, p. 56).

258 O *Songbook Choro* baseia-se, em grande parte, em transcrições de gravações (e não dos originais editados por seus autores). Por isso há alguns poucos casos em que essas figuras iniciais não coincidem com seus originais, sobretudo em algumas composições, originalmente polcas ou choros, que tiveram releituras nos padrões rítmicos do choro-sambado.

diferentes figuras rítmicas para células ou motivos iniciais, que tendem a servir de modelo para sequências e repetições na parte A (tema principal) ou, mesmo, em alguns casos, a serem reapresentadas em outras partes da forma rondó da composição (consequentemente, em outras tonalidades). Essas figuras podem apresentar-se mais curtas (como as que se completam em um compasso, aproximadamente) ou mais longas (como as que se completam em mais de um compasso).

Fiz um levantamento de possíveis figuras rítmicas iniciais das partes A das peças do *Songbook Choro*[259]. Tais figuras, que aqui denomino de "figuras temáticas", estão classificadas, a seguir, conforme seus inícios — anacrústicos, téticos e acéfalos. Nota-se que, mesmo em poucas notas, as figuras iniciais podem sugerir padrões rítmicos:

a) em imparidade rítmica 3+5, característicos de maxixes, tangos brasileiros e algumas polcas, no qual a quarta semicolcheia do primeiro compasso aparece em síncope ou destacada (como em *Meu sabiá*, de Raul Silva, do exemplo 67);

Exemplo 67 — *motivo inicial de Meu sabiá*[260]

b) em imparidade rítmica 7+9, característicos de sambas e choros no padrão sambado, no qual a oitava semicolcheia do primeiro compasso aparece ligada ao compasso seguinte (como em em *Displicente*, de Pixinguinha e Benedito Lacerda, do exemplo 68); ou

Exemplo 68 — *motivo inicial de Displicente*[261]

c) em imparidade rítmica 9+7, característicos de sambas e choros no padrão sambado, no qual a última nota que sucede a anacruse pode aparecer ligada ao primeiro compasso (como em *Alvorada*, de Jacob do Bandolim, do exemplo 69) ou a primeira nota em inícios téticos pode aparecer antecipada em uma semicolcheia ligada ao compasso inicial (como em). Estou considerando, por ser um padrão em 9+7, que a semicolcheia ligada ao compasso inicial é a nota inicial do primeiro compasso (portanto, tem caráter de *thesis*).

Exemplo 69 — *motivo inicial de Alvorada*[262]

Seguem exemplos de figuras rítmicas mais curtas encontradas nas melodias iniciais, com os respectivos títulos dos choros[263] ao lado:

259 Ao lado de cada figura rítmica está o nome da composição associada. Podemos buscar a partitura integral de cada um desses choros citados, assim como o nome de seus compositores, pelos índices do volume 2 (páginas 3 a 5) e do volume 3 (páginas 3 a 5) do *Songbook Choro*.

260 Fonte: *Songbook Choro* • *v.2* (id., 2011, p. 134).

261 Fonte: *Songbook Choro* • *v.1* (id., 2007, p. 126).

262 Fonte: *Songbook Choro* • *v.1* (ibid., p. 62).

263 Choros pesquisados nos três volumes do *Songbook Choro*.

a) inícios anacrústicos (com anacruses de uma a sete notas):

	*É segredo* e *Naquele tempo*
	*Ele e eu*
	*Jóquei de elefante*
	*Alvorada* e *Samba de morro*
	*Lamentos*
	*Cochichando* e *Serpentina*
	*Zinha*
	*Tico-tico no fubá*
	*Choros nº 1, Meu sabiá, Paciente* e *Sons de carrilhões*
	*Beliscando* e *Paulista*
	*Urubatan*
	*Apanhei-te cavaquinho, Bem-te-vi atrevido, Camundongo, Descendo a serra, Espinha de bacalhau, Modulando, Um chorinho em aldeia* e *Um chorinho pra ele*
	*Fogo na roupa* e *O nó*
	*Atlântico*
	*Carinhoso*
	*Doce melodia*
	*Tristezas de um violão*
	*Ternura*
	*Seresteiro*
	*Caminhando*
	*Dengoso*
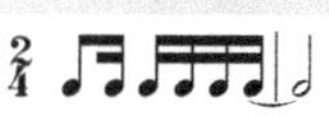	*Assim mesmo* e *Noites cariocas*

b) inícios téticos

	*Escovado*
	*Os cinco companheiros*
	*Ansiedade* e *Flausina*
	*O boêmio*
	*Peguei a reta*
	*Dança do urso*
	*Carioquinhas no choro, Comigo é assim, Enigmático, Picadinho à baiana* e *Sempre*

- Não gostei de seus modos
- Sorriso de cristal
- Na Glória
- A menina do sobrado
- Ainda me recordo
- Pardal embriagado
- Assanhado
- Bole-bole

c) inícios acéfalos

- Brejeiro
- Sedutor
- Não posso mais

As figuras rítmicas mais longas (algumas chegando a formar uma semi-frase), muitas vezes, ajudam a completar ideias rítmicas associadas a padrões sambados. Seguem exemplos encontrados nas melodias iniciais, com os respectivos títulos dos choros ao lado:

a) inícios anacrústicos

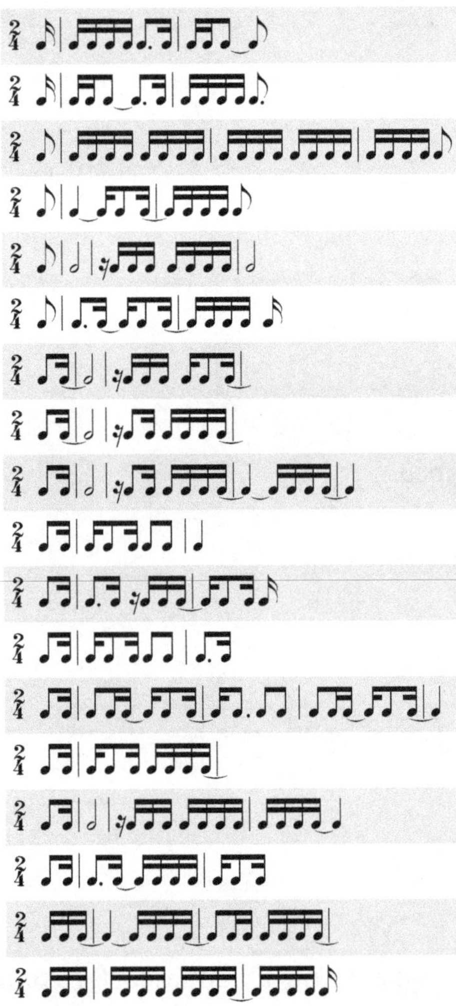

- Eu quero é sossego
- Mariana
- Sai da frente
- Tira poeira
- Harmonia selvagem
- Minha flauta de prata
- Remeleixo
- Queixumes
- Cadência
- Tupinambá
- Teu beijo
- Negrinha
- Urubu malandro
- Proezas de Solon
- Vê se gostas
- Gadú namorando
- Choro novo em dó
- A ginga do Mané

	*Dr. Sabe-tudo*
	*Minha gente*
	*Displicente*
	*Diabinho maluco*
	*Implicante*
	*Mistura e manda*
	*Paraquedista*
	*Rio antigo*
	*Vibrações*
	*Ameno Resedá* e *Choro negro*
	*Choro acadêmico*, *Chorando baixinho* e *Intrigas no boteco do Padilha*
	*Chorei*
	*Não me toques*
	*Um a zero*
	*Arranca toco*
	*Flor do abacate*
	*Numa seresta*
	*Brasileirinho*
	*Gostosinho*
	*Atraente*
	*A vida é um buraco*
	*Tenebroso*
	*Choro da saudade*
	*Segura ele*
	*Treme-treme*
	*Conversa de botequim*

b) inícios téticos

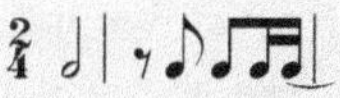	*Soluçando*
	É do que há e *Simplicidade*
	*Flamengo*
	*Carioquinha*
	*Chorinho do Sovaco de Cobra*
	*Pé de moleque*

	*Choro de memórias*
	*Amor não se compra*
	*Acariciando*
	*Flor de abacate* e *Jurity*
	*Benzinho*
	*Feitiço*
	*Saxofone, por que choras?*

c) inícios acéfalos

	*Sonoroso*
	*Remexendo*
	*Graúna*
	*Cabuloso*
	*Conversa mole*
	*Enigma*
	*Receita de samba*
	*Haroldo no choro*
	*Gaúcho*
	*Pitoresco*
	*Sonhando*
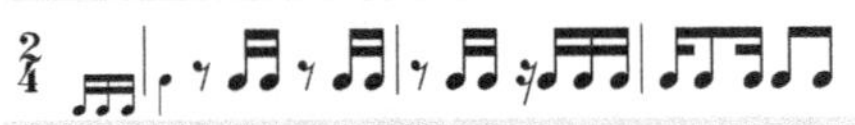	*Os oito batutas*
	*Tudo dança*
	*Fala baixinho* e *Mimosa*
	*Acerta o passo*
	*Cuidado violão*
	*Cheguei*

Como é possível perceber, por esses exemplos musicais e pela observação de variadas partituras de choros, são praticamente inexistentes figuras temáticas que apresentem notas de duração menor que uma semicolcheia. As figuras temáticas podem apresentar diferentes ritmos e valores de notas (semicolcheia, colcheia, colcheia pontuada, semínima etc.) para ajustar-se a diferentes estilos relacionados ao universo musical dos chorões. O choro, em relação a outros gêneros da música popular brasileira, apresenta grande densidade rítmico-melódica — muitas vezes com cinco a oito notas por compasso, dependendo do estilo.[264]

Figuras com maior densidade rítmico-melódica ainda — em tercinas (quiálteras) de semicolcheias ou em fusas, por exemplo — parecem estar reservadas, na maioria dos casos, a

264 Em determinados padrões rítmicos, como em choros de estilo sambado ou mesmo em maxixes, pode ocorrer diminuição da densidade melódica, ou alternância entre densidades melódicas de dois em dois compassos. Choros derivados de polcas podem apresentar maior densidade melódica.

inícios de seções secundárias ou a desenvolvimentos melódicos no decorrer das peças (como no início da parte B de *Naquele tempo* e em fragmentos de *Urubatan*, ambos de Pixinguinha e Benedito Lacerda, nas variações do *Samba do urubu*, de Pixinguinha, ou na parte B e em outros fragmentos de *Espinha de bacalhau*, de Severino Araújo, como mostra o exemplo 70).

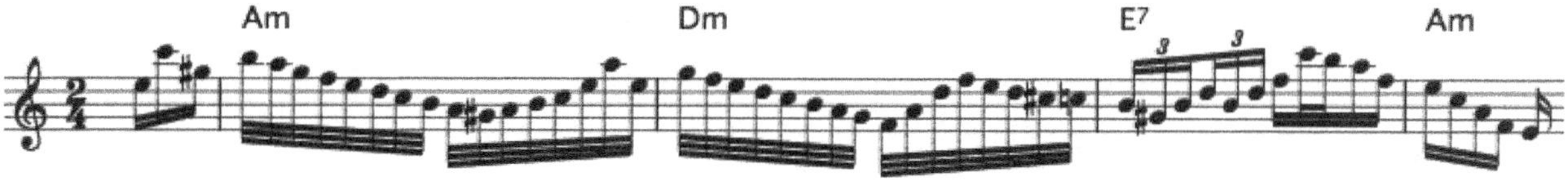

Exemplo 70 *— aumento de densidade melódica na parte B de Espinha de bacalhau*[265]

Essas figuras parecem representar, de alguma maneira, ideias de variações melódicas ou de ornamentações dentro dos choros. Curiosamente, talvez este seja mais um ponto em comum com o fraseado em composições barrocas (observado nas partituras das *Sonatas metódicas*, de Telemann). No âmbito da música popular, como no *jazz*, é também notável este fenômeno, um procedimento recorrente em improvisações. Basta analisarmos as transcrições de solos, no estilo *be-bop*, do saxofonista Charlie Parker, como a do exemplo 71 que apresenta fragmento de seu tema *Confirmation* (no primeiro sistema) e um de seus improvisos sobre esse mesmo fragmento (no segundo sistema).

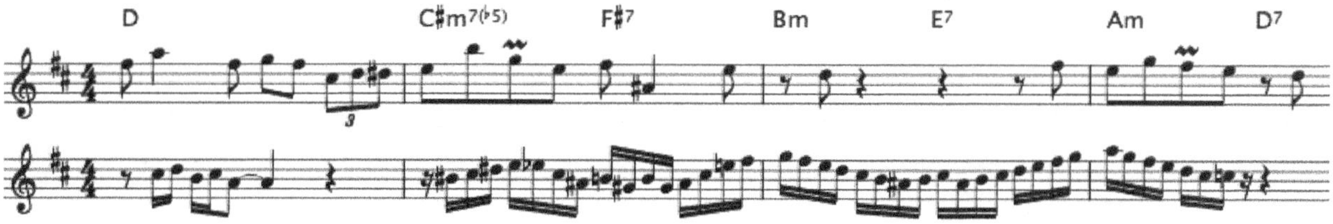

Exemplo 71 *— aumento de densidade melódica no improviso de Confirmation*[266]

Contornos melódicos construídos sobre as figuras temáticas formam a primeira célula (podendo ser um motivo ou uma semi-frase) do tema inicial (parte A) a ser desenvolvido na composição. Considerando-se, também, o fato desta célula ser apresentada repetidas vezes na forma rondó (quatro vezes em choros de três partes, três vezes em choros de duas partes), é possível concluir a importância que exerce dentro de toda a composição. Nota-se que, algumas vezes, as segundas ou terceiras partes apresentam uma menor elaboração (ou originalidade) do ritmo de suas primeiras células em relação às primeiras partes (A) dos choros. Pode-se perceber, também, que as figuras rítmicas iniciais das melodias costumam somar-se a outras para formar semi-frases. Motivos ou semi-frases reproduzidos em sequência e organizados dentro de frases e períodos constituem-se em um procedimento recorrente na construção fraseológica de uma parte (ou tema) de um choro.

4.2.3.3 Organização harmônica

Foram analisados, até então, aspectos relacionados a estruturas rítmicas na fraseologia dos choros. Mas somam-se a estas questões associadas a estruturas harmônicas. Para Mário de Andrade, os processos de harmonização ultrapassam nacionalidades. Chegando a dizer que "a harmonização europeia é vaga e desrraçada", o escritor identifica na maior parte do repertório de nossa música popular uma herança portuguesa do tonalismo harmônico europeu. Como a forma e a fraseologia, a harmonia do choro é herança da música europeia, do tonalismo desenvolvido nos períodos barroco, clássico e romântico.

Carlos Almada analisa harmonias das quatro frases do modelo (padrão) de 16 compassos para partes de um choro. Ele percebe a recorrência de diferentes tipos de harmonização em modos

265 Fonte: *Songbook Choro • v.1* (ibid., p. 136).

266 Fonte: *Charlie Parker omnibook* (AEBERSOLD, 1978, p. 1-2).

maior e menor. Em partes de choro organizadas estruturalmente por períodos, conclui que, harmonicamente:

a) as frases 1 e 3 nem sempre são idênticas, já que a frase 3 visa o impulso harmônico para a frase 4;

b) a frase 2 apresenta, nos dois primeiros compassos, contraste em relação ao enunciado da frase 1 (esta procura estabelecer claramente a tonalidade do choro ou da parte) e apresenta, nos dois últimos compassos, função cadencial — concluindo, na maioria dos casos, em cadência suspensiva (à dominante, | V^7), como | G^7 para Dó maior e | E^7 para Lá menor; e

c) a frase 4 tem função de desfecho — terminando em cadência conclusiva (perfeita, V^7 | I), como G^7 | C para Dó maior e E^7 | Am para Lá menor.

É possível observarmos também que, em muitos casos, a frase 4, por associar-se ao impulso final, inicia-se na região da subdominante afim de reforçar o caráter de clímax da parte. Dentro do modo menor, o músico observa que, embora haja menos variantes harmônicas do que no modo maior, estas são compensadas pelo maior número de alternativas para o contorno melódico (já que são usadas as escalas menores natural, melódica e harmônica). Ele comenta que no modo menor pode aparecer, comumente na frase 4, o acorde de empréstimo modal $\flat$II (acorde napolitano) — como B$\flat$ na tonalidade de Lá menor.

Almada, como vimos, concentrou suas análises em um modelo de repertório que tem em Joaquim Callado e Pixinguinha seus principais compositores. Por influência do samba do Estácio e de um padrão diferente de acompanhamento, nos anos 1930, o modelo de 16 compassos para cada parte passou a ser ampliado, em diversos choros, para 32 compassos.[267] Muitas composições de Jacob do Bandolim, por exemplo, apresentam essa forma (como o choro no padrão sambado em 9+7 *Noites cariocas*, do exemplo 72).

267 Não se pode dizer que esta estrutura fraseológica está associada exclusivamente ao aparecimento do choro no padrão sambado em imparidade rítmica 9+7 (embora tenha tornado-se a partir dessa época um modelo mais usado). No *Songbook Choro*, por exemplo, a polca *Soluçando*, de Candinho, tem 32 compassos em A, e 16 compassos em B e em C, apresentando também um ritmo harmônico mais lento e cadência conclusiva nos penúltimos compassos de cada parte. Pedro Aragão, embora não se atenha a fazer uma análise fraseológica, em seu artigo *A polca é como o samba: uma tradição brasileira*, cita *Saudações*, de Otávio Dias Moreno, como exemplo de uma polca reinterpretada como choro-sambado por Jacob do Bandolim. Curiosamente, nota-se que *Soluçando* e *Saudações* tem estruturas fraseológicas semelhantes e, talvez, por isso facilmente adaptáveis ao padrão sambado em 9+7.

Exemplo 72 — *organização fraseológica da parte A de Noites Cariocas*[268]

Além de aspectos rítmico-melódicos, outros que dizem respeito à estrutura fraseológica surgiram com o novo padrão. Tais aspectos são possíveis de ser mais facilmente analisados se compreendemos que esse padrão apresenta, na verdade, a repetição da célula rítmica de acompanhamento a cada dois compassos $\frac{2}{4}$ (em 16 semicolcheias, ou 16 pulsos no conceito da rítmica aditiva) e não a cada compasso $\frac{2}{4}$ (em oito semicolcheias, ou oito pulsos), como o padrão anterior.[269] Por exemplo, a cadência final de partes de 32 compassos aparece do c. 30 para c. 31, com discurso musical concluindo no início do penúltimo compasso (ao invés do último) — por isso as terminações, nestes choros, duram dois compassos ao invés de um.

Os quatro elementos (ou frases) que constituem cada parte de 32 compassos se completam em oito compassos (ao invés de quatro), dentro de dois agrupamentos de 16 compassos, com cadências conclusivas — como D^7 | G no choro *Noites Cariocas* — ou suspensivas — como | Gm^6 | A^7 no choro *Murmurando*, de Fon-fon, do exemplo 73 —, do antepenúltimo para o penúltimo compasso do primeiro agrupamento (c. 14 para c. 15) e conclusivas do antepenúltimo para o penúltimo compasso do segundo agrupamento (c. 30 para c. 31).

268 Fonte: *Songbook Choro* • *v.2* (id., 2011, p. 150).
269 Há quem defenda que o samba e outros gêneros que usem o novo padrão rítmico sejam escritos em $\frac{4}{4}$.

Exemplo 73 *— organização fraseológica da parte A de Murmurando*[270]

Usando-se uma organização similar a de Almada, temos a seguinte estrutura (exemplo 74), que pode ser ilustrada pela apresentação das primeiras partes (A), divididas em quatro frases de oito compassos, dos choros *Noites Cariocas* e *Murmurando*:

2/4 **frase 1** (c. 1 a 8) | **frase 2** (c. 9 a 16) | **frase 3** (c. 17 a 24) | **frase 4** (c. 25 a 32) ||

Exemplo 74 *— modelo para estrutura fraseológica de uma parte de 32 compassos em um choro*

As questões harmônicas aqui analisadas dizem respeito tão somente à estrutura fraseológica de uma seção musical e estão relacionadas diretamente aos objetivos deste texto, mais focado na questão das melodias dos choros, sua composição e interpretação. Há diversos padrões de recorrência associados à harmonia no gênero[271], alguns citados adiante na seção 5.2, relativa ao contraponto. Um maior aprofundamento no assunto, embora relevante no que diz respeito a questões estilísticas, extrapola o âmbito deste estudo. Como pudemos perceber, as características formais e fraseológicas do choro apresentam vários aspectos peculiares, mesmo sob forte herança das danças europeias. Da mesma maneira, o vocabulário melódico europeu estruturou-se, aqui, de um jeito singular na música dos chorões.

---

270 Fonte: *Songbook Choro* • *v.1* (id., 2007, p. 172).

271 Muitos desses padrões são apontados no livro *Linguagem harmônica do choro*, do professor e violonista Adamo Prince.

5 CONSTRUÇÕES MELÓDICAS NO CHORO

5.1 Melodia

O *DMG* define "melodia" como uma série de notas musicais em sucessão, num determinado padrão rítmico, para formar uma unidade identificável.[272] Ele descreve melodia, ritmo e harmonia como os três elementos fundamentais e dependentes na música. O ritmo estabelece a duração de cada nota e a harmonia influencia o contorno e direção da linha melódica — são elementos que dão à melodia forma e vitalidade. A melodia originou-se, provavelmente das primeiras modulações vocais, ao combinar intervalos pequenos. A maioria das melodias possuem padrões estabelecidos — ascendentes ou descendentes, na organização de motivos e cadências — que se apresentam de formas diversas em diferentes culturas.

Ao analisar o universo da canção popular, Gino Stefani conclui ser melodia simplesmente "o que todos nós cantamos ou assobiamos"[273] e que, em um nível básico, ela relaciona-se com características fisiológicas da fonação — como o tipo de voz, o fluxo da respiração, a curva da emissão vocal (subida–crescimento–queda) e seu movimento entre alturas. Segundo o musicólogo italiano, as melodias populares costumam apresentar uma sucessão de sons com preferência para graus conjuntos, movimentos lentos, contornos curvos e articulações fluidas (e *legatos*), com durações periódicas de respiração, no meio do registro vocal, na extensão aproximada de uma oitava. Ele observa ainda que quanto mais a melodia é construída de forma motívica[274], mais popular ela é.

Em uma abordagem semelhante à de Stefani, Phillip Tagg lista algumas características gerais das melodias populares:

a) são fáceis de serem reconhecidas e reproduzidas vocalmente;
b) têm durações semelhantes à da expiração normal ou prolongada (ou seja, com frases melódicas durando cerca de dois e dez segundos);
c) são apresentadas com respiração em períodos regulares e com discurso entre médio e muito lento;
d) são geralmente articuladas com fluidez rítmica, com *legato* ao invés de *staccato*;
e) estão distintamente perfiladas em termos de alturas (contorno melódico) e ritmo (acentuação, métrica, duração relativa de eventos);
f) têm vocabulário tonal relativamente simples;
g) tendem a apresentar intervalos pequenos de mudanças de alturas; e
h) têm extensões que raramente atingem mais de uma oitava.

O musicólogo inglês resume seu conceito de melodia: "movimento monódico tonal, temporal e espacial, intimamente ligado à expressão humana, tanto gestual e vocal".[275] Ele diz que as melodias se diferem ou se assemelham pelo contorno, pelo vocabulário tonal, pela dinâmica e

272 SADIE, 1994, p. 592.

273 STEFANI, 1987, p. 23.

274 Motivo é a menor unidade melódica que o senso comum identifica em uma sequência musical. (STEFANI, 1987, p. 26).

275 TAGG, 2015, p. 4.

modo de articulação, pelo perfil rítmico e pela organização métrica e periódica. Tagg apresenta, como mostra o exemplo 75, diferentes contornos melódicos (1. descendente, 2. ascendente, 3. descendente precedido de salto, 4. em forma de V, 5. centralizado, 6. descendente em patamares, 7. ascendente em patamares, 8. oscilante, 9. arqueado e 10. ondulante).

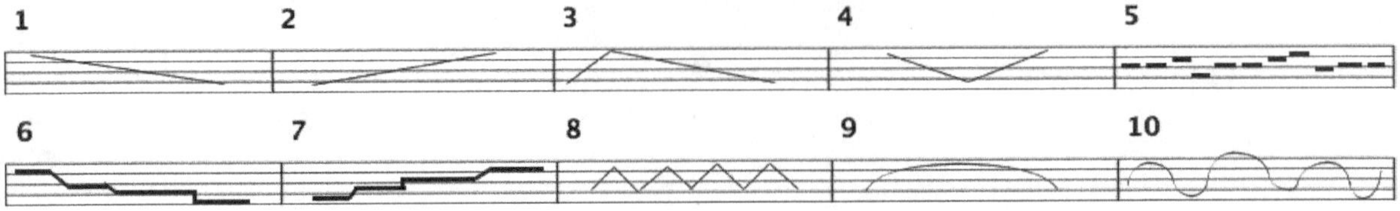

Exemplo 75 — *categorias de contornos melódicos*[276]

No âmbito da música brasileira, podemos perceber que choros e gêneros afins, por exemplo, costumam apresentar perfis ondulantes (como em *Paciente*, de Pixinguinha, do exemplo 76) e linhas descendentes precedidas de salto (como em *Descendo a serra*, de Pixinguinha e Benedito Lacerda, do exemplo 77).

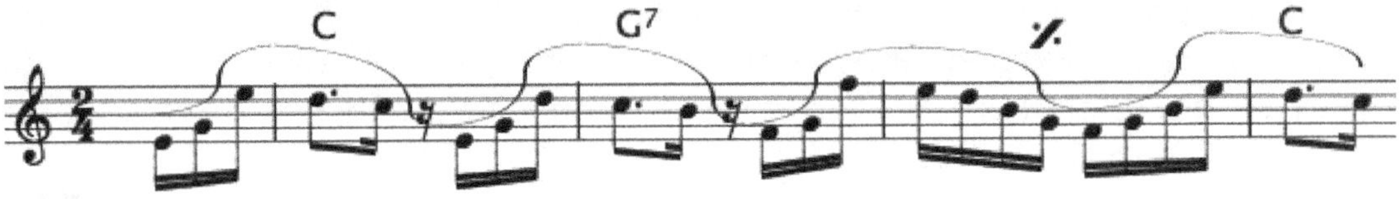

Exemplo 76 — *perfil ondulante em Paciente*[277]

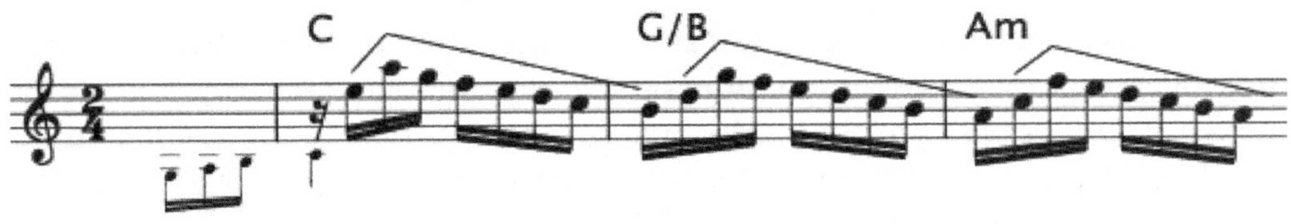

Exemplo 77 — *perfil descendente precedido por salto em Descendo a serra*[278]

Mário de Andrade, ao olhar para o que chama de "nossas tendências e constâncias melódicas", corrobora esta análise. Ele comenta que a melódica de nossas modinhas são, sobretudo, "torturadíssima", e que nossa tendência são "as frases descendentes."[279]

Para Philip Tagg, a simples troca do vocabulário tonal (entre tons maiores e menores, ou entre modos, por exemplo) pode alterar radicalmente o caráter de uma melodia. E referindo-se à dinâmica e ao modo de articulação, diz que a estrutura e o caráter de uma melodia podem ser determinados por:

a) quão alto ou baixo é apresentada, em parte ou no todo;

b) o timbre ou o instrumento utilizado; e

c) o tipo de sotaque e dicção usados, se existirem letras incluídas.

Embora não tenha feito a relação, o "tipo de sotaque e dicção" tem consequências mesmo em interpretações instrumentais, nas quais percebe-se que músicos de nacionalidades diferentes costumam se expressar distintamente em uma mesma obra, ao menos no âmbito da música popular. As características de uma linha melódica também são determinadas por seu fraseado e sua acentuação. O musicólogo relaciona, ainda, o perfil rítmico da melodia com o movimento corporal e os padrões da linguagem:

---

276 Fonte: *Melody and accompaniment* (ibid., 2015, p. 5).

277 Fonte: *Songbook Choro • v.1* (SÈVE; SOUZA; DININHO, 2007, p. 184).

278 Fonte: *Songbook Choro • v.2* (id., 2011, p. 80).

279 ANDRADE, 1962, p. 45 e 47.

Ligações claras também existem entre o ritmo do corpo e da melodia na música de dança. A mazurca, polca, *schottisch*, *jig*, *reel*, valsa lenta, valsa vienense, samba, cueca, chacha-cha, rumba, tango, etc. exibem traços únicos e facilmente identificáveis de ritmo melódico. (TAGG, 2015, p. 9).

Tagg associa, também, determinadas figuras rítmicas a culturas particulares — como à música hispânica e à música irlandesa. Os motivos rítmicos, junto a contornos melódicos, podem gerar padrões de recorrência que contribuem para caracterizar um gênero musical. Na música brasileira do choro encontramos com frequência desenhos melódicos sobre células rítmicas como , , , , e formando padrões, que tornam-se ainda mais notáveis pelo uso costumeiro de sequências[280] ou repetições no gênero.

O pianista e musicólogo americano Charles Rosen, no livro *The classical style*, afirma que as relações motívicas foram um dos principais meios de integração na música ocidental desde o século XV, e que a música barroca costumava ser composta a partir da elaboração de um motivo curto. A herança da melodia europeia na nossa música popular, sobretudo em gêneros como o choro, está presente, em parte, nas diferentes formas de impulsões melódicas dos estilos clássico e barroco.

> *A força motriz do novo estilo [o clássico] é a frase periódica, a do barroco é a sequência harmônica. Quando a frase periódica fortemente articulada é combinada com uma sequência, particularmente uma descendente como era então a maioria das sequências, o resultado não é um aumento de energia, mas uma perda. (ROSEN, 1997, p. 48).*

Ele comenta que, embora a sequência tenha permanecido como uma parte importante da música até os dias de hoje, no clássico ela perdeu a primazia para a frase curta, periódica, articulada, como força do movimento. Curiosamente, Rosen observa que enquanto nas peças do barroco tardio as sequências criavam um fluido contínuo e auto-gerador, interrompido somente através de uma cadência forte, nas obras clássicas elas eram frequentemente usadas como um meio de diminuir a tensão e "chamar" uma parada. O elemento impulsivo básico do barroco é empregado, mas sua importância é minimizada no sistema clássico.[281] Apropriando-se de uma espécie de mescla das características estilísticas dos dois períodos, o choro é construído, em muitos casos, com motivos relativamente curtos desenvolvidos em sequências e repetições, organizados em frases de quatro ou oito compassos, agrupamentos de oito a 16 compassos, e seções de 16 a 32 compassos.

Para Philip Tagg, uma melodia pode ser classificada de acordo com que frases ou motivos, em padrões de variação e recorrência, são organizados no todo da composição. Tomando emprestadas algumas figuras de linguagem e termos usados na retórica, ele apresenta dispositivos processuais comuns na melodia popular europeia e norte-americana — como a "reiteração", a "recapitulação", a "sequência", a "inversão", a "anáfora" e a "epístrofe" — que poderiam, de alguma maneira, ser encontrados no choro:

a) reiteração é a recorrência consecutiva de um mesmo motivo ou frase (como *Um a zero*, de Pixinguinha e Benedito Lacerda, do exemplo 78);

***Exemplo 78** — reiteração em fragmento de Um a Zero*[282]

b) recapitulação é a recorrência de um motivo ou frase intercalada por material diferente (como acontece nas formas A–B–A e rondó, ou no motivo assinalado da parte A do choro *Bonicrates de Muletas*, atribuído à Biliano de Oliveira[283], do exemplo 79);

280 Tagg observa ainda que trechos importantes de melodias conhecidas são baseados em repetições ou variações sequenciais de motivos curtos, que não podem ser classificados como frases melódicas.

281 ROSEN, 1997, p. 58.

282 Fonte: *Songbook Choro* • *v.3* (SÈVE; SOUZA; DININHO, 2011, p. 206).

283 No *Songbook Choro* está editada como sendo de autoria de Jacob do Bandolim.

Exemplo 79 — *recapitulação em fragmento de Bonicrates de muletas*[284]

c) sequência é formada por repetições de um ritmo e perfil em diferentes alturas (um procedimento usado em diversos choros, como na parte B de *Cheguei*, de Pixinguinha e Benedito Lacerda, do exemplo 80);

Exemplo 80 — *sequência em fragmento de Cheguei*[285]

d) inversão é a repetição de um perfil rítmico, mas substitutindo as alturas das notas — trocando graves por agudas e vice-versa. Pode ser usada em cromatismos e arpejos nos choros (como na parte B de *Língua de preto*, de Horonino Lopes, do exemplo 81, e na parte A em *Urubatã*, de Pixinguinha e Benedito Lacerda, do exemplo 82);

Exemplo 81 — *inversão em fragmento de Língua de preto*[286]

Exemplo 82 — *inversão em fragmento de Urubatã*[287]

e) anáfora é a repetição do mesmo elemento no início de frases sucessivas (como a parte A de *Matuto*, de Ernesto Nazareth, do exemplo 83);

Exemplo 83 — *anáfora em fragmento de Matuto*[288]

284 Fonte: *Songbook Choro* • *v.1* (id., 2007, p. 88).
285 Fonte: *Songbook Choro* • *v.2* (id., 2011, p. 48).
286 Fonte: *Songbook Choro* • *v.1* (id., 2007, p. 164).
287 Fonte: *Songbook Choro* • *v.2* (id., 2011, p. 206).
288 Fonte: *Songbook Choro* • *v.2* (ibid., p. 128).

f) epístrofe é a repetição do mesmo elemento no fim de frases sucessivas (encontrado nas terminações de partes dos choros ou em sequências de semi-frases como na parte B de *Pé de moleque*, de Jacob do Bandolim, do exemplo 84).

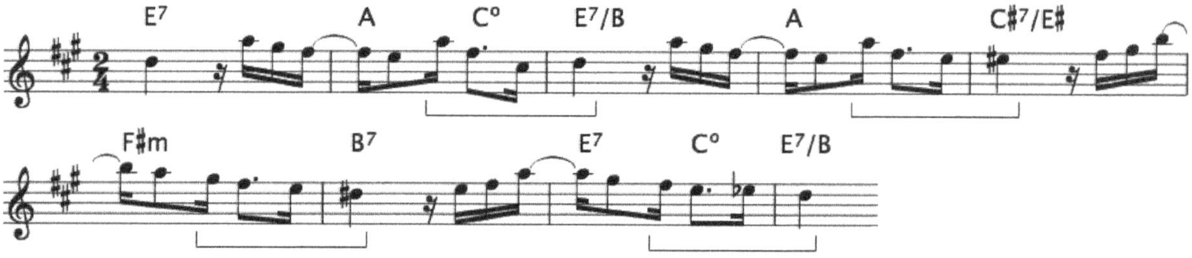

***Exemplo 84** — epístrofe, em fragmento de Pé de Moleque*[289]

Charles Rosen lembra que enquanto o estilo barroco tardio preferia música com textura rítmica simples e unificada, homogênea, em moto perpétuo, o estilo clássico baseava-se no fraseado periódico, simétrico, no modelo de frases de quatro compassos, e textura rítmica de grande variedade, com diferentes ritmos passando lógica e facilmente de um ao outro. Enquanto o moto perpétuo da música barroca, característico da *Allemande*, segundo Rosen (como no primeiro movimento da *Partita BWV 1013, em Lá* menor, para flauta solo, de J. S. Bach, do exemplo 85), era visto como um procedimento normal do período, para o compositor clássico, ele era usado com fins dramáticos, como um recurso para romper a textura rítmica — uma ferramenta para finais de peças.

***Exemplo 85** — moto perpétuo da música barroca na Allemande*

Carlos Almada, ao analisar obras de Joaquim Callado e Pixinguinha, percebe em cada final de parte de um choro (nos últimos compassos do que chama de frase 4) uma tendência à intensificação do desenho rítmico — podendo este tornar-se mais denso (com um número maior de notas por compasso em relação às frases 1, 2 e 3, como na frase 4 da primeira parte de *Proezas de Solon*, de Pixinguinha e Benedito Lacerda, no exemplo 86) ou apresentar-se essencialmente constante (ao repetir o mesmo padrão rítmico a cada compasso, como ), adotando alguma célula do enunciado principal.

exemplo 86 — *intensificação do desenho rítmico em fragmento de Proezas de Solon*[290]

Uma grande quantidade de choros, apesar de construídos em frases periódicas, possui trama melódica (melodia principal e contraponto) com textura homogênea similar a da música do período barroco. Rosen comenta que a frase periódica está relacionada com a dança, com a

289 Fonte: *Songbook Choro* • *v.2* (ibid., p. 168).

290 Fonte: *Songbook Choro* • *v.2* (SÈVE; SOUZA; DININHO, 2011, p. 176).

sua necessidade de estabelecer um padrão de expressão que corresponda aos passos e aos agrupamentos[291], podendo ela, a frase, ser reforçada ainda por uma sequência harmônica — um aspecto que poderíamos facilmente relacionar ao choro e gêneros afins.

5.1.1 Inflexões melódicas

Carlos Almada constrói uma detalhada análise das inflexões[292] melódicas que, aplicadas sobre arpejos, caracterizam as composições de choro — uma intensa e sofisticada trama de arpejos, ornamentos e movimentos escalares desenham o contorno melódico do gênero. O músico lembra que

> *uma nota qualquer de uma melodia, em relação ao acorde ao qual está associada, pode exercer três tipos de função (seria equivalente dizer que a nota em questão pode ter três tipos de comportamento): ela pode fazer parte do acorde (ser uma das notas do arpejo), ser uma inflexão melódica ou uma tensão harmônica (nona, décima primeira ou décima terceira em relação ao acorde em vigor). (ALMADA, 2006, p. 29).*

Contudo, observa que em choros "mais tradicionais" — foco de suas análises — o terceiro caso (o das tensões harmônicas) é praticamente inexistente. É comum, por exemplo, a incidência de nonas, quartas e sextas, mas com resolução descendente para a tônica, terça e quinta do acorde, com caráter de apojatura e não de tensão harmônica.

Uma nota assume o papel de inflexão quando não pertence ao acorde que a acompanha e resolve por grau conjunto ou cromaticamente, de forma ascendente ou descente, para uma nota do arpejo. A inflexão é classificada de acordo com sua posição métrica dentro do compasso e sua preparação — ou seja, se precedida por outra nota em grau conjunto (ascendente ou descendente) ou na mesma altura, ligada ou não. As inflexões melódicas nos choros, segundo Almada, podem ser:

a) notas de passagens (np), que passam entre notas do arpejo por grau conjunto, tendo normalmente curta duração e posição métrica fraca;

b) bordaduras (b), que deixam a nota do arpejo e, em seguida, retornam a ela por grau conjunto, tendo normalmente curta duração e posição métrica fraca;

c) apojaturas (ap), que acontecem em posição métrica forte, não possuem preparação, resolvem preferencialmente de forma descendente por grau conjunto, tendo normalmente curta duração;

d) escapadas por salto (es), que acontecem em posição métrica fraca, não possuem preparação, tendo normalmente curta duração; e

e) suspensões (sus), que acontecem em posição métrica forte, são preparadas pela mesma altura — por notas ligadas ou não —, resolvendo preferencialmente de forma descendente por grau conjunto.

Almada observa que não podem ser classificadas de suspensões as antecipações em motivos rítmico-melódicos característicos do samba (e do choro no padrão sambado), mesmo quando há resoluções. Esses motivos se adaptam a padrões rítmicos específicos desses gêneros. No exemplo 87, *Na Glória*, do trombonista Raul de Barros, um choro de gafieira, o padrão rítmico poderia ser representado pelo ciclo  do tamborim.

***Exemplo 87** — antecipações em fragmento de Na Glória*[293]

291 ROSEN, 1997, p. 58.

292 O *DGM* define inflexão como um desvio de altura, usado em alguns gêneros musicais com fins expressivos, como uma forma de ornamentação. (SADIE, 1994, p. 453).

293 Fonte: *Songbook Choro* • v.2 (SÈVE; SOUZA; DININHO, 2011, p. 142).

O músico identifica a ocorrência de combinações de inflexões comuns nos choros:

a) em duas notas de passagem;

b) em notas de passagem cromáticas; e

c) na *cambiata* (uma das fórmulas melódicas mais características do choro) — uma nota de resolução cercada ascendente e descendentemente por inflexões distanciadas por grau conjunto.

Almada encontra semelhanças na utilização de inflexões melódicas em obras de Joaquim Callado e Pixinguinha. Mesmo separadas por diferenças rítmico-estilísticas, as músicas desses compositores formam, para o autor, uma espécie de "balizamento histórico" para estudos do estilo melódico do choro e gêneros afins. De fato, padrões melódicos das peças de Pixinguinha — base de grande parte dos exercícios do meu livro *Vocabulário do choro* — parecem ser recorrentes entre vários autores desse universo musical. Ele lembra ainda que os procedimentos composicionais melódicos dos choros são antigos, e ilustra citando as *Suítes francesas* de J. S. Bach, nas quais encontrou os mesmos tipos de fórmulas de inflexão (combinações de diferentes inflexões) que ocorrem no choro.

Mesmo dizendo-se consciente da existência de inúmeras variantes, Almada se arrisca a descrever os seis tipos de fórmulas de inflexão que julga mais importantes. Ele relaciona seu uso aos procedimentos de criação melódica do gênero e as classifica como:

a) derivada da *cambiata*, podendo ser nos padrões:

1. i-s-r (onde i corresponde à inflexão inferior, s à superior, e r à resolução), comumente empregada em inícios de frases com a resolução incidindo sobre a primeira ou sobre a segunda semicolcheia (mais comum), como no exemplo 88;

Exemplo 88 — *fórmula de inflexão derivada da cambiata no padrão* i-s-r [294]

2. s-i-s-r (exemplo 89);

Exemplo 89 — *fórmula de inflexão derivada da cambiata no padrão* s-i-s-r [295]

3. i-s-s-r (exemplo 90);

Exemplo 90 — *fórmula de inflexão derivada da cambiata no padrão* i-s-s-r [296]

4. i-i-s-r (exemplo 91);

Exemplo 91 — *fórmula de inflexão derivada da cambiata no padrão* i-i-s-r [297]

294 Fonte: *A estrutura do choro* (ibid., p. 36).

295 Fonte: *A estrutura do choro* (ibid., p. 37).

296 Fonte: *A estrutura do choro* (ibid., p. 38).

297 Fonte: *A estrutura do choro* (ibid., p. 38).

5. s-i-i-r (exemplo 92);

Exemplo 92 — *fórmula de inflexão derivada da cambiata no padrão* s-i-i-r[298]

6. s-s-i-i-r (exemplo 93); ou

Exemplo 93 — *fórmula de inflexão derivada da cambiata no padrão* s-s-i-s-r[299]

7. s-s-i-i-s-r (exemplo 94).

Exemplo 94 — *fórmula de inflexão derivada da cambiata no padrão* s-s-i-i-s-r[300]

b) a derivada da apojatura, sempre na primeira nota do tempo, resolvida descendentemente na posição da segunda, terceira ou quarta semicolcheia do mesmo tempo. Por vezes, esta apojatura é introduzida por movimento escalar. Esta fórmula de inflexão pode apresentar os seguintes padrões:

1. após a resolução, o arpejo segue descendentemente ou muda de direção (exemplo 95 — ilustrado no choro *Eu quero é sossego*, de K-Ximbinho, do exemplo 96);

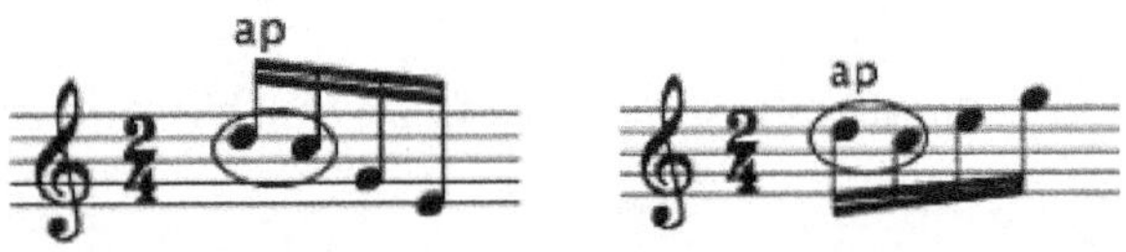

Exemplo 95 — *fórmulas de inflexão derivadas de apojatura seguida de acorde*[301]

Exemplo 96 — *fórmula de inflexão derivada da apojatura em fragmento de Eu quero é sossego*[302]

---

298 Fonte: *A estrutura do choro* (ibid., p. 38).
299 Fonte: *A estrutura do choro* (ibid., p. 39).
300 Fonte: *A estrutura do choro* (ibid., p. 39).
301 Fonte: *A estrutura do choro* (ibid., p. 40).
302 Fonte: *Songbook Choro* • *v.1* (SÈVE; SOUZA; DININHO, 2007, p. 138).

2. após a resolução, segue em escala descendente ou ascendente (exemplo 97);

***Exemplo 97** — fórmulas de inflexão derivadas de apojatura seguida de movimento escalar*[303]

3. apojatura antecedida por salto, grau conjunto ou mesma nota (neste caso, uma suspensão), com resolução seguida de pausa — uma variante comum em finais de frases e motivos, podendo apresentar-se com as figuras rítmicas $\frac{2}{4}$ ♩.♪, $\frac{2}{4}$ ♩♪ ou $\frac{2}{4}$ ♫. (exemplo 98);

***Exemplo 98** — fórmulas de inflexão derivadas de apojatura antecedida por salto, grau conjunto ou mesma nota, com resolução seguida de pausa*[304]

4. resolução da apojatura seguida de *cambiata* ou de bordadura, em uma espécie de combinação de duas variantes de inflexões (exemplo 99); ou

***Exemplo 99** — fórmulas de inflexão derivadas de apojatura seguida de cambiata ou de bordadura*[305]

5. apojatura seguida de bordadura, também uma combinação.

c) a derivada da bordadura, comumente usada para manter na melodia principal o "*motto* característico da linguagem do gênero — em geral em semicolcheias"[306], *Apanhei-te cavaquinho*, de Ernesto Nazareth, do exemplo 100, mescla suspensão e bordadura. Nos choros, pode-se perceber ainda que esse "*motto* característico", ou "moto perpétuo" (termo usado por Charles Rosen para fenômeno similar na música barroca), costuma se fazer sobretudo da "conversa" entre a melodia principal e o contraponto.

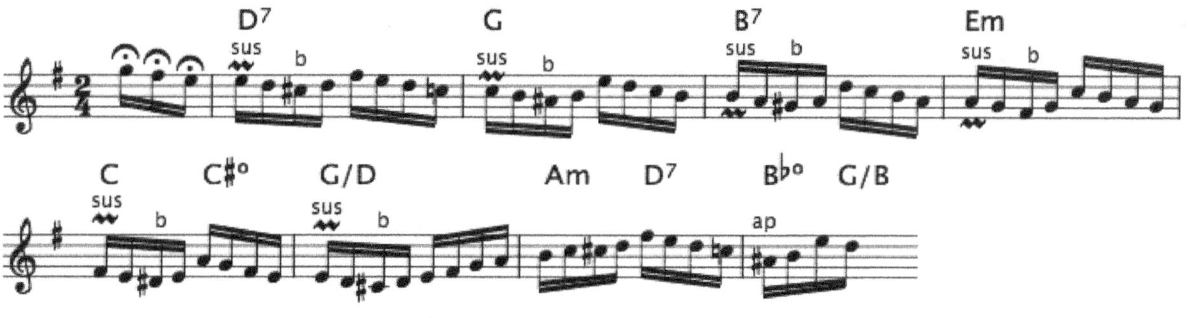

***Exemplo 100** — "motto característico", ou moto perpétuo, do choro, em Apanhei-te cavaquinho*[307]

As bordaduras nos choros acontecem com mais frequência de forma descendente e distanciando-se da nota alvo por semitom, posicionando-se (em um grupo de quatro semicolcheias):

---

303 Fonte: *A estrutura do choro* (ALMADA, 2006, p. 40).

304 Fonte: *A estrutura do choro* (ibid., p. 40).

305 Fonte: *A estrutura do choro* (ibid., p. 41).

306 Fonte: *A estrutura do choro* (ibid., p. 420.

307 Fonte: *Songbook Choro • v.1* (SÈVE; SOUZA; DININHO, 2007, p. 70)

1. na terceira semicolcheia; ou
2. na segunda semicolcheia (exemplo 101).

Exemplo 101 — *fórmulas de inflexão derivadas de bordadura*[308]

d) a derivada da escapada por salto (exemplo 102), atuando como "espécie de contraste construtivo"[309] em relação às formas derivadas de *cambiatas*, apojaturas e bordaduras.

Exemplo 102 — *fórmulas de inflexão derivadas da escapada*[310]

Esta fórmula de inflexão aparece com a escapada posicionando-se:

1. na quarta semicolcheia, como no choro *Homenagem à Velha Guarda*, de Sivuca, do exemplo 103; ou

Exemplo 103 — *fórmula de inflexão derivada da escapada na posição da quarta semicolcheia na introdução de Homenagem à Velha Guarda*[311]

2. na posição da segunda semicolcheia, dentro da figura rítmica (difere da apojatura por estar em posição métrica fraca), como em *Ainda me recordo*, de Pixiguinha e Benedito Lacerda, do exemplo 104.

exemplo 104 — *fórmula de inflexão derivada da escapada na posição da segunda semicolcheia em Ainda me recordo*[312]

Esse motivo rítmico-melódico, quando recorrente, é comumente associado a choros com caráter de tango brasileiro e maxixe. A escapada, por não ser uma inflexão preparada e por soar, consequentemente, destacada (acentuada) em um tempo fraco, pode acabar assumindo, no choro, um caráter contramétrico — como em *O boêmio*, de Anacleto de Medeiros, do exemplo 105 —, quando a inflexão, ao destacar sistematicamente a quarta semicolcheia do primeiro tempo, induz ao padrão em imparidade rítmica 3+5 ( ).

---

308 Fonte: *A estrutura do choro* (ALMADA, 2006, p. 42)

309 Fonte: *A estrutura do choro* (ibid., p. 43).

310 Fonte: *A estrutura do choro* (ibid., p. 40).

311 Fonte: *Songbook Choro* • *v.2* (SÈVE; SOUZA; DININHO, 2011, p. 110).

312 Fonte: *Songbook Choro* • *v.3* (id., 2011, p. 18).

Exemplo 105 *— fórmula de inflexão derivada da escapada, em fragmento de O boêmio*[313]

e) a contração de duas linhas melódicas em uma só. Pode apresentar padrões em cinco notas (como os do exemplo 106) ou em dez notas como o do (exemplo 107). Nestes exemplos, as linhas melódicas são expostas, também, desmembradas em duas vozes. O choro *Paulista*, de João dos Santos, do exemplo 108, ilustra esta fórmula de inflexão com padrões em cinco notas.

Exemplo 106 *— contração de duas linhas melódicas em uma só, no padrão de cinco notas*[314]

Exemplo 107 *— contração de duas linhas melódicas em uma só no padrão de dez notas*[315]

Exemplo 108 *— contração de duas linhas melódicas em uma só, em fragmento de A de Paulista*[316]

f) o movimento cromático (exemplo 109) para atingir notas-alvo, geralmente em posições métricas fortes. Esta fórmula de inflexão, apresentada em movimentos ascendentes ou descendentes, pode ser observada em inúmeras construções melódicas usadas em contrapontos no gênero (executadas pelo violão de sete cordas, sax tenor, trombone etc. — como a anacruse inicial, escrita em notas semicolcheias, em *Fala baixinho*, de Pixinguinha de Hermínio Bello de Carvalho, do exemplo 110).

Exemplo 109 *— apresentação de movimento cromático*[317]

313 Fonte: *Songbook Choro • v.2* (id., 2011, p. 153).
314 Fonte: *A estrutura do choro* (ALMADA, 2006, p. 44–5).
315 Fonte: *A estrutura do choro* (ibid., p. 45).
316 Fonte: *Songbook Choro • v.2* (SÈVE; SOUZA; DININHO, 2011, p. 166).
317 Fonte: *A estrutura do choro* (ALMADA, 2006, p. 44–5).

Exemplo 110 — *movimento cromático em Fala baixinho*[318]

As análises sobre contornos melódicos construídos com reduzido uso de síncopes poderiam ser ampliadas, no choro, para outros tipos de fraseado mais contramétricos, como aqueles presentes nos padrões rítmicos do maxixe e do choro-sambado. Nesses casos, o conceito hierárquico da posição das notas (tempo forte e fraco), em relação ao fundo métrico (da notação ocidental), parece mudar dependendo do padrão rítmico associado à peça em questão.

Algumas inflexões ou preparações, definidas anteriormente em relação às suas posições métricas na escrita clássica "tradicional", parecem assumir papéis musicais um pouco diferentes em padrões rítmicos contramétricos. Choros em padrões sambados, como *Bole-bole* (exemplo 111) e *Simplicidade* (exemplo 112), de Jacob do Bandolim, parecem ter as mesmas inflexões derivadas da *cambiata*, da apojatura e da bordadura analisadas por Almada, porém ligeiramente deslocadas (normalmente em espaços de uma semicolcheia) em relação ao fundo métrico. É possível observar, por exemplo, que:

a) diversas notas com o sentido de apojaturas apresentam-se em síncopes nas quartas semicolcheias dos tempos 1 ou 2 do $\frac{2}{4}$,

b) determinadas notas podem ter o sentido de bordaduras também nessas posições, e

c) que figuras com o sentido de *cambiatas* aparecem, muitas vezes, antecipadas em uma semicolcheia.

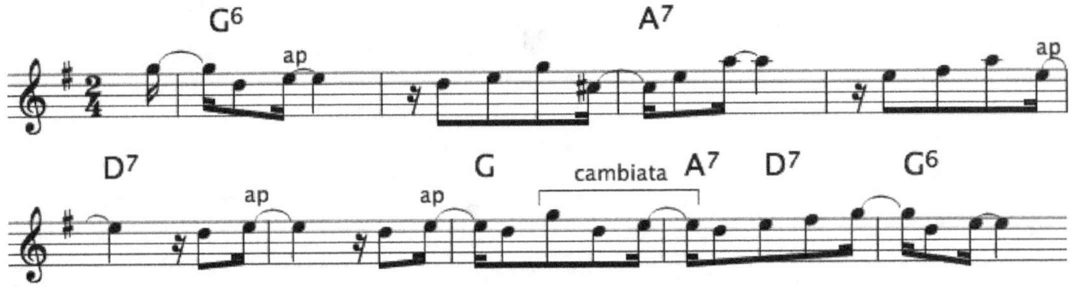

Exemplo 111 — *apojaturas e cambiatas em padrões contramétricos em Bole-bole*[319]

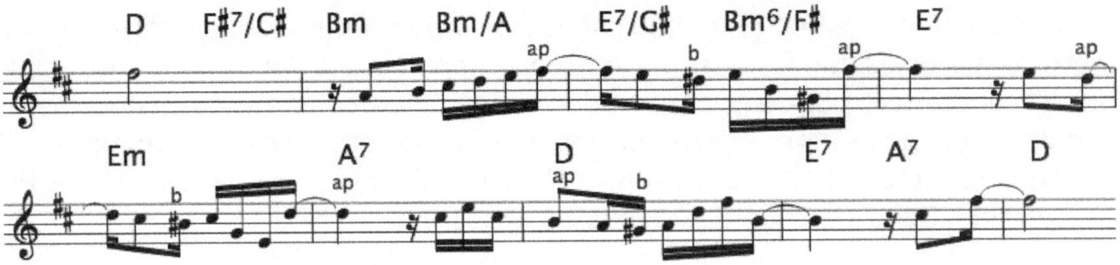

Exemplo 112 — *apojaturas e bordaduras em padrões contramétricos em Simplicidade*[320]

5.1.2 Padrões melódicos

As inflexões no choro aparecem nas pequenas células motívicas características do gênero. Tais células, vistas a partir de suas peculiaridades, ajudam a formar padrões de recorrência que

318 Fonte: *Songbook Choro* • *v.2* (SÈVE; SOUZA; DININHO, 2011, p. 100).

319 Fonte: *Songbook Choro* • *v.1* (id., 2007, p. 84).

320 Fonte: *Songbook Choro* • *v.3* (id., 2011, p. 188).

estabelecem um “vocabulário” para o discurso musical. Aspectos idiomáticos da melodia — como articulações e flexibilidades rítmico-melódicas — vão ajudar a construir um “sotaque” a ser utilizado nesse vocabulário.

Diversos estilos musicais podem ser identificados pelos seus padrões melódicos de recorrência. A análise e o reconhecimento desses padrões constituem-se em um elemento importante para a sistematização de determinada linguagem musical. É compreensível, neste raciocínio, que a escola americana do *jazz* use indiscriminadamente os estudos de *patterns* (padrões melódicos) para improvisação — como os do livro do saxofonista Oliver Nelson. É comum que um mesmo *pattern* surja em diferentes temas ou improvisos, mesmo não sendo estas obras do mesmo autor. O exemplo 113 mostra um motivo construído sobre os graus 1–2–3–5 (Dó, Ré, Mi e Sol) reproduzido em ciclos de quintas sucessivas, um padrão que poderia ser usado sobre acordes dominantes seguidos (C^7 F^7 | $B\flat^7$ $E\flat^7$ | $A\flat^7$ $D\flat^7$ | $F\sharp^7$ B^7).

Exemplo 113 *— fragmento de exercício melódico composto por Oliver Nelson*[321]

Contudo, não se pode dizer que tal visão é recente ou própria do *jazz*. O olhar para padrões melódicos objetivando o conhecimento e a prática de um estilo já se fazia presente em tratados barrocos — como os do cravista francês François Couperin (exemplo 114), de 1717, e do flautista alemão Johann Joachim Quantz, de 1752 —, nas seções relacionadas a estudos de técnica e de ornamentos (leia-se improvisação). O capítulo XIII (da edição traduzida para inglês) de *On playing the flute — the classical of baroque music instruction*, mostra 24 figuras (como a do exemplo 115) no modo maior. Quantz diz ainda que os mesmos padrões poderiam ser usados no modo menor — preservando-se o contorno melódico, mas adaptando-os às alterações das escalas menores.

Exemplo 114 *— exercícios melódicos compostos por Couperin*[322]

321 Fonte: *Patterns for saxophone* (NELSON, 1966, p. 14).

322 Fonte: *Tratados e métodos de teclado* (FAGERLANDE, 2013, p. 66).

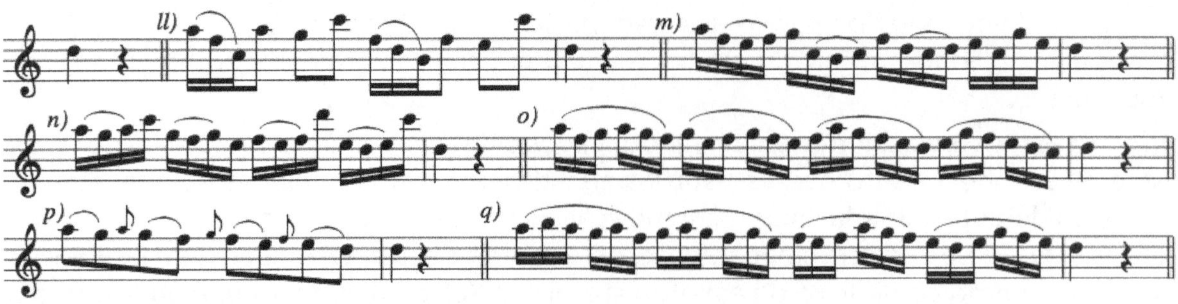

Exemplo 115 — *exercícios melódicos compostos por Quantz*[323]

Curiosamente, algumas das fórmulas de inflexão citadas por Carlos Almada, encontram-se nos padrões de Quantz. Os das letras *l), m)* e *o)* e o padrão sincopado *c)* do exemplo acima poderiam perfeitamente estar inseridos dentro uma composição de choro. Analisando ainda outras figuras apresentadas por Quantz em seu livro, percebemos as semelhanças existentes entre determinados contornos melódicos do barroco tardio e do galante e os do choro, fato, aliás, comentado por Almada.

Objetivando o conhecimento e aprendizado de padrões melódicos de recorrência no choro e, de certa forma, caminhando em paralelo ao já realizado nos exemplos dos livros de *jazz* e tratados barrocos mostrados aqui, foi editado em 1999 o livro *Vocabulário do choro*, do qual sou autor. Os estudos, ou exercícios, da publicação apresentam, em sequências, padrões usados nas composições de choros. São padrões encontrados também no estilo de improvisar-se melodias ou contrapontos no gênero. O maestro, clarinetista e saxofonista Paulo Moura descreve no prefácio do livro, em sua opinião, os objetivos da obra:

> *O que é choro? Quais suas características estilísticas? E qual a sua estrutura? O que o diferencia do jazz? São indagações que a prática da execução do choro poderá esclarecer e é esta a proposta de Mário Sève, que cuidadosamente seleciona, ilustra e desenvolve as principais tradições e novidades formais desse gênero. (MOURA, SÈVE,1999, p. 3).*

Tanto esse livro quanto as análises apresentadas por Almada apontam, mesmo de forma diferente, para a identificação de contornos e padrões melódicos recorrentes na música dos chorões. E de forma semelhante aos tratados de Quantz e Couperin e aos livros de improvisação no *jazz*, ambos procuram construir exercícios a partir de modelos encontrados em um estilo musical.

Diversos procedimentos melódicos comuns aos choros, a partir de construções escalares, aparecem, por exemplo, em outros estilos e períodos da música europeia do século XVIII e XIX (como a progressão de quartas descendentes do tratado Couperin, do exemplo 116). Estudos escalares (exemplos 117 e 119) podem ser criados a partir de padrões frequentes nos choros (como na parte C de *Os oito batutas*, de Pixinguinha e Benedito Lacerda, e na parte A de *Sai da Frente*, de Abel Ferreira, nos exemplos 118 e 120).

Exemplo 116 — *progressão de quartas descendentes do tratado Couperin*[324]

Exemplo 117 — *fragmento do exercício 3, sobre escalas*[325]

323 Fonte: *On playing the flute* (QUANTZ, 2001, p. 143).

324 Fonte: *Tratados e métodos de teclado* (FAGERLANDE, 2013, p. 66).

325 Fonte: *Vocabulário do choro* (SÈVE, 1999, p. 26).

Exemplo 118 — *fragmento de contraponto em Os oito batutas*[326]

Exemplo 119 — *fragmento do exercício 8, sobre escalas*[327]

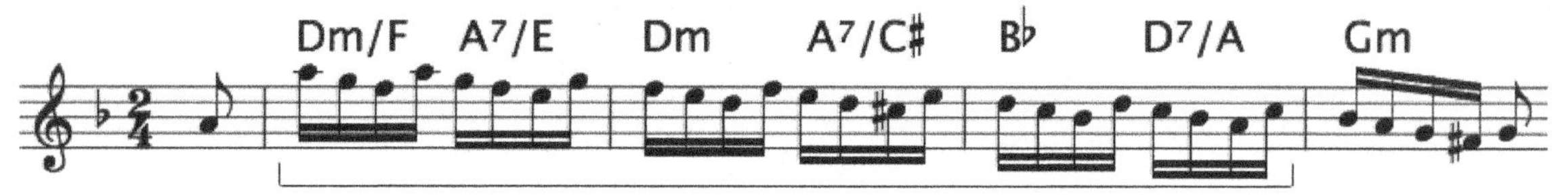

Exemplo 120 — *fragmento de Sai da frente*[328]

Os contornos melódicos de característica ondulante dos choros são desenhados em movimentos escalares e arpejos, ascendentes e descendentes. Nos grupos arpejados construídos sobre tríades (1-3-5 ou 1-♭3-5, em inversões ou combinações diversas), com quatro semicolcheias dentro de um tempo ( ), por exemplo, é usual que a segunda ou a quarta semicolcheia do grupo venha preparada na primeira ou terceira nota por uma apojatura superior na posição 2 (9), 4 (11) ou 6 (13), como no exemplo 121. Há inúmeros casos desse procedimento em obras de praticamente todos os chorões (como na parte A de *Minha gente*, de Pixinguinha, do exemplo 122).

Exemplo 121 — *fragmento do exercício 22A, sobre arpejos maiores*[329]

exemplo 122 — *fragmento de Minha gente*[330]

Das diversas formas de se começar um choro, como vimos anteriormente, a que prepondera é a que usa a anacruse de três semicolcheias ( ), sobretudo a que atinge a nota alvo por movimento escalar diatônico ascendente (como sugere o exemplo 123).

---

326 Fonte: *Songbook Choro • v.2* (SÈVE; SOUZA; DININHO, 2011, p. 161).
327 Fonte: *Vocabulário do choro* (SÈVE, 1999, p. 34).
328 Fonte: *Songbook Choro • v.3* (SÈVE; SOUZA; DININHO, 2011, p. 172).
329 Fonte: *Vocabulário do choro* (SÈVE, 1999, p. 52).
330 Fonte: *Songbook Choro • v.3* (SÈVE; SOUZA; DININHO, 2011, p. 128).

Exemplo 123 — *fragmento do exercício 29, sobre inícios*[331]

As terminações analisadas anteriormente, apesar de não interferirem no discurso temático dos choros, são traços característicos do gênero. Como vimos, também, elas podem ser construídas em um compasso (como no exemplo 124, criado a partir de terminações de choros como *Mariana*, de Irineu de Almeida, e *Cabuloso*, de Jacob do Bandolim, do exemplo 125) ou dois compassos (como no exemplo 126, criado a partir de choros como É do que há, de Luiz Americano, do exemplo 127), a depender da forma da composição e do ponto onde ocorre a cadência final.

Exemplo 124 — *fragmento do exercício 37B, sobre terminações*[332]

Exemplo 125 — *terminações de Mariana e Cabuloso*[333]

Exemplo 126 — *fragmento do exercício 39B, sobre terminações*[334]

Exemplo 127 — *terminação de* ***É do que há***[335]

Alguns padrões melódicos apresentam sucessões de motivos ritmicamente iguais em efeito similar ao da hemíola[336], sugerindo, por exemplo, compassos binários sobre ternários — como nos grupos ♫♩, ♫♫ e ♩. ♪ em 3/4 ♫♩ ♫ | ♩ ♫♩ |, 3/4 ♫♫ ♫ | ♫ ♫♫ | e 3/4 ♩. ♪ | ♫ ♩. ♪ | (como na parte A de *Santa morena*, do exemplo 128) — ou compassos ternários sobre binários — como no grupo ♬♫ em 2/4 ♬♩ ♩♬ | ♫ (como na parte C de *Segura Ele*, de Pixinguinha e Benedito Lacerda).

331 Fonte: *Vocabulário do choro* (SÈVE, 1999, p. 66).

332 Fonte: *Vocabulário do choro* (ibid., p. 77).

333 Fonte: *Songbook Choro • v.2* (SÈVE; SOUZA; DININHO, 2011, p. 127) e *v.3* (id., 2011, p. 41).

334 Fonte: *Vocabulário do choro* (SÈVE, 1999, p. 77).

335 Fonte: *Songbook Choro • v.3* (SÈVE; SOUZA; DININHO, 2011, p. 89).

336 Segundo a definição do *DGM*, hemíola significa na teoria da música antiga, a proporção 3, p. 2. No moderno sistema métrico, significa a articulação de dois compassos em tempo ternário, como se fossem três compassos em tempo binário. Costuma ser usada em danças barrocas, como a *courante* e a sarabanda, em geral antes de uma cadência; também aparece na valsa vienense. (SADIE, 1994, p. 422).

Exemplo 128 *— fragmento de Santa morena*[337]

Os choros apresentam vários casos sobre essa idéia de articulação em: grupos de três semicolcheias ( ) como (como nas partes A e B de *Um a zero* e B de *Descendo a serra,* ambos de Pixinguinha e Benedito Lacerda, nas partes A, B e C de *Um chorinho em aldeia*, de Severino Araújo); grupos do tipo como (como na parte B de *Um a zero*, apresentada no exercício do exemplo 130); grupos do tipo como (como na parte A de *Um a zero*); e grupos do tipo como (como na parte B de *Assanhado*, de Jacob do Bandolim, do exemplo 129, nas partes A de *Fogo na roupa*, de Altamiro Carrilho e Ary Duarte, e C de *Acerta o passo*, de Pixinguinha e Benedito Lacerda). Apesar de presentes também em outros gêneros populares, como na música de *jazz*, estes padrões são recorrentes em temas ou improvisações do choro e, muitas vezes, acompanhados por acentuações da base rítmica.

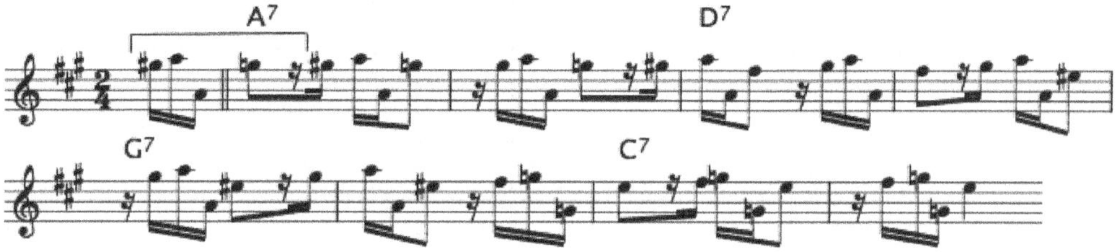

Exemplo 129 *— fragmento de Assanhado*[338]

Exemplo 130 *— fragmento do exercício 53, sobre frases rítmicas*[339]

O choro faz constante uso de cromatismos, não só nas melodias principais, com diversas inflexões, mas também nos contrapontos — seja nas conduções de baixos, em sequências de acordes invertidos, ou em outras vozes mais ativas (relacionadas a baixarias, como as tocadas pelo violão, o oficleide, o trombone, o sax tenor etc.). Nos contrapontos é usual o cromatismo entre a fundamental do acorde de I para a 7ª do acorde dominante do IV (I^7) — em Fá maior seria representado pelas notas Dó–Si–Si♭ (como em fragmento da parte A de *Atraente*, de Chiquinha Gonzaga, no exemplo 131, que mostra a transcrição do sax tenor[340] gravado por Pixinguinha).

---

337 Fonte: *Songbook Choro • v.1* (id., 2007, p. 212).

338 Fonte: *Songbook Choro • v.1* (ibid., p. 75).

339 Fonte: *Vocabulário do choro* (SÈVE, 1999, p. 77).

340 Nos exemplos deste livro que mostram fragmentos dos choros gravados por Pixinguinha e Benedito Lacerda — sempre extraídos do livro *Choro duetos* — optei por apresentar a flauta em clave de sol (tocada uma oitava acima) e o sax tenor em clave de fá.

Exemplo 131 — *fragmento de Atraente*[341]

O cromatismo é usado sobre acordes diminutos, como no fim da parte B de *A ginga do Mané*, de Jacob do Bandolim (exemplo 132), que utiliza o padrão em semicolcheias  para passar pelas notas do acorde de B°.

Exemplo 132 — *cromatismo em acordes diminutos em A ginga do Mané*[342]

Utilizam-se, também, encadeamentos cromáticos entre:

a) terças e sétimas dos acordes dominantes consecutivos (como o gravado por Pixinguinha para *Os oito batutas*, de Pixinguinha e Benedito Lacerda, do exemplo 133);

b) entre terças dos acordes IV e IVm (como o gravado por Pixinguinha na parte B de *Os oito batutas*, do exemplo 133); e

c) entre acordes conectados por diminutos de passagem, resultando em cromatismos ascendentes ou descendentes (como os gravados por Pixinguinha nas partes C de *Os oito batutas*, do exemplo 133 e A de *Acerta o passo*, de Pixinguinha e Benedito Lacerda, do exemplo 134).

Exemplo 133 — *fragmentos das partes B e C de Os oito batutas*[343]

---

341 Fonte: *Choro duetos v.2* (SÈVE; GANC, 2011, p. 18–9).

342 Fonte: *Songbook Choro • v.1* (SÈVE; SOUZA; DININHO, 2007, p. 55).

343 Fonte: *Choro duetos v.1* (SÈVE; GANC, 2010, p. 26–7).

Exemplo 134 *— fragmento de Acerta o passo*[344]

Em choros no modo maior, com a parte A em I (primeiro grau), B em VI (sexto grau) e C em IV (quarto grau), é comum o uso de cromatismos depois da cadência final nas segundas e terceiras partes para preparar a volta para a primeira (em I). Em um choro em Fá maior, o final da segunda parte (em Ré menor) pode apresentar os acordes Dm–$D\flat^7$–C^7 e o final da terceira parte (em Si♭ maior) pode apresentar os acordes B♭–B^7–C^7. O contracanto de *Displicente* (exemplo 135), de Pixinguinha e Benedito Lacerda, ilustra este caso.

Exemplo 135 *— finais das partes B e C, com retorno à parte A, de Displicente*[345]

Costuma-se usar, em harmonizações de choros, cromatismos entre acordes dominantes para realização da passagem, no modo maior, entre I e V/II[346] — em Ré maior poderia ser representado pelos acordes D–$C\sharp^7$–C^7–B^7 (como na parte C de *Murmurando*, de Fon-fon, gravado por Jacob do Bandolim, do exemplo136). Existem ainda inúmeros casos de cromatismos em ornamentações nas melodias, o que ocorre habitualmente em variações e improvisações.

Exemplo 136 *— fragmento de Murmurando*[347]

É comum a incidência de acordes diminutos nos choros, um recurso associado ao uso de diminutos de passagem ou à sua inserção como substitutos de acordes dominantes.

Costuma-se usar, ainda, diminutos de passagem no choro. Seguem alguns exemplo em dó maior: || C C♯° |

344 Fonte: *Choro duetos v.1* (ibid., p. 18–9).

345 Fonte: *Choro duetos v.2* (id., 2011, p. 24–5.)

346 Em padrões sambados, esse movimento cromático está normalmente junto ao ritmo 2/4 𝄾♪♫ | ♩ (como mostra o exemplo).

347 Fonte: *Songbook Choro • v.1* (SÈVE; SOUZA; DININHO, 2007, p. 173).

Dm || C C♯° | G^7/D || C/E E♭♮ G^7/D || Dm D♯° | *C/E || F F♯° | C/G || Em E♭° | Dm || G G♯° | Am || G° G^7 || C° C || . Os diminutos, por vezes, estão apenas substituindo inversões de dominantes que preparam acordes menores. Exemplo: || C♯° | Dm || ou || $A^{7(\flat 9)}$/C♯ | Dm ||. (SÈVE, 1999, p. 19-20).*

As melodias sobre acordes diminutos nos choros apresentam-se arpejadas, na maioria dos casos, com diferentes contornos (como na parte A de *Urubatan*, de Pixinguinha e Benedito Lacerda, do exemplo 137). Casos de usos de escalas octatônicas (semitom-tom, tom-semitom) são mais recentes (como na parte A de *Chorinho pra ele*, de Hermeto Pascoal, do exemplo 138), mas pouco comuns no repertório anterior à segunda metade do século XX (como acontece na parte C de *Modulando*, de Rubens Leal Brito, do exemplo 139).

Exemplo 137 — *fragmento de Urubatan*[348]

Exemplo 138 — *escala diminuta em Chorinho pra ele*[349]

Exemplo 139 — *fragmento de Modulando*[350]

A utilização de acordes diminutos de passagem é recorrente na obra de compositores importantes do gênero (como acontece no fragmento da parte C de *Sofres porque queres*, de Pixinguinha e Benedito Lacerda, do exemplo 140).

Exemplo 140 — *fragmento de Sofres porque queres*[351]

As melodias sobre acordes dominantes apresentam diferentes contornos, com inflexões de todo o tipo (baseadas em apojaturas, escapadas, bordaduras etc.). Há padrões diferentes para sequências harmônicas V–I, II–V, V–V e diminutos de passagem. As variações do *Samba do urubu*, escritas e tocadas por Pixinguinha, que vimos na seção 4.1.1, trazem um farto material de alternativas para V–I — variações similares a estas foram também executadas por outros flautistas da época, como Benedito Lacerda e Dante Santoro. É usual, em rodas de choro ou gravações, a construção de variações e improvisos sobre V–I ou I–V repetidas vezes (||: V^7 | I :|| ou ||: I | V^7 :||) em composições

348 Fonte: *Songbook Choro* • *v.2* (ibid., p. 206).
349 Fonte: *Songbook Choro* • *v.2* (id., 2011, p. 52).
350 Fonte: *Songbook Choro* • *v.1* (id., 2007, p. 171).
351 Fonte: *Songbook Choro* • *v.2* (id., 2011, p. 189).

que apresentem refrões, iniciem ou finalizem com a repetição dessas sequências harmônicas, como *Gaúcho*, de Chiquinha Gonzaga (exemplo 141), ou *Brejeiro*, de Ernesto Nazareth (exemplo 142).

***Exemplo 141** — fragmento de Gaúcho*[352]

***Exemplo 142** — fragmento de Brejeiro*[353]

Padrões em II–V e V–V são recorrentes antes das cadências conclusivas (para I) de cada parte dos choros — no penúltimo compasso de partes de choros de 16 compassos (como na parte A da polca-choro *Ele e eu*, de Pixinguinha e Benedito Lacerda, do exemplo 143) ou nos antepenúltimos e penúltimos compassos de partes de choros de 32 compassos (como na parte A de *Saxofone, por que choras?*, de Ratinho, do exemplo 144). As melodias compostas sobre essas sequências podem ser, por vezes, intercambiáveis entre diferentes choros no momento de suas execuções, sem que altere radicalmente o discurso temático. Ainda que pertençam a um número grande de variantes rítmicas e melódicas, isso as torna em mais um "maneirismo" do gênero (como as terminações — ou "brevíssimas codas", segundo Almada).

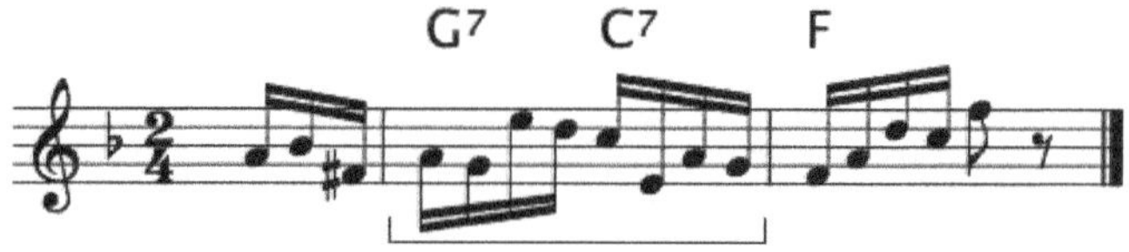

***Exemplo 143** — final de Ele e eu*[354]

***Exemplo 144** — final de Saxofone, por que choras?*[355]

A identificação de padrões recorrentes no fraseado das composições ou execuções dos chorões — em módulos melódicos que acontecem em um tempo, um compasso ou dois compassos — constitui-se em uma importante ferramenta para o estudo do choro. Olhando-se para o repertório do gênero, notamos que existem ainda diversas outras possibilidades aqui não

352 Fonte: *Songbook Choro* • *v.3* (id., 2011, p. 106).
353 Fonte: *Songbook Choro* • *v.3* (idid., p. 32).
354 Fonte: *Songbook Choro* • *v.2* (id., 2011, p. 86).
355 Fonte: *Songbook Choro* • *v.3* (id., 2011, p. 178).

apresentadas — incluindo transposições de padrões melódicos em modo maior para menor e vice-versa. O modelo de construção de exercícios sobre padrões melódicos recorrentes pode contribuir para a sistematização de um estudo estilístico do choro. Obras musicais costumam trazer códigos (em forma de padrões) que as identificam ao seu local de criação. Laura Rónái vê nos atuais métodos de ensino da música popular uma metodologia semelhante à do século XIX, que usa o conceito da repetição de padrões em forma de exercícios para aquisição de "destreza digital." Para a flautista, os exercícios dos livros de improvisação no *jazz* e do *Vocabulário de Choro* apresentam ainda uma preocupação com a assimilação da "questão estilística." Estudos sobre padrões poferecem uma opção para aquisição de habilidade técnica sem se afastar demasiadamente do universo afetivo-musical de quem os utiliza.

5.2 Contraponto

Contraponto — termo que vem do latim *punctos contra puntum* (nota contra nota) — é uma técnica musical usada na composição de duas ou mais vozes melódicas, fortemente trabalhada do período renascentista ao período romântico, passando pelos períodos barroco e clássico. Considera-se a música de J. S. Bach o apogeu dessa arte, mesmo tendo sido o compositor considerado ultrapassado em seu tempo por utilizá-la em detrimento do acompanhamento harmônico em voga. Normalmente, a música de Bach é polifônica e apresenta uma sofisticada trama de vozes de igual importância.

A arte do contraponto — não exatamente dentro do contexto da polifonia bachiana — é um forte elemento estilístico nas construções melódicas dos choros, embora sejam estas construídas sobre um estilo de acompanhamento harmônico. Os conjuntos de choro, como sabemos, se formaram com um instrumento solista, como a flauta, acompanhado por violão e cavaquinho. Fundamentalmente, o cavaquinho fazia a base harmônica e rítmica enquanto o violão, além da harmonia, era responsável por improvisar baixarias (contracantos no grave) em resposta a melodia principal exposta pela flauta. Essa forma de arranjos mantém-se nos dias de hoje.

O livro *O choro*, de 1936, fornece dados de 285 músicos, desde 1870, dos quais 96 eram violonistas e cavaquinistas, 69 eram flautistas e 15 tocavam oficleide, o quarto instrumento mais popular no gênero, e uma espécie de antecessor do saxofone. Esse instrumento, como o violão, tinha também a função de criar contrapontos em alturas graves. Importante oficleidista e compositor, Irineu de Almeida, ou Irineu Batina, integrou a Banda do Corpo de Bombeiros, formada em 1896 sob a regência do compositor Anacleto de Medeiros, que adaptou muito da linguagem do choro para a banda. Irineu foi professor e amigo de Pixinguinha, cuja primeira gravação foi solando sua flauta, acompanhado por conjunto de choro e um oficleide fazendo contracantos. Essa experiência parece explicar o estilo de acompanhar choros usando o sax tenor, que criou posteriormente.

Além do pandeiro, nas primeiras décadas do século XX o violão de sete cordas passou a integrar os conjuntos de choro.[356] Esse instrumento — com uma corda no grave afinada em Dó (ou Si) — surgiu com a função principal de executar ou improvisar melodias em contraponto a melodias dos solistas. Violonista do *Regional de Benedito Lacerda*, *Regional do Canhoto* e do *Conjunto Época de Ouro*, e presença constante em gravações de uma infinidade de artistas brasileiros, Horondino Silva (1918–2006), o Dino 7 Cordas, é considerado um dos grandes mestres de uma linguagem iniciada por Arthur de Souza Nascimento (1886–1957), o Tute, e Otávio Littleton da Rocha Vianna (1888–1927), o China — este, irmão de Pixinguinha. Nas gravações de Pixinguinha junto ao *Regional de Benedito Lacerda*, mesmo ainda no violão de seis cordas, Dino aparece improvisando contrapontos junto às melodias criadas e improvisadas pelo saxofonista. Isso supostamente explica como Dino desenvolveu seu estilo de tocar o violão de sete cordas.

O violonista Luiz Otávio Braga, em *O violão de 7 cordas — teoria e prática*, ao comentar a prática do baixo contínuo e do contraponto sobre inversões de acordes, fala da função de seu instrumento e do movimento impulsivo da baixaria no choro:

---

356 Possivelmente, o violão de sete cordas entrou no choro trazido da Europa pelo violonista China, na ocasião da viagem do grupo *Os Oito Batutas* para o velho continente, em 1922.

> *O baixo do acompanhamento do choro, precisamente o violão de sete cordas, estabelece uma relação de caráter duplo com a melodia principal. Em primeiro lugar, procura-se estabelecer o 'melhor estado de inversão' dos acordes na harmonia dada relacionada à melodia principal. Pode-se supor o baixo minimamente sujeito a regras do estilo harmônico/contrapontístico mais severo. Nesse caso, em que se está fora das circunstâncias improvisatórias tão comuns ao estilo [do choro], é bom evitar-se o mau efeito de oitavas consecutivas entre melodia e baixo. Isto se justifica em função do caráter eminentemente tonal dos choros. O baixo, à semelhança do baixo contínuo barroco, impulsiona todo conjunto para a frente, como num único fôlego; daí não insistir mais de dois tempos seguidos na mesma nota — a não ser nos efeitos de pedais — é de capital importância para a mobilidade da linha. A alternância dos estados de inversão, por si só, já indicará uma direcionalidade à linha constituída. Por isso, ao violonista de choro — e do samba, pois — é tarefa fundamental o conhecimento e a habilidade no uso de tríades e acordes de sétimas e sextas e suas inversões. O resultado desse trabalho insinuará uma linha de melodia no baixo que, em certa medida, concorre (contrapontista) com a melodia principal. Em segundo lugar, o baixo poderá assumir o caráter de contraponto — não no estilo severo, palestrianiano ou devedor a Fux —sujeitado à inventiva que é, por sua vez, diretamente dependente do conhecimento que se tiver do estilo, o que para tal é imprescindível ouvir ou 'copiar' os grandes violões de baixaria Dino 7 Cordas, Raphael Rabello, Walter Silva e tantos outros, e, imperdível, transcrever o saxofone tenor de Pixinguinha contraposto à flauta de Benedito Lacerda. (BRAGA, 2002, p. 35).*

Ele alerta sobre a necessidade do estudo da música de Dino, entre outros violonistas de sete cordas, e de Pixinguinha, para conhecer-se a linguagem do contraponto no choro. Pixinguinha, ao trocar a flauta pelo saxofone, passou a executar, como acompanhador, um contraponto tão requintado e sofisticado que muitas vezes sobressaía sobre a melodia solista. O compositor Brasílio Itiberê considerava o contraponto de Pixinguinha "um dos elementos mais complexos e de maiores consequências estéticas que existe na música popular brasileira."[357]

A importância que tem Bach para o contraponto na música clássica europeia, tem Pixinguinha para o contraponto na música popular brasileira. Os exemplos a seguir apresentam pequenas semelhanças entre os compositores, mesmo tão distantes no tempo, no espaço e em seus estilos. O exemplo 145 mostra um fragmento do quarto movimento, *Allegro*, da *Sonata para flauta e baixo contínuo em Mi menor BWV 1034*, de J. S. Bach. O primeiro sistema apresenta a melodia da flauta, o terceiro sistema (na clave de fá) o baixo contínuo (baixo escrito e cifras) e o segundo sistema (na clave de sol) sua realização.

Exemplo 145 — *fragmento da Sonata para flauta e baixo contínuo em Mi menor BWV 1034*[358]

357 CABRAL, 1997, p. 14.

358 Fonte: *Flötenmusik* (SCHMITZ, 1979, p. 14).

O exemplo 146 mostra um fragmento da parte A da polca-choro *Ele e eu*, de Pixinguinha e Benedito Lacerda. O primeiro sistema apresenta a melodia da flauta (que deve ser executada uma oitava acima) e segundo sistema apresenta o contraponto tocado pelo sax tenor (com baixos de obrigação em resposta à melodia, nos c. 1, c. 2, c. 4 e c. 5). Ambos os sistemas estão com cifragem alfanumérica e acima dos pentagramas estão marcadas convenções rítmicas que chegam a nos lembrar as sugeridas por Bach em sua sonata. Os acordes e essas convenções são realizadas pelos instrumentos de acompanhamento do conjunto de choro.

Exemplo 146 *— fragmento de Ele e eu, para flauta e sax tenor*[359]

As melodias de contraponto no choro costumam ser construídas a partir de uma sequência de acordes invertidos, que procuram conduzir linhas de baixo por movimentos adjacentes diatônicos ou cromáticos, além de desenhar de maneiras diversas grupos de sincopes e semicolcheias em escalas e arpejos.[360] As baixarias apresentam dupla função: boa condução, direcionalidade, e linhas melódicas como contrapartida da melodia principal.[361] Elas costumam se tornar ativas quando há pausas nas melodias ou nos momentos em que estas estão passivas (em notas longas), como aparece na parte A de *Os cinco companheiros*, de Pixinguinha, do exemplo 147, que apresenta uma grande linha cromática, em baixos descendentes, apoiada por acordes invertidos.

Exemplo 147 *— linha de baixo descendente no contraponto de Os cinco companheiros*[362]

A inversão de acordes — uma característica estilística do choro — pode aumentar a densidade harmônica nas composições do gênero, como mostra o fragmento da parte B de *Receita de Samba*, de Jacob do Bandolim (exemplo 148), que, mesmo em padrão sambado, apresenta recorrência de compassos com dois acordes e baixos conduzidos em linhas diatônicas e cromáticas ascendentes. O primeiro sistema do exemplo mostra a melodia e o segundo sistema os acordes cifrados e o contraponto do violão de sete cordas.

---

359 Fonte: *Choro duetos v.2* (SÈVE; GANC, 2011, p. 26-7).

360 SÈVE, 1999, p. 18.

361 BRAGA, 2002, p. 35.

362 Fonte: *Songbook Choro • v.1* (SÈVE; SOUZA; DININHO, 2007, p. 180).

Exemplo 148 — *linha de baixo em acordes invertidos em Receita de samba*[363]

Há diversos choros com recorrência de mudanças de acordes a cada tempo[364], alternando-se inversões e modulações, como mostra o fragmento da parte C de *Cuidado colega*, de Pixinguinha e Benedito Lacerda (exemplo 149).

Exemplo 149 — *acordes invertidos e modulação em Cuidado colega*[365]

No choro, os contrapontos nos graves (tocados pelo violão de sete cordas, pelo sax tenor etc.) tendem a ter sua interpretação pouco flexibilizada, pois muitas vezes exercem o papel de estabilizar o ritmo e a pulsação. Isto é notável, principalmente, em relação ao violão de sete cordas, que possui ainda a função tocar acordes — junto às baixarias ou entre elas —, como vemos na partitura escrita por Luiz Otávio Braga para seu instrumento, na versão em padrão sambado do choro *Um a zero*, de Pixinguinha e Benedito Lacerda (no exemplo 150, que traz a melodia no primeiro sistema e o acompanhamento de violão no segundo).

Exemplo 150 — *acompanhamento de violão em Um a zero*[366]

363 Fonte: *O violão de 7 cordas* (BRAGA, 2002, p. 103) e de *Songbook Choro • v.1* (SÈVE; SOUZA; DININHO, 2007, p. 202–3).

364 Alguns chegam a apresentar de três a quatro acordes em um mesmo compasso, geralmente antes das cadências finais das partes, como acontece, por exemplo, na parte C de *Modulando*, Rubens Leal Brito, e na parte A de *Cheguei*, de Pixinguinha e Benedito Lacerda, peças incluídas no *Songbook Choro*.

365 Fonte: *Songbook Choro • v.3* (id., 2011, p. 81).

366 Fonte: *O violão de 7 cordas* (BRAGA, 2002, p. 103) e *Songbook Choro • v.3* (SÈVE; SOUZA; DININHO, 2007, p. 206).

Carlos Almada considera, para a música popular em geral, a existência de uma estrutura polifônica "arquetípica e peculiar", dependente do suporte harmônico associado à formação dos acordes. Ele denomina esse suporte de "moldura cordal" e separa os princípios básicos do contraponto na música popular em duas categorias:

a) horizontais, que orientam a construção das linhas melódicas individuais; e

b) verticais, ligados a questões intervalares e harmônicas.[367]

O aspecto rítmico e as escolhas sobre inícios e fins das linhas melódicas no contraponto devem levar em conta os acordes que as sustentam e o gênero musical no qual estão inseridas. Almada usa o termo "tensão sensorial"[368] (TS) para definir uma dimensão, com distintos pesos, caracterizada pela "derivada da combinação entre intervalo contrapontístico e harmonia cordal circundante." Ele ilustra o que fala nas figuras a seguir: o exemplo 151 mostra o crescimento da TS fixando um intervalo (quinta justa) e mudando acordes — os números ao lado das notas correspondem aos graus das notas dos acordes ou a tensões; o exemplo 152 mostra o crescimento da TS fixando um acorde (C^7M) e mudando intervalos.

***Exemplo 151** — crescimento tensão sensorial fixando um intervalo e mudando acordes*[369]

***Exemplo 152** — crescimento tensão sensorial fixando um acorde e mudando intervalos*[370]

A tensão sensorial (TS) aumenta, *grosso modo*, à medida que intervalos entre as vozes de melodias e contrapontos vão deixando de ser consonantes para serem dissonantes e à medida que as notas (da melodia e do contraponto) se afastam daquelas que pertencem à tríade básica nos acordes.[371] Peças mais tradicionais de gêneros como o samba e o choro costumam ser harmonizadas com acordes diatônicos (com acréscimos de dominantes secundários) e com poucas tensões harmônicas (ou inexistentes, como no caso das tríades). A não ser em casos de rompimento estilístico com práticas usuais, as linhas contrapontísticas desses gêneros costumam apresentar níveis baixos de TS.[372] Em choros mais tradicionais, com uso de harmonias triádicas, as linhas melódicas das baixarias costumam apoiar-se nas notas dos acordes.

Em relação aos motivos melódicos dos contrapontos graves nos choros, por exemplo, sobretudo os tocados em violões, nota-se que eles se direcionam em grande parte às mudanças de acordes, recaindo sobre fundamentais, terças, quintas ou sétimas (quando for o caso) destes.

---

367 ALMADA, 2013, p. 132.

368 Carlos Almada adota termo e sentido propostos por Fred Lerdahl, no livro *Tonal pitchspace*.

369 Fonte: *Contraponto em música popular* (ibid., p. 136).

370 Fonte: *Contraponto em música popular* (ibid., p. 139).

371 Para maior aprofundamento na teoria de Carlos Almada é recomendável a leitura de seu livro *Contraponto em música popular*.

372 ALMADA, 2013, p. 144.

No entanto, o contraponto no choro, ao ir de um acorde a outro, pode utilizar-se de todos os contornos, inflexões e padrões usados pela melodia principal — elementos estes analisados na seção 5.1. Almada lembra que "a essência do contraponto é a melodia" e, assim como Braga e outros autores[373], relaciona o tratamento tradicional do contraponto no choro a procedimentos da música barroca, com preferencia de consonâncias em pontos estáveis e resolução obrigatória de ocasionais dissonâncias.[374]

---

373 O violonista Marco Pereira, no livro *Sete Cordas — técnica e estilo*, de Rogério Caetano, afirma que a baixaria do choro é uma herança da música barroca europeia e do baixo contínuo, com a diferença de ser no gênero musical brasileiro totalmente improvisado.

374 Ibid., p. 184.

6 CONSTRUÇÕES RÍTMICAS NO CHORO

6.1 Padrões rítmicos

Em meados do século XIX, o termo choro teria sido usado, entre outras coisas, para designar um estilo brasileiro de interpretar e compor danças europeias que no Brasil chegaram, como as valsas, *schottisches*, mazurcas e polcas. Todas obedeciam à forma rondó, mas cada uma possuía padrões métricos e rítmicos próprios. O choro, enquanto gênero musical — a partir do início do século XX —, estabilizou-se em padrões com compassos binários, herança da polca e do lundu.

As polcas originárias da região europeia da Boemia obedeciam a padrões de organização rítmica dentro de uma métrica binária. Os padrões de acompanhamento dessas danças poderiam estar presentes em células rítmicas de acordes da mão esquerda em partituras de piano, por exemplo. O músico Luiz Otávio Braga identifica a figura  como o padrão rítmico de acompanhamento da polca europeia. Na opinião do musicólogo Bruno Kiefer, da fusão desse padrão com o ritmo da *habanera*  originou-se o padrão rítmico de acompanhamento da polca brasileira, esta simbolizada pela figura  .

Como vimos, na seção 2.3.6, o chamado "ritmo do tango" ou "ritmo da *habanera*" associa-se supostamente a uma das variações do *tresillo* — fórmula 3+3+2 () em imparidade rítmica 3+5 —, presente também na organização rítmica encontrada nos lundus. Este padrão contramétrico de oito pulsos, permeou outros inúmeros gêneros musicais brasileiros, como a polca-lundu, o tango brasileiro, o maxixe e o samba folclórico (ou samba primitivo), entre outros. Para entendermos a origem e as diversas variações rítmicas presentes não só no acompanhamento, mas nas melodias e contrapontos dos choros, é importante a compreensão dos padrões rítmicos relacionados a cada um de seus estilos. É importante percebermos a organização rítmica que existe por trás de uma organização métrica.

Dentre as partituras editadas de polcas e tangos brasileiros, podemos considerar aquelas pertencentes à obra do pianista e compositor Ernesto Nazareth um modelo de referência para estudo de elementos fraseológicos e de diferentes padrões rítmicos executados pelos chorões de seu tempo. O estudioso José Maria Neves ressalta a importância da rítmica nas peças de Nazareth:

> *Nazareth foi, sem dúvida, o grande sistematizador da nova música popular brasileira, e foi na rítmica que ele teve posição de maior destaque. Sua música se caracteriza pela exploração às últimas consequências de breves células rítmicas que se alargam e se desenvolvem, formando um todo unificado e coerente. Veja-se, por exemplo, o tango "Espalhafatoso." Ele soube imprimir à rítmica insipiente da polca-lundu um caráter tão preciso, enriquecendo-a com uma tão grande variedade de fórmulas, empregou nas suas composições uma ciência rítmica, uma beleza harmônica e uma tal riqueza, que o tornam de fato o expoente máximo da música popular brasileira e um autêntico precursor da nossa música de caráter nacional.* (NEVES, 1977, p. 19).

A literatura considera Nazareth um dos mais importantes sistematizadores de estilos (como o da polca, o do tango brasileiro e do maxixe) que vieram a fazer do choro um gênero musical, posteriormente. O compositor transcreveu para o piano diversos procedimentos executados pelas flautas, violões, cavaquinhos, oficleides etc. dos chorões. Em sua escrita, de uma maneira geral, enquanto a mão direita sugere melodias inspiradas em flautas ou outros instrumentos solistas, a mão esquerda transpõe harmonias, baixarias e padrões rítmicos executados pelos cavaquinhos, violões e oficleides, por exemplo. Em suas peças é possível verificar diferentes células rítmicas de acompanhamentos em métricas binárias, como , ,  e . Em sua obra, a construção da trama melódica contraposta por acordes sobre essas células rítmicas e contracantos no grave ajuda-nos a compreender a estrutura de diversos gêneros musicais, mesmo sabendo que a nomeação desses, muitas vezes, esteja associada a definições imprecisas e questionáveis.

> *A definição e o limite entre gêneros na música popular urbana no Brasil do final do século XIX são temas amplos, ainda em aberto. Deve-se levar em conta o ambiente de formação de um mercado editorial que se estabelecia ao mesmo tempo em que diferentes variantes de danças se fixavam. Cada qual com suas características musicais e sócio culturais. É neste contexto que Ernesto Nazareth, em sua ambição de um compositor que desejava ser reconhecido pela elite, nomeou suas peças sincopadas de tangos. Já não eram mais polcas europeias de salão, porque foram contaminadas irreversivelmente pelo sacolejo da síncopa, mas também não eram maxixes, como aqueles praticados nos subúrbios e associados genericamente ao nosso passado escravista. (CURY; MACHADO, 2007, p. 11).*

As edições das partituras de Nazareth costumam trazer classificações genéricas tais como polca, polca-lundu, polca-tango, tango, samba, valsa, choro etc. O pianista teria abordado quase todos os gêneros populares urbanos de sua época, especialmente os maxixes, que preferia chamar de tangos.[375]

6.1.1 Polca, tango, maxixe e choro — padrões de oito pulsos

Faz-se, nesta seção, uma distinção entre diferentes padrões rítmicos, a fim de procurar entender a quais gêneros eles se associam na obra de Nazareth e no choro. O cavaquinista Henrique Cazes e o violonista Luiz Otávio Braga, por exemplo, notam o padrão rítmico de acompanhamento que estabilizou-se na polca brasileira, ou polca-choro (exemplo 153):

Exemplo 153 — *padrão rítmico de acompanhamento da polca e polca brasileira (ou polca-choro)*

As chamadas polcas-brasileiras[376] geralmente estão caracterizadas por construções melódicas com pouco ou nenhum uso de síncopes, embora o padrão acima apresente acentuação na quarta semicolcheia do compasso $\frac{2}{4}$. Em edições originais de músicas de Pixinguinha e Benedito Lacerda, a polca-brasileira (que se tornou um subgênero do choro) costuma receber o nome de polca-choro, como é o caso de *O gato e o canário* (exemplo 154, que mostra fragmento da parte A)[377] e *Ele e eu* (exemplo 155, que mostra fragmento da parte B), gravadas pela dupla nos anos 1940 com flauta, sax tenor e conjunto regional. Nestas peças nota-se que o padrão é inclusive citado nas melodias e nos contrapontos — nos c. 2 e 4 de ambos os exemplos.

375 Nazareth usava o nome de tango para suas peças por esta não trazer a conotação de vulgaridade atribuída, na época, ao maxixe.

376 Antes do choro estabelecer-se como um gênero musical, este estilo tinha o nome genérico de polca e compreendia diferentes padrões de acompanhamentos em métrica binária. Após o choro estabelecer-se como gênero a denominação polca brasileira (ou polca-choro) passou a ser usada, geralmente, para estruturas rítmicas e melódicas mais cométricas.

377 Nos exemplos que ilustram aqui as gravações de Pixinguinha e Benedito Lacerda (todos extraídos dos livros *Choro duetos*), a flauta aparece escrita no primeiro sistema e o sax tenor no segundo sistema. Como se observou anteriormente, nesses casos, a flauta deve ser tocada uma oitava acima do que está escrito.

Exemplo 154 — *fragmento da polca-choro O gato e canário, para flauta e sax tenor*[378]

Exemplo 155 — *fragmento da polca-choro Ele e eu, para flauta e sax tenor*[379]

Já o padrão de acompanhamento do exemplo 153 (por vezes, mesclado com , como) pode estar presente na obra de Nazareth em melodias prioritariamente cométricas, como a da parte A de *Apanhei-te cavaquinho* (exemplo 156), ou em outras melodias que apresentem menos ou mais sincopação, como as das partes A de *Ameno Resedá* (exemplo 157) e *Gentes! O imposto pegou?* (exemplo 158) — todas classificadas como polcas nas edições. Diversas gravações de polcas da fase mecânica apresentam este padrão de acompanhamento, para melodias com ou sem síncope.

Exemplo 156 — *fragmento da polca Apanhei-te cavaquinho, para piano*[380]

Exemplo 157 — *fragmento da polca Ameno Resedá, para piano*[381]

exemplo 158 — *fragmento da polca Gentes! O imposto pegou?, para piano*[382]

378 Fonte: *Choro duetos v.2* (SÈVE; GANC, 2011, p. 32–3).

379 Fonte: *Choro duetos v.2* (ibid., p. 26–7).

380 Fonte: *Todo Nazareth – obras completas • polcas* (CURY; MACHADO, 2007, p. 104).

381 Fonte: *Todo Nazareth – obras completas • polcas* (ibid., p. 100).

382 Fonte: *Todo Nazareth – obras completas • polcas* (ibid., p. 48).

O padrão rítmico da polca pode apresentar-se nos desenhos ou dos acordes, sendo neles as pausas preenchidas pelas vozes dos baixos, como mostra o violão de acompanhamento, escrito por Braga, da parte A da polca *Flor amorosa*, de Joaquim Callado (exemplo 159). É possível observar em o sentido de síncope (entre tempos do compasso) causado pela acentuação que ocorre na posição da quarta semicolcheia do $\frac{2}{4}$, já que esta precede uma pausa. Tal fato parece corroborar a hipótese de Kiefer, da fusão rítmica da polca europeia como a *habanera* — entendendo esta como uma variação do *tresillo* ($\frac{2}{4}$).

exemplo 159 — *acompanhamento da polca-brasileira*[383]

A pulsação binária (em $\frac{2}{4}$) e a "frequência de frases compostas pela repetição sistemática dum só valor bem pequeno (semicolcheia)"[384] parecem traduzir a "semelhança de ritmo"[385] que permitiu a fusão da polca com o lundu.

Pesquisadores, como Tinhorão, afirmam ser a polca-lundu uma espécie de matriz do que vieram a ser, mais tarde, o choro e o maxixe como gêneros musicais. Uma nova forma de articulação para uma melodia de origem europeia foi inventada para se adaptar a ritmos de origem africana que aqui existiam manifestados pelo batuque e pela dança. Boa parte dessa invenção parece ser representada pelo que Mário de Andrade chama de "síncopa característica" ou, de uma forma mais ampla, de "fantasia rítmica." As síncopes dentro do primeiro tempo do compasso (como em $\frac{2}{4}$) ou entre dois tempos do compasso binário (como em $\frac{2}{4}$), além do ritmo do tango ou da *habanera* ($\frac{2}{4}$) — entre outras variações do *tresillo* — permeam diversos padrões rítmicos associados a estilos musicais dos princípios do choro. Essas figuras encontram-se, nas obras de Nazareth e outros compositores, em gêneros como a polca, a polca-lundu, a polca-tango, o tango, o maxixe etc. A polca-lundu, segundo Siqueira, veio inclusive a estabelecer a forma para a música do maxixe.

A primeira composição de Nazareth, *Você bem sabe* (exemplo 160), foi editada como polca-lundu mixando figuras cométricas ( ) na mão direita com o ritmo da *habanera* ( ) na mão esquerda.

Exemplo 160 — *fragmento da polca-lundu Você bem sabe, para piano*[386]

383 Fonte: *O violão de 7 cordas* (BRAGA, 2011, p. 16).
384 ANDRADE, 1962, p. 31.
385 TINHORÃO, 1991, p. 56.
386 Fonte: *Todo Nazareth – obras completas • polcas* (CURY; MACHADO, 2007, p. 88).

Outra peça do mesmo compositor, editada como polca-lundu, *Cuibinha* (exemplo 161), já apresenta padrões rítmicos contramétricos também encontrados em alguns tangos e maxixes, com recorrência de figuras como , e nas melodias e no acompanhamento.

Exemplo 161 — *fragmento de A da polca-lundu Cuiubinha, para piano*[387]

Percebe-se nas partituras de polcas e tangos de Nazareth, e nos acompanhamentos de gravações de polcas, choros e maxixes da fase mecânica, a recorrência do padrão rítmico do exemplo 162. Este é caracterizado pela síncope dentro do primeiro tempo (ou acentuação na segunda semicolcheia) do compasso. Luiz Otávio Braga associa esse padrão ao acompanhamento do maxixe e de diversos gêneros da música urbana do século XIX.

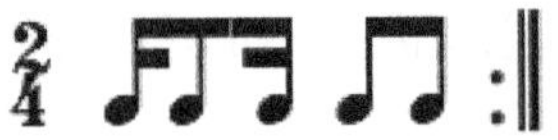

exemplo 162 — *padrão rítmico de acompanhamento da polca, polca-lundu, tango brasileiro e maxixe*

Ele encontra-se presente em gravações realizadas pelo grupo *Os Oito Batutas*, de Pixinguinha, por exemplo, e também nas melodias principais e contrapontos dos chorões, como no c. 3 da parte A do choro *Os oito batutas*, de Pixinguinha e Benedito Lacerda (do exemplo 163, gravado pela dupla).

Exemplo 163 — *fragmento do choro Os Oito Batutas, para flauta e sax tenor*[388]

Curiosamente, diferentes classificações genéricas de peças de Nazareth usam a célula rítmica — uma das mais presentes em sua obra —, como polcas-lundu (como *Cuibinha*), polcas-tango (como *Rayon d'or*), tangos (como *Flouraux*, do exemplo 164), choros (como *Cavaquinho por que choras?*, do exemplo 165), sambas (como *Comigo é na madeira*, *Crises em penca*, etc.) e até mesmo algumas polcas (como *Atrevidinha*, do exemplo 166).

Exemplo 164 — *fragmento do tango Floraux, para piano*[389]

387 Fonte: *Todo Nazareth – obras completas • polcas* (ibid., p. 116).

388 Fonte: *Choro duetos v.1* (SÈVE; GANC, 2010, p. 26–7).

389 Fonte: *Todo Nazareth – obras completas • tangos • v.2* (CURY; MACHADO, 2007, p. 32).

Exemplo 165 — *fragmento do choro Cavaquinho por que choras?, para piano*[390]

Exemplo 166 — *fragmento da polca Atrevidinha, para piano*[391]

O padrão rítmico muitas vezes apresenta-se nas células ou dos acordes, com pausas preenchidas por vozes nos baixos, como sugere o exemplo 167, que mostra o acompanhamento do maxixe no violão, segundo Braga. É possível observar também em o sentido de síncope (entre tempos do compasso), e consequente acentuação, na posição da quarta semicolcheia do $\frac{2}{4}$.

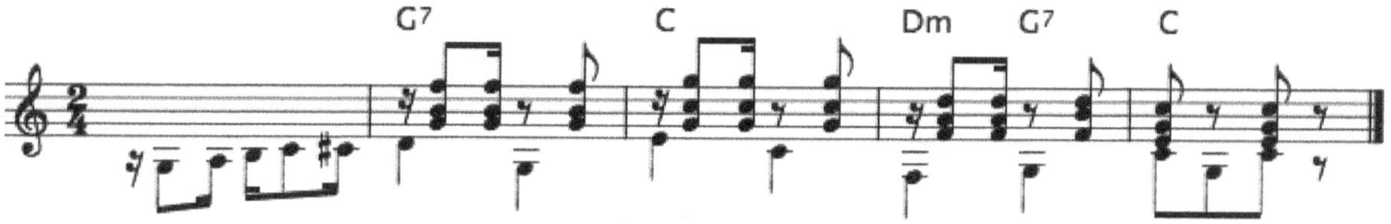

Exemplo 167 — *acompanhamento do maxixe no violão*[392]

As células rítmicas e , recorrentes em melodias e contrapontos nos choros, parecem também pertencer ao mesmo padrão (pelo desdobramento das colcheias do segundo tempo em semicolcheias). Tais figuras já teriam sido identificadas em melodias ou acompanhamentos de lundus. Nos choros há um grande número de casos que ilustram o uso dessas células, como no contraponto e na melodia da parte A do choro *Acerta o passo*, de Pixinguinha e Benedito Lacerda (exemplo 168).

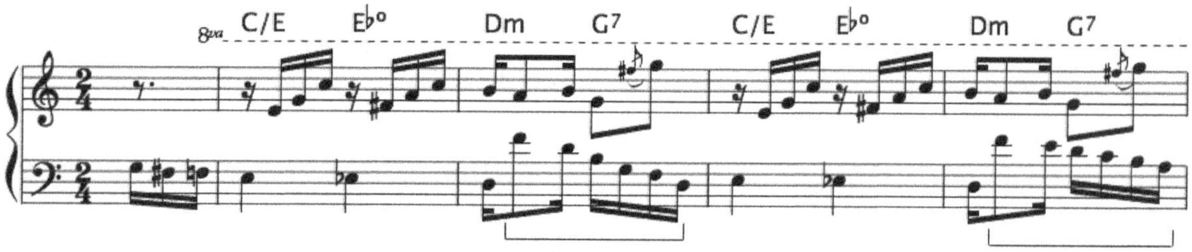

390 Fonte: *Todo Nazareth – obras completas • tangos • v.1* (id., 2007, p. 122).
391 Fonte: *Todo Nazareth – obras completas • polcas* (id., 2007, p. 16).
392 Fonte: *O violão de 7 cordas* (BRAGA, 2002, p. 16).

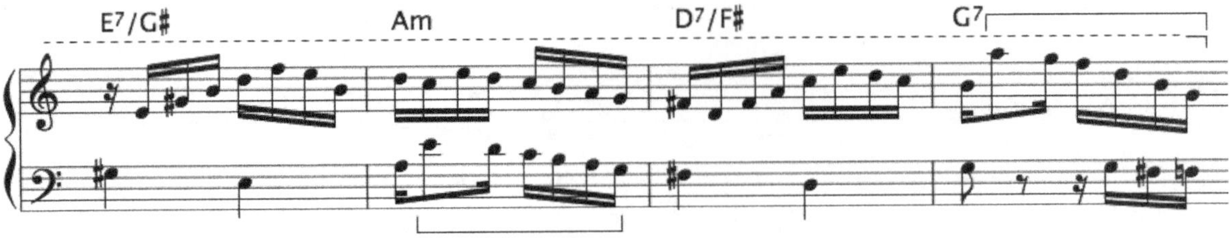

Exemplo 168 — *fragmento do choro Acerta o passo, para flauta e sax tenor*[393]

Nas conduções de linhas de baixo nos padrões contramétricos de oito pulsos (como em tangos brasileiros e maxixes) é também comum o uso da figura rítmica $\frac{2}{4}$, que pode aparecer em notas pedais, em vozes descentes (como em *Odeon*, de Ernesto Nazareth, neste caso no papel da própria melodia na região grave, do exemplo 169) e ascendentes, ou em desenhos melódicos que lembrem o "baixo de Alberti" (como na interpretação de Jacob do Bandolim de *Brejeiro*, de Ernesto Nazareth, do exemplo 170), similar ao modelo de acompanhamento do lundu apresentado por Braga (exemplo 171). O violonista chega a sugerir a classificação de choro-lundu para *Brejeiro*.

Exemplo 169 — *fragmento do tango Odeon, para piano*[394]

Exemplo 170 — *fragmento de Brejeiro*[395]

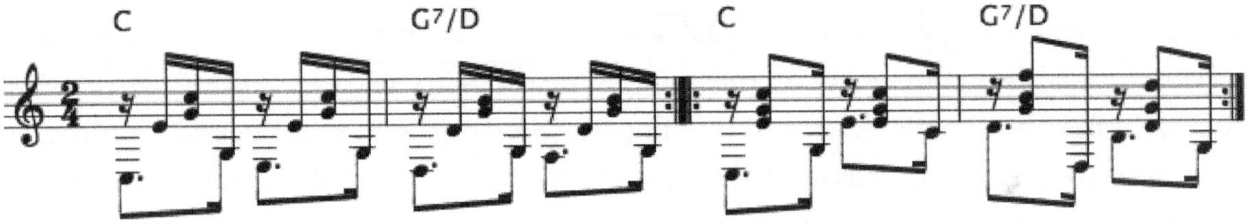

Exemplo 171 — *acompanhamento do lundu*[396]

Cazes recomenda as células rítmicas $\frac{2}{4}$ [397] e $\frac{2}{4}$ para o acompanhamento de cavaquinho no maxixe. O etnomusicólogo e violonista Carlos Sandroni identifica também a célula $\frac{2}{4}$, o *cinquillo*, em padrões de acompanhamento de cavaquinho em choros do início do século

393 Fonte: *Choro duetos v.1* (SÈVE; GANC, 2010, p. 18-19).

394 Fonte: *Todo Nazareth – obras completas • tangos • v.2* (CURY; MACHADO, 2007, p. 118).

395 Fonte: *Songbook Choro • v.3* (SÈVE; SOUZA; DININHO, 2011, p. 32).

396 Fonte: *O violão de 7 cordas* (BRAGA, 2002, p. 17).

397 Há acentuações nas posições da segunda, quarta, sexta e oitava semicolcheia do compasso $\frac{2}{4}$ em consequência do movimento descendente, portanto mais forte, da palhetada do cavaquinho — resultando em uma célula rítmica similar a $\frac{2}{4}$. Nas posições de terceira e da sétima semicolcheia o movimento da palhetada é ascendente, portanto mais leve.

XX, época em que o termo choro era usado para designar um estilo de interpretar gêneros como polcas-lundu, tangos e maxixes. Esta figura rítmica aparece inclusive em melodias, como é o caso da polca *Dança do urso*, do trombonista Candinho (1879–1960), do exemplo 172, cuja construção melódica se faz praticamente toda com o mesmo padrão.

***Exemplo 172** — fragmento de Dança do urso*[398]

Todas as células rítmicas , , , , , e, até mesmo, [399] — que podem ser entendidas como variações do padrão contramétrico de oito pulsos 3+3+2, em imparidade rítmica 3+5 — caracterizam-se pela ocorrência de acentuação ou síncope na quarta semicolcheia do compasso 2/4. Todas elas tornaram-se figuras comuns em acompanhamentos, melodias e contrapontos de gêneros relacionados ao choro até inícios do século XX.

Contudo, o padrão rítmico que tornou-se mais constante no acompanhamento dos choros é o do exemplo 173. Luiz Otávio Braga vê neste grupamento uma espécie de norteador para a definição do gênero choro, chegando a chamá-lo de "fórmula de recorrência."

***Exemplo 173** — padrão rítmico de acompanhamento do choro*

Diversos gêneros musicais relacionados ao choro, inclusive polcas e tangos, em diferentes andamentos, são capazes de serem executados sobre esse padrão. E talvez, por sua simetria rítmica[400], este padrão possibilite maior flexibilidade rítmico-melódica no fraseado dos solistas, sobretudo em andamentos médios e lentos.

Cazes apresenta para o acompanhamento do cavaquinho no choro as fórmulas 2/4 e 2/4, podendo esta última ser entendida com caráter rítmico de 2/4 (já que as palhetadas das primeira, segunda, quarta, quinta, sexta e oitava semicolcheias são descendentes, portanto, mais acentuadas). Na obra de Nazareth, há exemplos desse padrão em acompanhamentos, melodias e contrapontos — como nas melodias das partes A e B do samba[401] *Arrojado* (exemplo 174), e na mescla de melodia e acompanhamento (com colcheias acentuadas, na figura) na parte A no tango *Fon-fon!* (exemplo 175), que apresenta ainda a figura nas linhas de baixo.

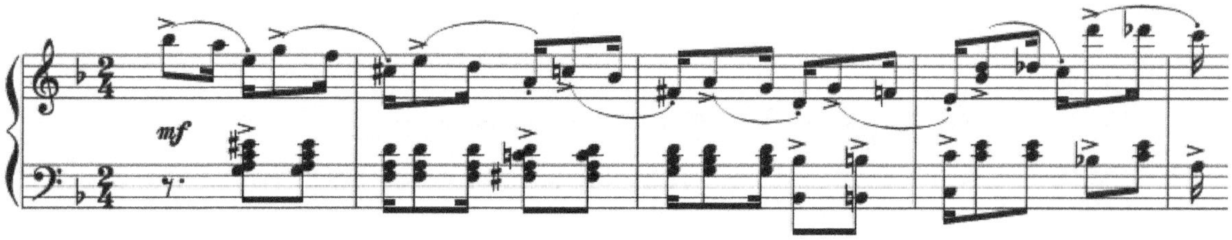

***Exemplo 174** — fragmento do samba Arrojado, para piano*[402]

398 Fonte: *Songbook Choro* • *v.3* (SÈVE; SOUZA; DININHO, 2011, p. 32).

399 A célula , seguindo o raciocínio de Sandroni, poderia ser entendida também como uma variante do *tresillo* se dividirmos os agrupamentos ternários em 2+1 e 1+2. Separa-se 3+3+2 em (2+1)+(1+2)+(2), ou em (o mesmo que).

400 Nota-se que os tempos 1 e 2 do 2/4 são preenchidos com a mesma célula rítmica .

401 *Arrojado* foi editado pela E. Bevilacqua e Cia em 1921 e classificado como samba. Nessa época, o gênero samba relacionava-se, supostamente, ao padrão contramétrico de oito pulsos e era gravado com estrutura rítmica similar ao maxixe. O acompanhamento na mão esquerda do piano, neste samba de Nazareth, apresenta a recorrência da figura , a mesma de seus tangos.

402 Fonte: *Todo Nazareth – obras completas* • *tangos* • *v.1* (CURY; MACHADO, 2007, p. 114).

Exemplo 175 — *fragmento do tango Fon-fon!, para piano*[403]

Na partitura original da parte B no tango *Odeon* (exemplo 176), de Nazareth, a mão direita apresenta o ritmo a duas ou três vozes enquanto a mão esquerda realiza o ritmo — com baixos apoiando, de uma maneira geral, os tempos 1 e 2 e acordes tocando a célula — ou conduz baixos nos ritmos ou .

exemplo 176 — *fragmento do tango Odeon, para piano*[404]

A gravação de *Odeon* por Jacob do Bandolim e conjunto de choro, em 1952, traz na mesma parte B a célula na melodia, em acordes de bandolim, com violões e cavaquinho obedecendo a célula no acompanhamento (com baixos, normalmente, apoiando os tempos 1 e 2 e em figuras como). O ritmo na melodia contra no baixo encontra-se presente em muitos outros choros, como ilustrado na parte A de *Ainda me Recordo*, de Pixinguinha e Benedito Lacerda (exemplo 177).

exemplo 177 — *fragmento do choro Ainda me recordo, para flauta e sax tenor*[405]

O padrão estabilizou-se como modelo de acompanhamento em grande parte dos choros. Há diversos exemplos do uso desse padrão em choros com diferentes andamentos nas gravações a partir da fase elétrica, como as realizadas pelo *Regional do Canhoto*, Jacob do Bandolim, Luiz Americano, Benedito Lacerda, Altamiro Carrilho, Abel Ferreira, Luperce Miranda, Waldir Azevedo, Dante Santoro entre muitos outros. O exemplo 178 ilustra o acompanhamento no violão de sete cordas, segundo Braga.

403 Fonte: *Todo Nazareth – obras completas • tangos • v.2* (id., 2007, p. 38).
404 Fonte: *Todo Nazareth – obras completas • tangos • v.2* (id., 2007, p. 119).
405 Fonte: *Choro duetos v.2* (SÈVE; GANC, 2010, p. 26–7).

Exemplo 178 — *acompanhamento do choro-canção*[406]

O padrão rítmico pode também apresentar-se no acompanhamento de violão em outras variações, como as do exemplo 179 — nas quais as linhas superiores relacionam-se a acordes ou arpejos e as linhas inferiores a vozes dos baixos. A variação 1 é mesma do exemplo de Braga. As variações 2, 3 e 4 são mostradas pelo também violonista Marco Pereira, em *Ritmos brasileiros*. Os exemplos de Braga e Pereira, em seus livros, apresentam ainda longas construções melódicas nos baixos, normalmente em semicolcheias — neste caso, o violão liberta-se da função de tocar acordes (como mostra o c. 4 do exemplo 178).

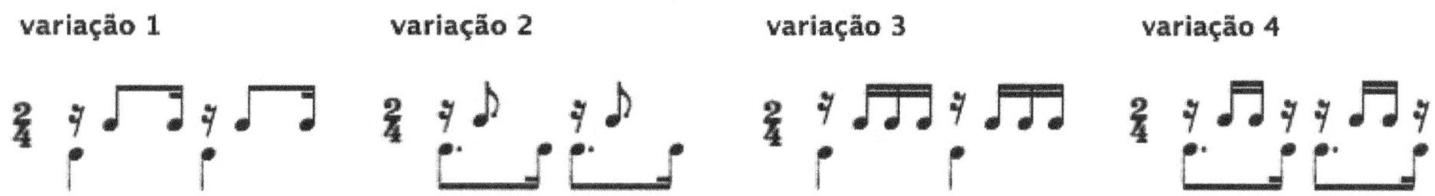

exemplo 179 — *variações para acompanhamento do choro ao violão*

Neste padrão, o cavaquinho pode ainda tocar variações rítmicas como e , , e , a maioria com a característica comum de acentuar nos lugares da segunda, quarta, sexta e oitava semicolcheia do compasso de 2/4.

O instrumento de percussão mais presente nos choros, o pandeiro — composto de um aro de madeira coberto por pele de couro (chamada membrana) ao qual são fixados soalhas de metal — toca as oito semicolcheias do compasso 2/4. É um instrumento usado em outros gêneros musicais brasileiros e apresenta sons graves, médios e agudos. No choro e no samba, costuma ser tocado acentuando-se o segundo tempo do compasso binário no grave —mesma característica de execução de outros instrumentos de percussão em estilos musicais brasileiros.[407] O baterista brasileiro Oscar Bolão explica o mecanismo do pandeiro para mostrar como é sua rítmica no samba, no choro e em outros gêneros.

> *Para percutir o pandeiro, usamos o polegar, o bloco de dedos e a base da mão. O bloco de dedos, que designaremos DEDOS, é formado pelos 2°, 3°, 4° e 5°, pelos 2°, 3° e 4° ou apenas pelos 2° e 3° dedos. A base da mão, designada apenas BASE, é a parte desta junto ao pulso. O som do dedo polegar na [parte superior da] membrana nos dá o apoio rítmico fundamental. (...) Encostando o dedo na pele [parte inferior da membrana] no mesmo instante do toque do polegar, produzimos um som fechado que determina o primeiro tempo do compasso. O toque executado sem o dedo [na parte inferior da membrana] (...) extrai um som aberto, que caracteriza o apoio no segundo tempo, fundamental à linguagem do samba [e do choro]. Esse mecanismo recebe a designação de MEMBRANA. (BOLÃO, 2003, p. 22-3).97*

O exemplo 180 demonstra a explicação de Bolão. A linha de baixo representa os sons da membrana (m):

a) aberto, por uma semínima (♩); e

b) fechado, por uma semicolcheia (𝅘𝅥𝅯) seguida de pausa de colcheia pontuada (𝄾.).

---

406 Fonte: *O violão de 7 cordas* (BRAGA, 2002, p. 16).

407 Guerra Peixe dedica ao tema o interessante artigo *Engano na apreciação de um ritmo brasileiro*. O maestro observa o que chama de "acentos expressivos", praticados em bombos graves de percussão, em "repetições constantes dentro de uma rigorosa medida, isocronamente." Comenta ainda que tal característica de acompanhamento, na música popular brasileira, passou a ser praticada também em instrumentos de cordas, como o violão. (PEIXE, 1950, p. 3).

A linha de cima representa os sons das soalhas. O instrumento é tocado pelo bloco de dedos (d), pela base (b) e pelo polegar (p) em grupos de semicolcheias.

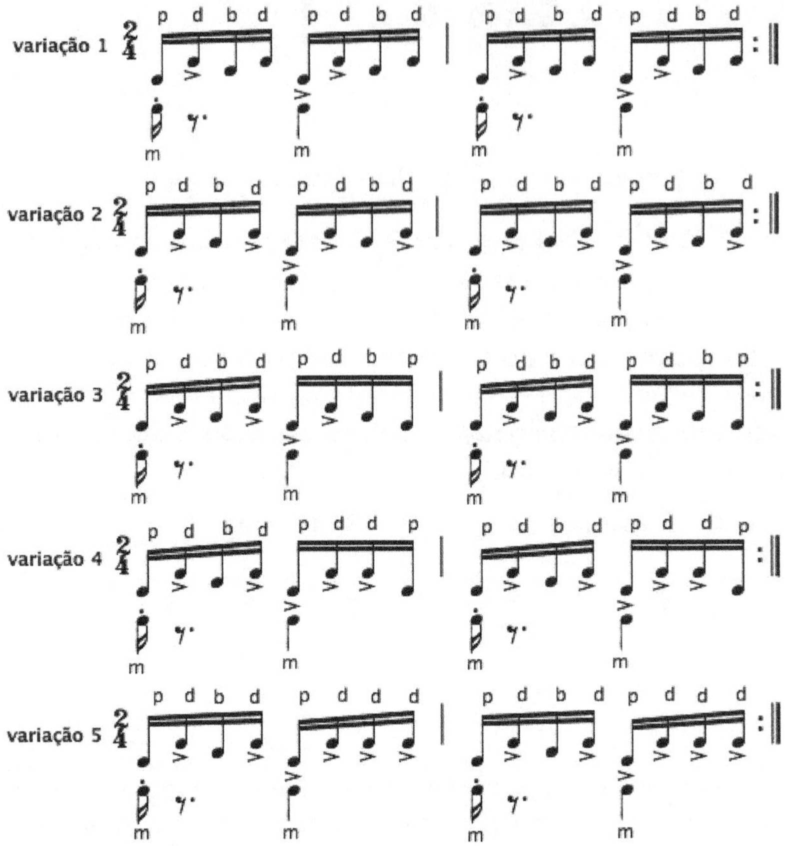

Exemplo 180 — *variações para acompanhamento do choro no pandeiro*[408]

Outro instrumento de percussão por vezes usado no choro é a caixeta — feita de madeira maciça, com entalhe lateral que serve de caixa de ressonância e tocada com uma baqueta comum de caixa, com execução semelhante a do tamborim.[409] Bolão apresenta os padrões rítmicos , ,  e  para a execução da caixeta no estilo do choro. É possível observar que a maior parte dessas figuras traz a ênfase na quarta e na sétima semicolcheia do compasso $\frac{2}{4}$, portanto em acordo com padrão do *tresillo* () e suas variações, como vimos em algumas polcas, tangos e maxixes — a primeira variação da caixeta nada mais é que um *cinquillo* ().

Vimos como Nazareth, através de uma escrita para piano, mapeou e sistematizou a forma com que grupos de choro — ainda sem o uso de percussões, supostamente —executavam suas peças. A análise da organização rítmica em sua obra nos faz compreender como motivos e frases são construídos na música dos chorões. Os estudos empíricos de instrumentistas contemporâneos dedicados ao choro, como os do violonista Luiz Otávio Braga, do cavaquinista Henrique Cazes e do percussionista e baterista Oscar Bolão, contribuem também para o entendimento da estrutura rítmica utilizada no gênero.

Analisando-se diferentes execuções de choros, observamos que padrões rítmicos podem tornar-se intercambiáveis entre frases e seções. Muitas vezes, melodias mais cométricas (relacionadas às polcas) podem estar acompanhadas por figuras mais contramétricas (relacionadas aos tangos e maxixes) e, vice-versa, melodias mais contramétricas podem estar acompanhadas por desenhos mais cométricos, dificultando-nos estabelecer classificações estilísticas. Nas peças de Nazareth as classificações de gêneros são bastante imprecisas, se relacionadas exclusivamente aos padrões

408 Fonte: *Batuque é um privilégio* (BOLÃO, 2003, p. 104).

409 BOLÃO, 2003, p. 105.

rítmicos nelas utilizados. Contudo, Braga e Cazes procuram mostrar-nos, em seus estudos, como esses padrões se estabilizaram hoje no choro e seus subgêneros (como a polca-choro e o maxixe).

6.1.2 Samba-choro, choro-sambado e choro de gafieira — padrões de 16 pulsos

Até agora, neste capítulo, foram analisados estilos ou gêneros relacionados ao choro que usam um padrão de organização rítmica em oito pulsos (ou em oito semicolcheias em um compasso $\frac{2}{4}$). Por influência de um novo padrão rítmico nas interpretações, composições e gravações de sambas na década de 1930 — marcadas pelo uso da cuíca, do surdo e do tamborim — foram sendo criadas novas figuras rítmicas para acompanhamento dos choros, causando alterações nos seus fraseados. Construído em 16 pulsos, este padrão, que se estabilizou no gênero samba, completa-se de dois em dois compassos (ou em 16 semicolcheias em dois compassos $\frac{2}{4}$).

O surdo — instrumento de percussão de som grave, com pele (de couro ou *nylon*) sobre os dois lados de uma grande estrutura cilíndrica — é usado para marcar os tempos da métrica binária do samba. Seu ritmo basicamente consiste na acentuação do grave no segundo tempo (com uso de baqueta macia), que dura até ser abafado no primeiro tempo (com uso da mão do instrumentista).

A cuíca — formada por um cilindro com pele em um dos lados — extrai sons em alturas diferentes pela fricção de uma vareta fina de bambu presa internamente à pele. Separando-se sons graves de agudos, ela pode apresentar figuras rítmicas com as do exemplo 181.

Exemplo 181 *— variações para acompanhamento do samba na cuíca*[410]

O tamborim — instrumento de percussão de som agudo, com pele sobre um dos lados de um pequeno aro de madeira — exerce uma espécie de função de *time-line* (ou *clave*) no samba, sendo importante indicador para entendimento da organização rítmica do fraseado do gênero. Uma baqueta de madeira percute o couro gerando figuras rítmicas como $\frac{2}{4}$ e $\frac{2}{4}$. Bolão ilustra no exemplo 182 células rítmicas executadas simultaneamente por três tamborins. Esse trio de tamborins, executado pelos percussionistas Luna, Marçal e Elizeu, consagrou-se em diversas gravações de sambas realizadas na segunda metade do século XX. Percebe-se, curiosamente, que enquanto o tamborim 1 faz o padrão rítmico acima descrito para o samba, o tamborim 2 faz o padrão do *cinquillo* ($\frac{2}{4}$) e o tamborim 3 o padrão anteriormente descrito para o choro ($\frac{2}{4}$). Tal polirritmia poderia explicar certos intercâmbios ou simultaneidades de padrões rítmicos que o ocorrem entre melodias, contrapontos e acordes de acompanhamento nas composições de choros no padrão sambado.

Exemplo 182 *— células rítmicas do trio de tamborins em gravações de samba*[411]

410 Fonte: *Feitiço decente* (SANDRONI, 2012, p. 37).

411 Fonte: *Batuque é um privilégio* (BOLÃO, 2003, p. 36).

Braga ilustra no exemplo 183 o padrão de acompanhamento do samba no violão, chamando a atenção para a síncope que ocorre na oitava semicolcheia do segundo compasso (uma espécie de antecipação rítmica da primeira nota do compasso seguinte). Tal fenômeno, também presente nas células apresentadas pela cuíca e pelo tamborim (como o tamborim 1 do exemplo 182) é a marca do padrão contramétrico de 16 pulsos, em imparidade rítmica 9+7, analisado na seção 2.3.7. Nota-se, no exemplo de Braga, que os baixos marcam o primeiro e o segundo tempo do 2/4 (como faz o surdo) e os acordes marcam o ritmo, de maneira semelhante à célula rítmica do tamborim, sugerindo uma adaptação ao violão da linguagem dos instrumentos de percussão do samba.

***Exemplo 183** — acompanhamento do samba*[412]

Marco Pereira apresenta ainda a fórmula rítmica para acompanhamento do samba de partido-alto no violão (exemplo 184). Ela assemelha-se às células da cuíca já apresentadas, com a mesma síncope na oitava semicolcheia do segundo compasso (neste caso, ela ocorre também no baixo do violão).

***Exemplo 184** — acompanhamento do samba de partido-alto*[413]

Determinadas convenções rítmicas em acompanhamentos de sambas e choros no padrão sambado usam a figura do primeiro compasso da fórmula do partido-alto (como na coda de *Noites cariocas*, de Jacob do Bandolim, exemplo 185 —na qual a melodia do bandolim está representada na clave de sol e as convenções rítmicas dos acorde e as linhas do violão de sete cordas estão representadas na clave de fá).

***Exemplo 185** — convenção rítmica na coda de Noites cariocas*[414]

412 Fonte: *O violão de 7 cordas* (BRAGA, 2002, p. 18).

413 Fonte: *Ritmos brasileiros* (PEREIRA, 2007, p. 15).

414 Fonte: *Songbook Choro • v.2* (SÈVE; SOUZA; DININHO, 2011, p. 151).

Cazes apresenta a fórmula rítmica para o acompanhamento do cavaquinho no samba. Ele a escreve no padrão contramétrico de 16 pulsos em imparidade rítmica 7+9 — com a síncope na oitava semicolcheia do primeiro compasso, e não do segundo como os exemplos até agora mencionados em imparidade rítmica 9+7. Se invertermos os compassos (colocando o segundo no lugar do primeiro) chegaremos à . A não compreensão da diferença entre essas imparidades rítmicas — que acarretam antecipações (ou síncopes) em diferentes compassos — tem, por vezes, gerado equívocos em definições fraseológicas na escrita musical do samba. Dois fragmentos de sambas de Noel Rosa — em imparidades rítmicas 9+7 (a introdução de *Até amanhã*, do exemplo 186) e 7+9 (fragmento da parte A de *Conversa de botequim*, samba-choro em parceria com Vadico, do exemplo 187) —, ilustrados com as respectivas *time-lines* abaixo (escritas a partir das fórmulas do tamborim ou do cavaquinho), podem ajudar a esclarecer tal confusão. Ambas as composições encaixam seus fraseados sobre duas fórmulas **rítmicas** similares, mas dispostas de forma invertida.

Exemplo 186 — *introdução do samba Até amanhã, em imparidade rítmica 9+7*[415]

Exemplo 187 — *fragmento do samba-choro Conversa de botequim, em imparidade rítmica 7+9*[416]

Para o ritmo do cavaquinho no samba, há também fórmulas como , esta recorrente em gravações de intérpretes como Paulinho da Viola, por exemplo. A figura rítmica do primeiro compasso poderia ser entendida como uma variação da "síncopa característica" e a figura do segundo compasso costuma ser um ritmo utilizado em uma infinidade de melodias de sambas (como em *Até amanhã* — c. 2, c. 4 e c. 6, do exemplo 186).

Cazes, em , assinala movimentos de palheta descendentes (mais fortes, acentuadas) na primeira, segunda, terceira, quinta, sexta, sétima e nona notas da fórmula, e movimentos ascendentes (mais leves) na quarta e oitava. Se considerarmos somente as notas acentuadas, chegamos à fórmula , em imparidade rítmica 7+9. Esta fórmula invertida para imparidade rítmica 9+7 ( ) assemelha-se à , nominada por Sandroni de "versão de transição" do padrão rítmico nas gravações do samba do Estácio entre 1928 e 1933, no período de nascimento e consolidação desse estilo.

Ao adaptar para seus instrumentos as estruturas rítmicas das percussões e dos fraseados dos cantores, os músicos de choro tornaram-se importantes mediadores em gravações desse samba. Tais práticas fizeram aparecer um novo modelo para suas execuções e composições, causando modificações nos ritmos do acompanhamento (violões e cavaquinhos) e da melodia (flautas, clarinetes, bandolins etc.).

> *Mais do que simplesmente fornecer acompanhamento para as gravações de samba, os músicos de choro passaram a incorporar o caráter contramétrico (típico do que no senso comum e em categorias nativas de músicos populares da atualidade é identificado como a figuração rítmica do tamborim do samba) às próprias composições de choro. (ARAGÃO, 2013, p. 459).*

415 Fonte: *Songbook Noel Rosa* • *v.2* (CHEDIAK, 1991, p. 29).

416 Fonte: *Songbook Choro* • *v.1* (SÈVE; SOUZA; DININHO, 2007, p. 112).

Apresento, aqui, dois paradigmas rítmicos — em imparidades rítmicas 7+9 e 9+7 — que parecem organizar fraseados de choros em padrões sambados. Começo pelo padrão sambado em 7+9, do exemplo 188, p.

***Exemplo 188** — paradigma rítmico do choro-sambado em imparidade 7+9*

Como vimos, o padrão em imparidade rítmica 7+9 tem como marca a síncope na oitava semicolcheia do primeiro compasso, podendo esta nota estar ligada à primeira nota do segundo compasso. Pixinguinha, um dos "responsáveis pelo estabelecimento dos primeiros arranjos do 'novo samba'"[417], apresenta no fraseado de algumas composições recorrência de tal característica (como nos choros *Trombone atrevido*, do exemplo 189, *Passatempo*, do exemplo 190, e *Devagar e sempre*, do exemplo 191). Os exemplos a seguir, apresentam, abaixo do pentagrama, uma linha com o paradigma rítmico.

***Exemplo 189** — fragmento do choro Trombone atrevido*[418]

***Exemplo 190** — fragmento do choro Passatempo*[419]

***Exemplo 191** — fragmento do choro Devagar e sempre*[420]

O etnomusicólogo e bandolinista Pedro Aragão lembra que as polcas dos "velhos chorões" foram, ao longo das décadas de 1930 e 1950, transformadas por novos intérpretes, que passaram a gravá-las modificando aspectos rítmicos das melodias originais. Ou seja, as melodias passaram a ser reinterpretadas ritmicamente para tornarem-se compatíveis com a nova fórmula de acompanhamento. Portanto, choros escritos em padrões polcados ou maxixados (como mostra a edição original de 1938 de *Proezas de Solon*, de Pixinguinha e Benedito Lacerda, do exemplo 192) puderam ser gravados em padrões sambados (como mostra a transcrição da gravação de 1947 do mesmo choro realizada pela dupla de compositores, do exemplo 193). No exemplo 192 é notável a recorrência de síncopes entre tempos a partir da quarta semicolcheia do compasso (c. 2, 3 e 4),

417 ARAGÃO, 2013, p. 459.

418 Fonte: *O melhor de Pixinguinha* (CARRASQUEIRA, 1997, p. 100).

419 Fonte: *O melhor de Pixinguinha* (ibid., p. 76).

420 Fonte: *O melhor de Pixinguinha* (ibid., p. 43).

próprio do desenho rítmico estilo maxixado — organizado em oito pulsos, como uma variação do *tresillo* (segundo sistema). O exemplo 193 preserva as síncopes entre tempos, mas acrescenta síncopes entre compassos que não existiam na edição original. Estas síncopes aparecem tanto executadas pela flauta de Benedito Lacerda na melodia (primeiro sistema), quanto pelo sax tenor de Pixinguinha no contraponto (segundo sistema), de acordo com o desenho rítmico do estilo sambado, organizado em 16 pulsos (terceiro sistema).

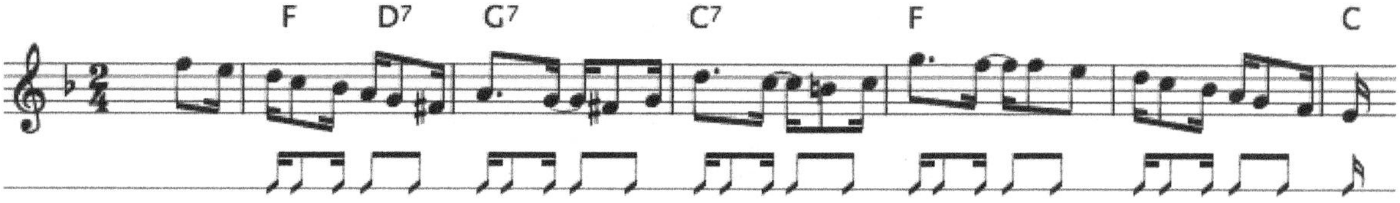

***Exemplo 192** — fragmento do choro Proezas de Solon em padrão maxixado*[421]

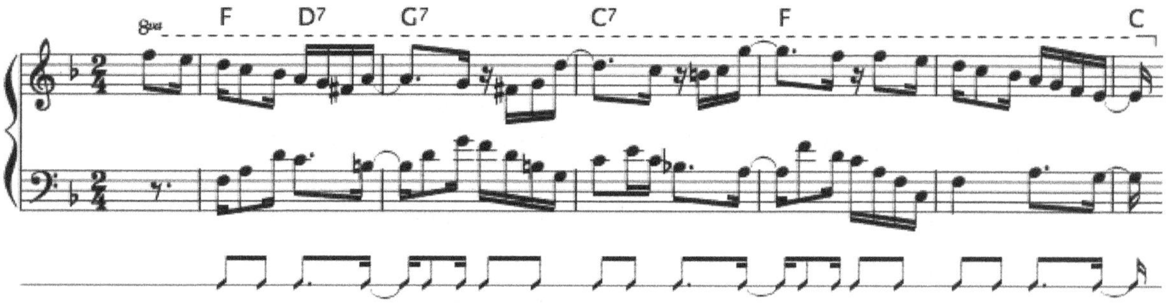

***Exemplo 193** — fragmento do choro Proezas de Solon em padrão sambado*[422]

Diversas outras peças foram adaptadas ao padrão sambado em 7+9, como *Tira poeira* (exemplo 194), composta pelo violonista Sátiro Bilhar[423] (1860–1926) e *Teu beijo* (exemplo 195), do cavaquinista Mário Álvares (1861–1905), ambas gravadas por Jacob do Bandolim nos anos 50.

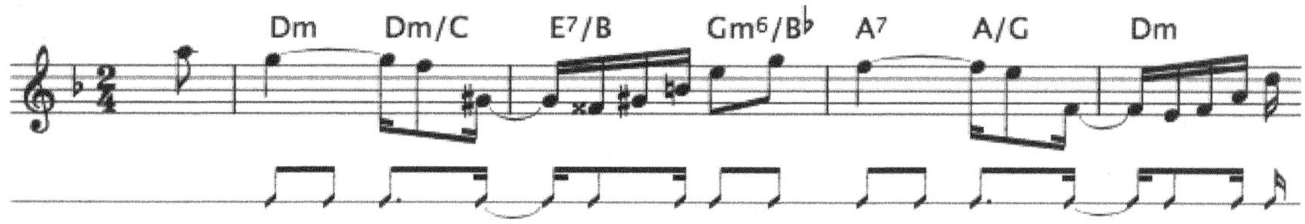

***Exemplo 194** — fragmento do choro Tira poeira, adaptado ao padrão sambado em 7+9*[424]

***Exemplo 195** — fragmento do choro Teu beijo, adaptado ao padrão sambado em 7+9*[425]

---

421 Fonte: *O melhor de Pixinguinha* (ibid., p. 115).

422 Fonte: *Choro duetos v.1* (SÈVE; GANC, 2010, p. 28–9).

423 Violonista contemporâneo de João Pernambuco, Quincas Laranjeiras, Catulo da Paixão Cearense, Heitor Villa-Lobos, Donga, entre outros, Sátiro Bilhar estilizava a mesma composição (entre as poucas que tinha) conforme as conveniências do público a quem tocava. (WISNIK, 2001, p. 20).

424 Fonte: *Songbook Choro • v.1* (SÈVE; SOUZA; DININHO, 2007, p. 230).

425 Fonte: *Songbook Choro • v.3* (id., 2011, p. 196).

Muitas das gravações de choros realizadas pela dupla Pixinguinha e Benedito Lacerda nos anos 1940 e 1950 usaram o padrão sambado em 7+9, como ilustra a parte A de *Displicente*, de autoria de ambos, no exemplo 196. Em alguns choros, embora o ritmo da melodia[426] de Benedito Lacerda não explicite o padrão, o sax de Pixinguinha evidencia figuras rítmicas do samba, como acontece na parte B de *Um a zero*, da dupla (exemplo 197).

Exemplo 196 — *fragmento de Displicente, para flauta e sax tenor*[427]

Exemplo 197 — *fragmento de Um a zero, para flauta e sax tenor*[428]

Outros autores compuseram já no padrão sambado, como é o caso do clarinetista Luiz Americano, que além de ser líder de regional, participou de diversas gravações de cantores do novo estilo de samba. Seu choro *Numa seresta*, regravado por Jacob do Bandolim (exemplo 198), é um choro no padrão sambado em 7+9.

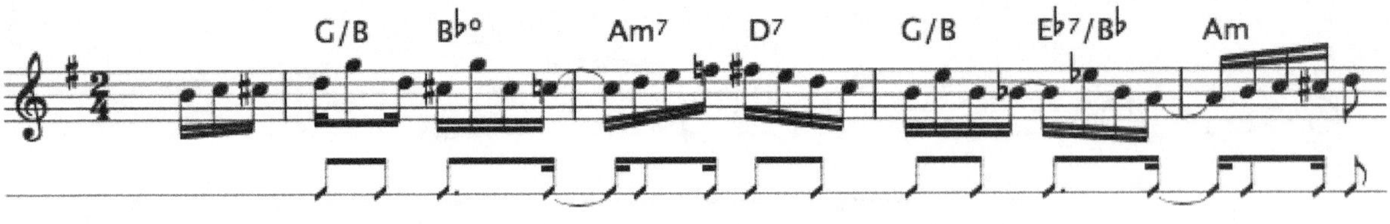

Exemplo 198 — *fragmento de Numa seresta, no padrão sambado em 7+9*[429]

Atribui-se a Benedito Lacerda a primeira composição e gravação de choro no padrão sambado — *Gorgulho* —, realizada em 1932 com seu grupo *Gente do Morro*. Com o mesmo grupo gravou, em 1933, *Minha flauta de prata*, do violonista Meira, supostamente dedicada ao flautista (exemplo 199).

426 Há casos onde a melodia sugere o padrão sambado nas acentuações, não necessariamente no ritmo.

427 Fonte: *Choro duetos v.2* (SÈVE; GANC, 2011, p. 24-5)

428 Fonte: *Choro duetos v.1* (id., 2010, p. 40 e 42).

429 Fonte: *Songbook Choro • v.3* (SÈVE; SOUZA; DININHO, 2011, p. 150).

***Exemplo 199** — fragmento de Minha flauta de prata, no padrão sambado em 7+9*[430]

Curiosamente, polcas, tangos e choros, a grande maioria com partes de 16 compassos — com cadências conclusivas do penúltimo para o último compasso (c. 15 para c. 16) —, tiveram tendência a adaptar-se ao padrão sambado em imparidade rítmica 7+9. Os exemplos que encontrei seguem esse procedimento.

Aragão mostra, no artigo *A polca é como o samba: uma tradição brasileira,* como a polca *Saudações*, do trombonista Otávio Dias Moreno, gravada pelo *Grupo Carioca* (Odeon 121104 de 1915) — com características formais e fraseológicas diferentes das acima mencionadas —, foi regravada por Jacob do Bandolim em 1950. A peça, cuja melodia apresenta a sincopação do maxixe na figura rítmica , tem partes A e C com 32 compassos com cadências suspensivas no décimo quinto compasso (c. 15) e conclusivas entre o trigésimo e o trigésimo primeiro compasso (c. 30 e c. 31), e parte B com 16 compassos, com cadência conclusiva entre décimo quarto e décimo quinto compasso (c. 14 e c. 15). Esta polca pôde ser adaptada ao padrão sambado em imparidade rítmica 9+7, como mostra o exemplo 200, que ilustra a transformação mostrando os diferentes ritmos melódicos e paradigmas rítmicos do fragmento inicial da composição em cada gravação.

***Exemplo 200** — fragmento inicial de Saudações, em padrão maxixado e padrão sambado em 9+7*[431]

Supostamente, por apresentar forma e estrutura fraseológica semelhante a *Saudações* (com o mesmo número de compassos por partes e organização similar de frases, períodos e cadências), o choro *Saxofone por que choras*, do saxofonista Ratinho, gravado pelo autor em 1930 no padrão de oito pulsos, pôde também ser relido no padrão sambado em 9+7 (como mostra o exemplo 201), mesmo sem alterações rítmicas na melodia. Neste exemplo, transcrito da gravação de Jacob do Bandolim, a melodia de seu bandolim está na clave de sol e os contrapontos do violão na clave de fá, apoiando final das baixarias nas cabeças do segundo compasso do padrão, onde o ritmo coincide com a métrica.

430 Fonte: *Songbook Choro* • *v.2* (id., 2011, p. 140).

431 Fonte: *A polca é como o samba: uma tradição brasileira* (ARAGÃO, 2013, p. 462).

Exemplo 201 — *fragmento de Saxofone por que choras?, gravado no padrão sambado em 9+7*[432]

O padrão contramétrico de 16 pulsos em imparidade rítmica 9+7, mais próximo ao dos sambas das escolas e do ritmo que se estabilizou no gênero, na verdade, pode ser entendido fundamentalmente como uma espécie de inversão do padrão em 7+9. O padrão sambado em 9+7 é marcado pela antecipação, em uma semicolcheia, da primeira nota do primeiro compasso do padrão (ou pela síncope na última nota do segundo compasso), e pela incidência da primeira nota do segundo compasso na *thesis*. Pode ser representado pelo exemplo 202, p.

Exemplo 202 — *paradigma rítmico do choro-sambado em imparidade 9+7*

Jacob do Bandolim, um dos mais importantes compositores e intérpretes de choros no estilo sambado, deixou inúmeras peças construídas sobre a estrutura rítmica do exemplo 202. Muitas dessas composições apresentam 32 compassos por parte e cadências finais do antepenúltimo para o penúltimo compasso em cada parte, resultando em terminações de dois compassos. Assim acontece com seu conhecido choro *Noites cariocas* (no exemplo 203, que mostra compassos iniciais da parte A).

Exemplo 203 — *fragmento de Noites cariocas, no padrão sambado em 9+7* [433]

Determinadas composições de Jacob costumam, até mesmo, não ser classificadas como choro, dada a economia de notas, acordes e recorrência das mesmas figurações rítmicas usadas em melodias de sambas. É o caso de *Bole-bole* (exemplo 204) e *Assanhado* (primeiro sistema do exemplo 205) que podem receber a classificação de samba ou samba-choro. *Assanhado* chega a apresentar na parte B (terceiro sistema do exemplo 205) sequências de semicolcheias próprias dos choros, mas articuladas ritmicamente no padrão sambado em 9+7.

Exemplo 204 — *fragmento de Bole-bole, no padrão sambado em 9+7*[434]

432 Fonte: *Songbook Choro* • *v.3* (SÈVE; SOUZA; DININHO, 2011, p. 178).

433 Fonte: *Songbook Choro* • *v.2* (id., 2011, p. 150).

434 Fonte: *Songbook Choro* • *v.1* (id., 2007, p. 84).

Exemplo 205 — *fragmentos das partes A e B de Assanhado, no padrão sambado em 9+7*[435]

Vários outros compositores de choros também utilizaram o padrão sambado em 9+7, como o clarinetista Luiz Americano, em *Assim mesmo* (do exemplo 206), o saxofonista e maestro Fon-fon (1908–1951), em *Murmurando* (do exemplo 207) — ambas gravadas por Jacob do Bandolim —, o cavaquinista Waldir Azevedo, em *Vê se gostas*, etc.

Exemplo 206 — *fragmento de Assim mesmo, no padrão sambado em 9+7*[436]

Exemplo 207 — *fragmento de Murmurando, no padrão sambado em 9+7*[437]

Nos choros-sambados, pode-se observar que os intérpretes não realizam sistematicamente as antecipações rítmicas nas melodias a cada dois compassos. É mesmo comum que grandes trechos melódicos possam estar desenhados de forma absolutamente cométrica (como é o caso do final da parte A, de *Proezas de Solon*, de Pixinguinha e Benedito Lacerda, nos c. 4 a c. 8 do exemplo 208) ou apresentar síncopes entre compassos em lugares diferentes dos paradigmas rítmicos (como é possível perceber no c. 2 para c. 3 do mesmo exemplo), sem que isso altere o padrão.

435 Fonte: *Songbook Choro* • *v.1* (ibid., p. 74–5).
436 Fonte: *Songbook Choro* • *v.2* (id., 2011, p. 30).
437 Fonte: *Songbook Choro* • *v.1* (id., 2007, p. 172).

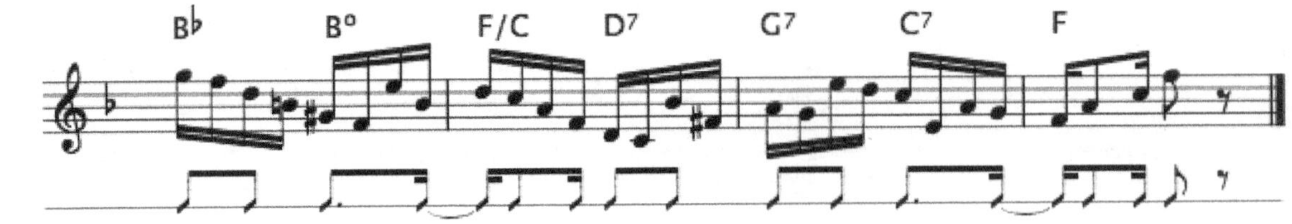

Exemplo 208 *— fragmento do final da parte A de Proezas de Solon, no padrão sambado em 7+9*[438]

O cavaquinho, em um choro-sambado, tocado por uma formação de conjunto regional, fica basicamente na função de *time-line* do padrão, podendo ainda executar células rítmicas variadas como ,  e . O pandeiro costuma manter o ritmo das oito semicolcheias do 2/4 (dando ênfase na marcação do segundo tempo do binário) mas, por vezes, acentua em concordância com células rítmicas sambadas ou figurações das melodias. O violão, em uma espécie de dupla função, costuma tocar os acordes no ritmo do padrão sambado — próximo aos paradigmas rítmicos em 7+9 ou 9+7 — e marcar os baixos nos tempos do 2/4 (como mostram os baixos do violão de sete cordas, transcritos por Braga, da segunda parte de *Receita de samba*, de Jacob do Bandolim, no exemplo 209). Os baixos podem, eventualmente, realizar síncopes entre compassos. Exceto por situações de convenções rítmicas ou antecipações solicitadas por padrões contramétricos, os desenhos dos contrapontos do violão de sete cordas costumam concluir em tempos fortes e em momentos de troca de acordes.

Exemplo 209 *— fragmento de Receita de samba, no padrão sambado em 9+7* [439]

Como vimos no exemplo 185, o padrão sambado pode se manifestar também em convenções rítmicas realizadas pelos instrumentos de acompanhamento (como acontece no c. 2 da parte C de *Numa seresta*, de Luiz Americano, no exemplo 210).

438 Fonte: *Choro duetos v.1* (SÈVE; GANC, 2010, p. 28).

439 Fonte: *O violão de 7 cordas* (BRAGA, 2002, p. 79) e de *Songbook Choro • v.1* (SÈVE; SOUZA; DININHO, 2007, p. 202-3)

Exemplo 210 — *convenção rítmica em fragmento de Numa seresta, no padrão sambado em 7+9*[440]

O choro no padrão sambado tornou-se também um estilo bastante presente nas danças de salão a partir dos anos 1940, quando bailes (ou gafieiras)[441] passaram a ser animados por orquestras com baixo, piano, bateria e naipes de instrumentos de palhetas e metais, como *big-bands* — intercalando canções (com cantor) e temas instrumentais, como sambas, sambas-canções, boleros, fox-trotes e outros gêneros, a maioria para serem dançados em par enlaçados. Orquestras como as dos maestros Romeu Silva, Cipó, Carioca, e, especialmente, Severino Araújo (compositor e líder da Orquestra Tabajara, esta ainda em atividade), tinham em seus repertórios choros (ou samba-choros) com figurações rítmico-melódicas típicas do samba (como aparecem nas partes A de *Na Glória*, de Raul de Barros, do exemplo 211, *Paraquedista*, de José Leocádio, do exemplo 212, e *Chorinho na gafieira*, de Astor Silva, do exemplo 213). Tal estilo está associado aos nomes genéricos "samba de gafieira" ou "choro de gafieira."

Exemplo 211 — *figurações rítmico-melódicas do samba em fragmento de Na Glória, no padrão sambado em 7+9*[442]

Exemplo 212 — *figurações rítmico-melódicas do samba em fragmento de Paraquedista, no padrão sambado em 7+9*[443]

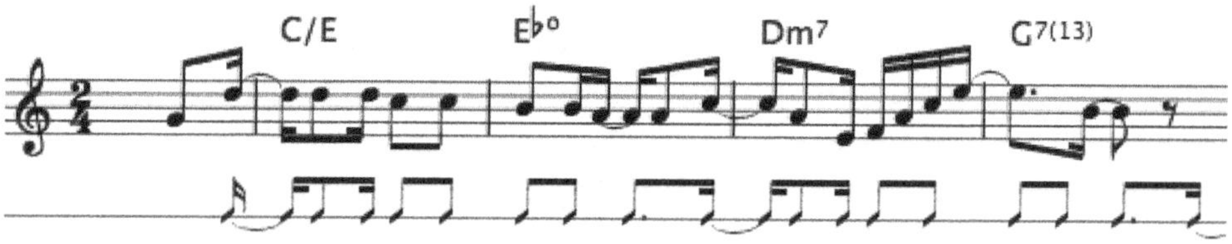

exemplo 213 — *figurações rítmico-melódicas do samba em fragmento de Chorinho na gafieira, no padrão sambado em 9+7*[444]

440 Fonte: *Songbook Choro* • *v.3* (id., 2011, p. 151).

441 Inicialmente, denominaram-se gafieiras os locais onde, a partir de fins do século XIX, classes mais humildes podiam praticar danças de salão. Depois, passaram a designar também os próprios bailes. Na primeira metade do século XX, os bailes de gafieiras, com música ao vivo, foram aos poucos substituindo o som dos conjuntos de choro (à base de sopros, violão, cavaquinho e pandeiro) pelo estilo das *big bands* americanas, com trombones trompetes, saxofones, piano, baixo e bateria.

442 Fonte: *Songbook Choro* • *v.2* (id., 2011, p. 142).

443 Fonte: *Songbook Choro* • *v.1* (id., 2007, p. 186).

444 Fonte: *Songbook Choro* • *v.1* (ibid., p. 106).

O entendimento dos paradigmas rítmicos relacionados à polca, ao lundu, ao tango, ao maxixe, ao samba são a base para a execução do choro e seus estilos (ou subgêneros) — seja no fraseado ou no acompanhamento. O violonista e compositor Mauricio Carrilho revela suas escolhas para o que chama "concepção de acompanhamento desse pessoal da velha guarda e do pessoal da geração pós-Pixinguinha": "a gente usa elementos rítmicos de acordo com a figuração da melodia ou com a intenção que a gente tem de levar [os acompanhamentos] mais para um lado ou para o outro."[445]

6.3 Flexibilidade rítmico-melódica

O choro, como vimos, está sujeito a diferentes níveis de organização, todos importantes na compreensão de seu fraseado, quais sejam:

a) o da pulsação binária;
b) o da forma (na maioria das vezes rondó);
c) o das partes ou seções (na maioria das vezes em 16 ou 32 compassos);
d) o dos agrupamentos que dividem as partes ou seções (na maioria das vezes em oito ou 16 compassos), definindo cadências suspensivas e conclusivas;
e) o das frases (na maioria das vezes em quatro ou oito compassos) e semi-frases;
f) o dos motivos;
g) o da organização métrica, relacionada à notação com o uso barras de compasso;
h) o da organização rítmica contramétrica sob oito ou 16 semicolcheias; e
g) o da organização harmônica sujeita a sequências de acordes, modulações e cadências.

Essa estrutura está presente, de maneira similar, em muitos outros estilos da música popular.

É possível, ao interpretar-se um choro, escolher um andamento ou outro, e que este possa até ser acelerado, desacelerado ou interrompido por *fermatas* durante a execução. De uma maneira geral, costuma-se manter uma pulsação constante, sobretudo ao usar percussão. É possível também, ao agregar-se introduções ou novas codas, ao repetir-se e omitir-se seções, ao alterar-se a disposição usual do rondó do choro, que sua forma musical se modifique, se expanda ou se contraia. Tudo isso podemos verificar nas diversas versões de peças gravadas ou tocadas em apresentações ou rodas de choro. As diferentes maneiras de se tocar um choro costumam surgir não só de acordos musicais prévios, mas também de situações improvisadas. Muitas vezes, começa-se determinada peça sem o conhecimento dos caminhos que tomará durante sua execução. São aspectos bem-vindos ao seu estilo, que fazem da interpretação de um choro sempre uma nova experiência — que pode surgir de "conversas" e interações musicais entre instrumentistas, ora sugeridas por ornamentos, articulações e inflexões dos solistas, por variações rítmicas dos cavaquinistas, por contrapontos improvisados dos violonistas de sete cordas, ora por acentuações sugeridas pelos pandeiristas etc.

Uma das marcas estilísticas mais fortes na interpretação de um choro é a da flexibilidade rítmica dada às melodias. É inegável que tal fenômeno não costuma acontecer ao acaso. Por isso, é importante o conhecimento de diferentes aspectos relacionados às organizações formais, melódicas e rítmicas do gênero, que se constituem em grandes fundamentos para o entendimento do fraseado do choro. A compreensão da formação das frases, semi-frases e motivos, e, sobretudo, a separação das melodias em grupos de notas e a visualização dos padrões rítmicos é o ponto de partida para a consciência do grau de liberdade a se tomar na organização melódica dos choros em suas execuções. O célebre clarinetista, saxofonista e compositor brasileiro Paulo Moura (1932–2010) — ao observar retardos e antecipações da melodia dentro de uma organização rítmica — explica como se dá a flexibilidade rítmico-melódica nas interpretações dos chorões:

> *As interpretações do Jacob do Bandolim, do Joel Nascimento, do Zé da Velha, eles têm um rebuscamento na interpretação em que muitas vezes dão uma corridazinha, no discurso, outras vezes atrasam, mas*

445 ARAGÃO, 2013, p. 232.

os pontos onde devem coincidir com a percussão, eles sabem muito bem pela tradição onde são, onde deve acontecer. Claro que isto sempre acontece no quarto tempo ou no oitavo tempo, ou seja, no final da métrica da semi-frase ou no final do período, geralmente é aí que se encontra o acento do solista com a percussão e com o acompanhamento. Isto requer uma elaboração maior, embora seja mais ou menos parecido um intérprete com outro, mas é um momento livre, esta liberdade rítmica na execução do choro. (SPIELMANN, 2008, p. 100).

Dificilmente um intérprete reproduz tudo o que está prescrito na notação, que não consegue controlar todos os parâmetros de uma execução musical. O grande benefício desse fato é sabermos que cada interpretação se associa a um momento único. Em estilos instrumentais nos quais partituras são usadas, quando são usadas, como espécies de simples de guias para execução, o uso da flexibilidade rítmico-melódica e da improvisação está muito presente. E esse é o caso do choro.

Os chorões, como vimos, habituaram-se a ter suas práticas musicais associadas a intérpretes de canções, como modinheiros, seresteiros e sambistas. Nesse processo, ao acompanhá-los improvisando introduções e *intermezzos* instrumentais, provavelmente foram absorvendo o estilo de fraseado dos cantores. Como vimos nas seções 2.1 e 2.2, o canto costuma obedecer muitas vezes ao nível de organização da prosódia e das frases do discurso verbal. Tal aspecto acaba por gerar novos sentidos para os agrupamentos de notas em uma composição musical. Henrique Cazes lembra que Jacob do Bandolim, antes de iniciar sua carreira de solista, acompanhou fadistas e guitarristas portugueses ao violão durante um bom tempo. Isso poderia explicar como Jacob parece levar às últimas consequências a flexibilização rítmico-melódica sobre as diferentes organizações rítmicas dos gêneros que interpretou.

Caso tenhamos o intuito de prescrever um determinado estilo de interpretação, provavelmente notaremos que muitas melodias são praticamente impossíveis de serem grafadas em partituras, no que concerne seu aspecto rítmico. Porém, não podemos negar que existem, na música brasileira, procedimentos já absorvidos das práticas musicais na leitura e interpretação de certas figuras ou agrupamentos musicais. Vejamos o caso da figura rítmica sincopada  recorrente em uma grande quantidade de choros. Andréa Ernest Dias recomenda que a segunda nota da figura deve ser encurtada transformando sua escrita em algo como . A flautista nota também que a figura sincopada pode ser tocada como uma quiáltera  . No livro *Vocabulário do choro*, sugiro que a interpretação de tal figura deve situar-se entre  e  . A pesquisadora e educadora Ermelinda Paz diz que a proposta de Radamés Gnattali era grafar uma das duas possibilidades apresentadas no exemplo 214 sempre que ocorresse este fenômeno.

Segundo ele [Radamés Gnattali], o sincopado e a quiáltera (brasileira), em alguns casos, são indefinidos: nem é sincopado nem é quiáltera. É as duas coisas sem ser nenhuma e sua execução é aproximadamente uma mescla desses dois ritmos. (PAZ, 2015, p. 16).

Exemplo 214 — *proposta de notação de Radamés Gnattali para as figuras*  *e* [446]

De fato, a escuta de um universo significativo de choros nos aponta para a coerência e união das observações dos diferentes citados autores. A interpretação da figura sincopada entre 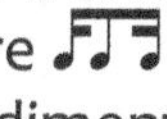 e 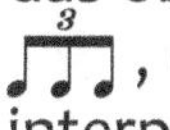 , com o encurtamento da segunda nota, parece traduzir aproximadamente o procedimento interpretativo recorrente. Se fossemos grafar em uma partitura este fenômeno, chegaríamos a algo parecido com o primeiro sistema do exemplo 215 (sobre a primeira semi-frase de *Proezas de*

446 Fonte: *500 canções brasileiras* (PAZ, 2015, p. 16).

Solon, de Pixinguinha e Benedito Lacerda), porém seria visualmente algo extremamente estranho e desconfortável para a prática de uma leitura musical. Ou seja, o exemplo (que apresenta a realização sobre a escrita original da peça, no terceiro sistema, e seu padrão rítmico, no segundo sistema) poderia funcionar como notação musical descritiva, mas não é factível como notação prescritiva.

Exemplo 215 — *notação aproximada da execução da figura*

Supostamente, a questão interpretativa relacionada à mescla das figuras e na música brasileira pode ser consequência de uma característica da poliritmia na música africana: a "pulsação múltipla", manifestada pela superposição de pulsações binárias e ternárias (que pode, em diferentes níveis, criar sentidos de hemíolas). De certa maneira, tal situação lembra também outras discussões à respeito de interpretações de figuras musicais notadas em uma pauta — como é o caso da *inégalité*, uma convenção do barroco francês, na qual as notas musicais estão relacionadas ritmicamente a acentos agógicos e ao rubato. O maestro Frederick Neumann fala de regras e de possíveis taxas de alterações rítmicas nas *notes inegáles*, em uma tentativa, como a que se faz aqui para o choro, de explicar interpretações de determinados padrões melódicos do estilo barroco:

> *Uma característica da convenção é que somente determinadas notas escritas com valores uniformes em compassos específicos estejam sujeitas a serem executadas desigualmente, como semicolcheias (mas não colcheias) em compassos* C, *ou colcheias (mas não semínimas) em compassos como 2 ou 3, semínimas (mas não mínimas) em compassos como* $\frac{3}{2}$. *A desigualdade era longa-curta em uma proporção que, para efeitos práticos, variava da quase imperceptível 7:5 a aproximadamente 2:1, raramente ultrapassando este limite. As notas envolvidas tinham que ser binárias, nunca ternárias, tinham que ser subdivisões da pulsação, nunca a pulsação em si e tinham que mover-se, basicamente, em movimento conjunto. Sempre que essas condições se apresentavam, a inégalité era obrigatória a menos que o compositor a cancelasse, escrevendo pontos ou traços sobre as notas ou com palavras como marqué, détaché, ou notes ou croches égales. (NEUMANN, 1989, p. 66).*

O flautista francês Jean-Claude Veilhan, a partir de estudos sobre tratados dos séculos XVII e XVIII, diz que a *inégalité* consiste em prolongar e apoiar certas notas para formar pares de notas longas-curtas. Falando da dificuldade em transcrever esse fenômeno, ele ilustra como poderia ser a transcrição da interpretação de um grupo de colcheias (exemplo 216, no qual o primeiro sistema apresenta a notação original e o segundo uma possível notação de sua interpretação). Seu exemplo — que, curiosamente, sugere a representação gráfica —, tem a intenção de mostrar o grupo de notas sendo executado ritmicamente entre e . O livro *The rules of musical interpretation in the baroque era*, de Veilhan, contextualiza a questão, dizendo que a *inegalité* pode assumir diferentes formas e proporções de desigualdade, podendo apresentar-se inclusive de forma invertida no grupo de colcheias (como).

Exemplo 216 — *transcrição de um grupo de colcheias em inégalité*[447]

Essa representação gráfica, embora equivocada, nos faz lembrar a sugestão de Radamés Gnattali para o grupo , e a interpretação das colcheias um procedimento rítmico similar ao usado no *jazz*, embora neste estilo costuma-se usar uma acentuação invertida. A etnomusicóloga americana Ingrid Monson transcreve um solo de Louis Armstrong (exemplo 217), gravado em 1936, sobre o tema *Big Butter and Egg Man*, de Percy Venable, e observa que o trompetista toca as colcheias como , com acentos na segunda nota e com ligaduras desta nota para a do tempo seguinte — o primeiro sistema apresenta o modelo de notação usada no *jazz* e o segundo a notação aproximada de sua interpretação. Segundo ela, são esses os aspectos das chamadas *swung quavers* (colcheias "suingadas").

Exemplo 217 — *swung quavers em solo de Louis Armstrong*[448]

De volta à questão do choro, Dias nota que o desenho anacrústico do tipo , recorrente em inúmeras composições do gênero, deve ter sua primeira nota acentuada, garantindo "a precisão e a estabilidade rítmica."[449] Tal observação atesta a importância, em variados estilos musicais, na valorização das *arsis* e nas ênfases em movimentos anacrústicos — argumento defendido pelo trompista americando James Thurmond na teoria do *note grouping*. Coincidentemente, o choro e outros gêneros musicais brasileiros, assim como acontece na música de Bach (segundo exemplos do livro de Thurmond), parecem estar marcados pela força do movimento anacrústico.

O desenho anacrústico costuma ter a colcheia acentuada e encurtada. O encurtamento de notas em figuras sincopadas tende a coincidir com as articulações marcadas pelos padrões rítmicos. Em choros, além do encurtamento de síncopes dentro de um tempo (presentes em figuras como), percebe-se muitas vezes, em finais de motivos, encurtamentos de síncopes entre tempos (presentes em figuras como). O segundo sistema do exemplo 218 ilustra esses aspectos mostrando quatro grupos de notas, com anacruses (representadas pela letra A), e possíveis articulações (no segundo sistema) na melodia da primeira parte de *Dinorah*, de Benedito Lacerda.

447 Fonte: *The rules of musical interpretation in the baroque era* (VEILHAN, 1979, p. 21).
448 Fonte: *The Cambridge companion to jazz* (MONSON, 2002, p. 116).
449 DIAS, 1996, p. 40.

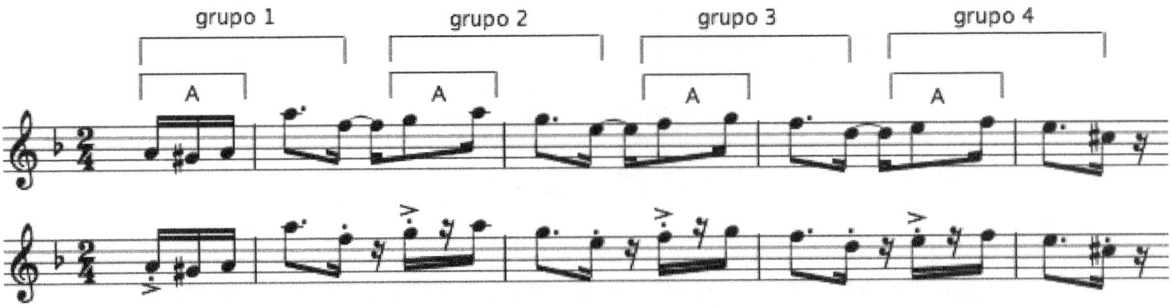

Exemplo 218 — *articulações e acentuações em fragmento de Dinorah*[450]

Poderíamos também supor que a acentuação de sons com frequências graves (como acontece no surdo, no pandeiro e no violão) nos segundos tempos em compassos binários em gêneros da música brasileira (como no choro e no samba) tem certo sentido anacrústico — considerando-se esses movimentos graves pertencendo a grupos *arsis–thesis* (A–T) de semínimas, em se tratando de escrita em compasso 2/4 (como mostra o exemplo 219).

Exemplo 219 — *grupos arsis–thesis* (A-T) *em sons graves no choro e no samba*

No livro *Vocabulário do choro*, observo que a figura , também recorrente em diversos choros, é executada com exatidão em andamentos ligeiros, mas tende a ser modificada para ou em andamentos mais lentos.[451] O *Songbook Choro* mostra em fragmento da parte B de *Serenata no Joá*, de Radamés Gnattali, como Jacob do Bandolim altera ritmicamente a melodia (no primeiro sistema do exemplo 220, em Fá maior, transcrito de sua gravação) em relação ao álbum de partituras *Choros e criações*, de Luiz Americano, de 1940 (no terceiro sistema do mesmo exemplo, em Si♭ bemol, abaixo).

Exemplo 220 — *flexibilidade rítmico-melódica em Serenata no Joá*[452]

No exemplo 220 coloquei entre as duas versões (no segundo sistema) o padrão rítmico 2/4 de acompanhamento do conjunto regional. Esse padrão, caracterizado por síncopes dentro dos tempos do compasso, permite maior flexibilidade rítmico-melódica em andamentos moderados e lentos. Provavelmente, tal fato deve-se à sua simetria e à ausência de síncopes entre tempos (como em 2/4) próprias de padrões maxixados e de síncopes entre compassos (como em 2/4) próprias de padrões sambados.

---

450 Fonte: *Songbook Choro* • *v.1* (SÈVE; SOUZA; DININHO, 2007, p. 124).

451 SÈVE, 1999, p. 11.

452 Fonte: *Songbook Choro* • *v.3* (SÈVE; SOUZA; DININHO, 2011, p. 184) e de *Choros e criações* • *álbum nº 4* (AMERICANO, 1940, p. 7).

Há diversos casos em que o padrão torna-se o acompanhamento apropriado para livres sincopações entre tempos e compassos nas melodias dos choros — como acontece na gravação de Jacob do Bandolim da parte B de *Ingênuo*, de Pixinguinha e Benedito Lacerda (primeiro sistema do exemplo 221), diferente ritmicamente se comparada ao original (terceiro sistema do mesmo exemplo).

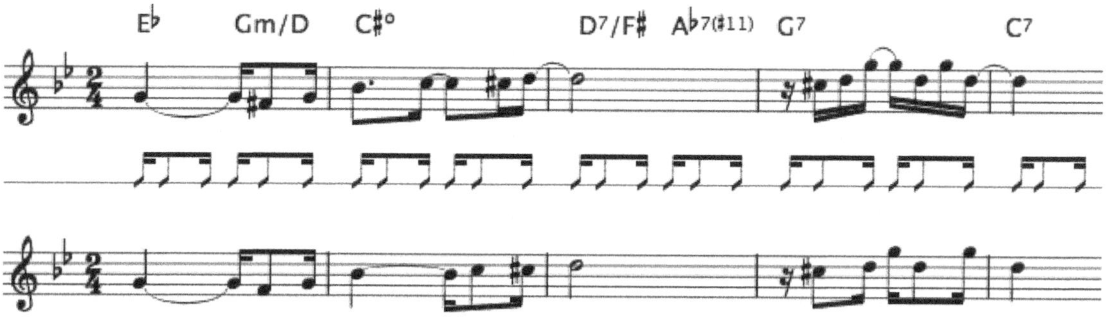

Exemplo 221 — *flexibilidade rítmico-melódica em Ingênuo*[453]

Diversas células rítmicas de uma melodia de choro podem ser intercambiáveis, ora para adaptar-se a diferentes padrões rítmicos de acompanhamento, como vimos, ora para atender a determinadas escolhas interpretativas. O livro *Vocabulário do choro* apresenta possíveis alterações para duas figuras rítmicas:

a) uma figura de quatro notas como , a depender do estilo, do gênero, ou de escolhas interpretativas do intérprete, pode apresentar-se como:

1. e , como , e , estas recorrentes em padrões de oito pulsos (mas também usadas em padrões de 16 pulsos), associados à polca-lundu, ao tango-brasileiro, ao maxixe e ao choro, ou

2. , , , , , , , estas recorrentes em padrões de 16 pulsos, associados ao samba, samba-choro, choro de gafieira e choro-sambado;

b) uma figura de seis notas como (recorrente no choro e no maxixe, por exemplo), também, a depender do estilo, do gênero, ou de escolhas interpretativas, pode apresentar-se como:

, , , , , ,
, , , , ,
, algumas recorrentes em choros-sambados, como na parte B e na coda de *Noites cariocas*, de Jacob do Bandolim, dos exemplos 222 e 223.

Exemplo 222 — *célula rítmica de seis notas em fragmento de Noites cariocas*[454]

---

453 Fonte: *Songbook Choro* • *v.3* (SÈVE; SOUZA; DININHO, 2011, p. 113) e de *O melhor de Pixinguinha* (CARRASQUEIRA, 1997, p. 57).
454 Fonte: *Songbook Choro* • *v.2* (SÈVE; SOUZA; DININHO, 2011, p. 151).

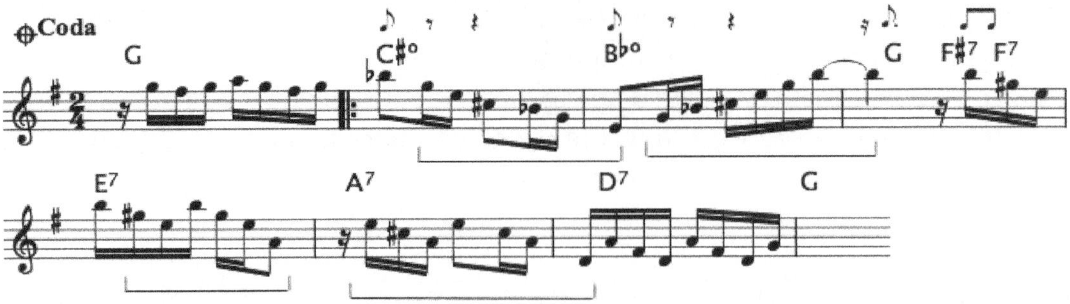

***Exemplo 223** — célula rítmica de seis notas na coda de Noites cariocas*[455]

Os exemplos acima, de algum modo, nos apontam para algo já observado por Thurmond: a importância de serem reconhecidos grupos de notas para organizar-se o fraseado de uma obra musical. O teórico propõe a valorização das *arsis* e dos movimentos anacrústicos com o objetivo de dar movimento à música, evitando-se interpretações que enfatizem demasiadamente as *thesis*; sugere acentos dinâmicos em determinadas posições métricas para lograr o resultado que almeja. O choro parece se encaixar nessa ideia, contando ainda com a possibilidade de flexibilizar ritmicamente melodias com certa liberdade, evitando interpretações demasiadamente téticas (que enfatizem as *thesis*) através de acentos contramétricos (com uso de figuras sincopadas). Podem aparecer, em seu estilo, desenhos rítmicos como no lugar de , por exemplo.

Há casos em que escolhas podem ser feitas por razões técnicas, como aquelas associadas a respirações ou a grandes saltos intervalares entre notas. É de se imaginar que em choros com características de moto contínuo, tocados por instrumentos de sopro, seja, por vezes, necessário articular melodias usando-se antecipações rítmicas em finais de frases ou motivos, como mostra a flauta tocada por Benedito Lacerda no c. 4 da parte B de *Cheguei*, choro em parceria com Pixinguinha, no exemplo 224.

***Exemplo 224** — fragmento de Cheguei, para flauta*[456]

Há inúmeras maneiras de flexibilizarmos ritmicamente uma melodia de choro. Até agora, me limitei a expor alguns modelos usuais encontrados na própria escrita de algumas partituras do gênero. O que parece fundamental em uma peça musical é sua separação em grupos de notas para que seja possível, não somente identificar movimentos anacrústicos, mas sobretudo valorizá-los através da flexibilização rítmico-melódica — de maneira similar a um discurso verbal, no qual escolhemos enfatizar ou prolongar determinadas palavras ou sílabas em detrimento de outras em frases e sentenças.

O exemplo 225 compara a partitura do *Songbook Choro* (primeiro sistema) com a interpretação de Abel Ferreira (terceiro sistema, oitava abaixo) em seu choro *Chorando baixinho*. O segundo sistema, como em exemplos anteriores, apresenta o padrão rítmico usado no acompanhamento. O exemplo mostra ainda o fragmento inicial da parte A separado em três grupos de notas (neste caso, correspondendo a três semi-frases) e as variações rítmico-melódicas do clarinetista-compositor nesses grupos. Como foi observado, diversas alterações rítmicas no fraseado de um choro tem a intenção de evitar interpretações excessivamente téticas, nas quais finais de motivos possam coincidir com acentos métricos.

455 Fonte: *Songbook Choro • v.2* (ibid., p. 151).
456 Fonte: *Choro duetos v.2* (SÈVE; GANC, 2011, p. 20).

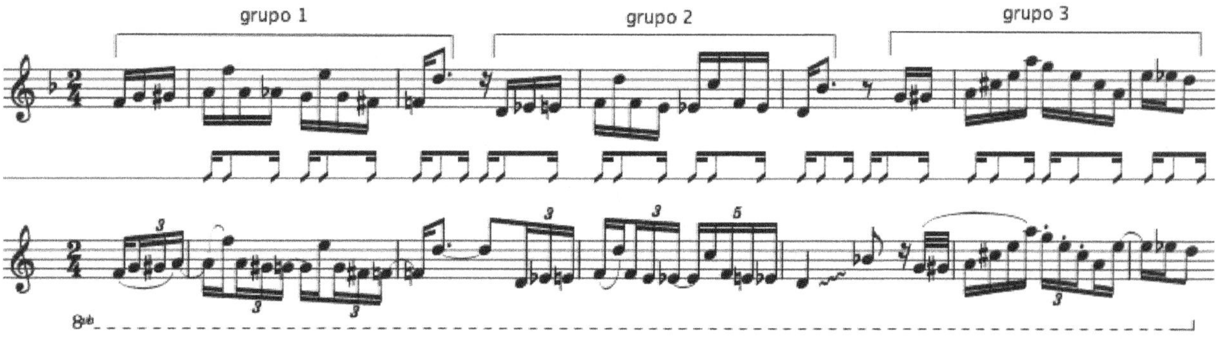

exemplo 225 — *interpretação de Abel Ferreira em fragmento de Chorando baixinho*[457]

Flexibilidades rítmico-melódicas muitas vezes somam-se a ornamentações e efeitos em melodias de choros, como mostra o exemplo 225, no qual Abel Ferreira usa o cromatismo (c. 4) e o glissando (c. 5). Curiosamente, procedimento semelhante encontra-se no tipo de improvisação usado na música do período barroco. Uns dos mais preciosos documentos sobre a sistematização desse aspecto são as doze *Sonatas metódicas* para violino ou flauta e baixo contínuo, de Georg Philipp Telemann (1681–1767). O exemplo 226 apresenta o fragmento inicial do primeiro movimento, *Adagio*, da *Sonata metódica em Lá maior*, no qual percebe-se que as variações que o próprio compositor escreve muitas vezes não se apóiam nos mesmos lugares da melodia original, constituindo-se assim em um caso de flexibilização rítmico-melódica — já a primeira nota está atrasada em uma colcheia. Em diversos pontos, além de trilos, há o uso de síncopes como recurso interpretativo. No exemplo, o primeiro sistema apresenta o tema sem ornamentações, o segundo sistema o tema ornamentado (ou variado) e o terceiro sistema o baixo contínuo (baixo cifrado).

Exemplo 226 — *ornamentação na Sonata metódica em Lá maior, de Telemann*[458]

Os chorões, sejam eles solistas ou acompanhadores (como é o caso dos violonistas de sete cordas), em suas ornamentações, improvisos e variações, costumam recorrer a arpejos (como na interpretação de Jacob do Bandolim da parte A de *Minha gente*, de Pixinguinha, no segundo sistema do exemplo 227 em c. 2) e todas as formas de inflexões melódicas expostas na seção 5.1.1 (como na interpretação de Jacob do Bandolim da parte A de É do que há, de Luiz Americano, no segundo sistema do exemplo 228). Ou seja, elas podem aparecer modificando figuras rítmico-melódicas originais com uso de notas de passagens, bordaduras, escapadas, apojaturas, suspensões, cambiatas, cromatismos etc., além de mordentes, apojaturas curtas, grupetos, glissandos e outros efeitos. Assim como as articulações e acentuações, as ornamentações e os efeitos dificilmente aparecem grafados em partituras do gênero. Os músicos podem usar esses recursos em graus de intensidade e maneiras diferentes, optando, por vezes, em aumentar a densidade melódica — agregando um número maior de notas por compasso, como o uso de fusas (exemplo 227) ou tercinas de semicolcheias. Analisá-los passaria certamente por estudar estilos particulares de cada intérprete, o que ultrapassaria em enorme escala os limites destas páginas.

457 Fontes: *Songbook Choro • v.3* (SÈVE; SOUZA; DININHO, 2011, p. 52) e de *Chorando baixinho de Abel Ferreira* (GOMES, 2007, p. 73).
458 Fonte: *Zwölf methodische sonaten* (SEIFFERT, 1955, p. 11).

Exemplo 227 *— variações com uso de arpejos em fragmento da parte A de Minha gente*[459]

Exemplo 228 *— variações com uso de inflexões melódicas em fragmento da parte B de É do que há*[460]

Para aprofundar-se no inesgotável assunto desta seção seria aconselhável a audição de inúmeras outras gravações de músicos como Benedito Lacerda e Pixinguinha, que na flauta e no sax tenor, a cada reexposição de um tema o apresentavam variado (como nas gravações que fizeram em dupla); Jacob do Bandolim, que ao reler choros antigos reinventou melodias que passaram a integrar tais peças até hoje[461]; o cavaquinista Waldir Azevedo e o flautista Altamiro Carrilho, que gravavam sem economia de ornamentações e efeitos; os clarinetistas e saxofonistas Luiz Americano e Abel Ferreira, que se expressavam de forma única através dos recursos de seus instrumentos; e o Dino, criador de melodias que consagraram o violão de sete cordas e tornaram-se obrigatórias em arranjos de uma infinidade de choros.

O estudo do fraseado do choro proporciona outros aspectos que dificilmente se esgotariam aqui, considerando-se o tempo de existência do gênero e o caráter mutante de suas tradições, como já pudemos perceber. Somam-se a esses aspectos o manancial e a excelência dos intérpretes de choro, dos compositores e das suas obras — alguns e algumas, inegavelmente, considerados alicerces na construção de uma determinada linguagem musical brasileira. Este livro procurou tão somente conhecer aspectos de um estilo chorado de frasear através de análises dos padrões de recorrência que habitam o vocabulário musical do gênero, oferecendo aos apreciadores ou interessados algumas sugestões para o conhecimento de códigos que circulam na música dos chorões.

---

459 Fonte: *Tocando com Jacob* (PRATA, 2006, p. 94 e 138).

460 Fonte: *Tocando com Jacob* (ibid., p. 38 e 131).

461 Jacob do Bandolim chegou mesmo a estabelecer novas tonalidades para a execução de choros de diferentes autores, como de obras de Ernesto Nazareth e Luiz Americano. Peças desses e de outros compositores costumam ser executadas por conjuntos regionais com as variações melódicas e harmônicas gravadas por Jacob. São inúmeros exemplos como *Brejeiro*, de Nazareth, É do que há, *Assim mesmo* e *Numa seresta*, de Luiz Americano, *Murmurando*, de Fon-Fon, *Tira poeira*, de Sátiro Bilhar, *Flamengo*, de Bonfiglio de Oliveira etc.

7 CONCLUSÃO

Diversas construções historiográficas parecem atribuir à origem do choro uma fusão de formas e melodias europeias com ritmos negros, mediadas por um estilo brasileiro de interpretar e compor. A polca, entre outras danças europeias que aqui aportaram no século XIX, possuía a organização formal do rondó, o sistema tonal e alguns dos contornos melódicos que nos habituamos a ouvir. O lundu, presente no Brasil ao menos desde o século XVIII, além de traços melódicos e harmônicos europeus, possuía um tipo de organização rítmica dos batuques africanos, que veio a ser traduzida em síncopes na nossa notação musical. A mescla da polca com o lundu teria sido realizada por mãos de músicos brasileiros, em um estilo musical que estabeleceu uma espécie de matriz do choro e de outros gêneros musicais a ele relacionados, como o tango brasileiro e o maxixe.

Este livro surgiu do desejo de investigar como diversos níveis e maneiras diferentes de organização musical poderiam se encaixar para formar essa música que conhecemos, assunto que sempre me intrigou e que havia recebido poucas explicações fora do âmbito da retórica. O fato de usar-se, em biografias, termos como "chorado", "amolecia", "amaciando", "um jeito brasileiro de tocar" etc. parecia apontar o fraseado (e a articulação) musical como elemento(s) agregador(es) de estruturas musicais tão diferentes — fraseado (e articulação) que aponta(m) maneiras de pontuar, respirar, entoar, pronunciar, explicar e organizar discursos musicais.

De um ponto de vista geral, o choro se aproxima de estilos da música europeia em procedimentos como o fluxo melódico em *motto* perpétuo, a *inegalité* e o baixo-contínuo do estilo barroco; a quadratura em frases de quatro compassos e a estrutura harmônica tonal do classicismo; a flexibilidade rítmico-melódica mais acentuada e as texturas harmônicas, especialmente no tango brasileiro, do romantismo; a forma rondó das danças e contornos melódicos ondulantes. Tais influências poderiam estar no fato de alguns solistas e compositores de choros (denominados de polcas naquele momento) serem músicos "de escola" — Joaquim Callado, considerado o pai dos chorões, por exemplo, era titular da cadeira de flauta do Conservatório de Música fundado em 1841 (hoje, Escola de Música da UFRJ). Mas pela forte presença cultural europeia aqui, várias dessas influências já existiam mesmo em estilos anteriores ao choro.

À modinha, por exemplo, o choro se assemelha no uso de frases em terminações femininas, apojaturas harmônicas e melodias descendentes. Ao lundu, além de alguns procedimentos melódicos similares aos da modinha, o choro se assemelha sobretudo no uso de síncopes em três níveis: em um mesmo tempo (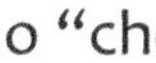), entre tempos (como a que aparece em figuras como ) e entre compassos (como a que aparece em figuras como ). Da modinha, do lundu e da polca europeia, o choro pega emprestado a organização métrica binária que permeia a escrita de uma infinidade de gêneros musicais brasileiros, em compasso $\frac{2}{4}$ — o que talvez seja um dos aspectos da semelhança de ritmo entre a polca e o lundu a que Tinhorão (1991, p. 56) se refere.

Conforme mencionado na introdução, este trabalho propunha estudar o choro por análises de seus padrões de recorrência formais, fraseológicos, harmônicos, melódicos, rítmicos e interpretativos. Viu-se, assim, que a organização formal do choro se dá quase que exclusivamente na forma rondó, normalmente em três ou duas seções, podendo poucas vezes serem encontrados fragmentos musicais que sugerem aspectos da forma tema com variações — sejam estas variações escritas ou improvisadas, sobre uma ou mais seções, ou sobre sequências harmônicas do tipo ‖: V^7 | I | V^7 | I :‖ .

Foi mostrado, a partir de um modelo sugerido por Carlos Almada, como se organizam os choros, rítmica e harmonicamente, em motivos, semi-frases, períodos e seções. Tais períodos, ou sentenças, são geralmente construídos no choro a partir da forma clássica de frases ou semi-frases a cada quatro compassos. Cada seção, ou parte, costuma finalizar em cadência conclusiva perfeita, muitas vezes em terminação masculina com caráter feminino, sobretudo quando a seção finaliza a peça.

Choros derivados da polca, do tango e do maxixe, ou adaptados e compostos no padrão sambado em imparidade rítmica 7+9, costumam apresentar partes de 16 compassos, com dois agrupamentos de oito compassos e cadências conclusivas do décimo quinto para o décimo sexto compasso, acarretando em terminações em um compasso (ritmicamente como  ou , por exemplo). Choros no padrão sambado em imparidade rítmica 9+7 costumam apresentar partes de 32 compassos, com dois agrupamentos de 16 compassos e cadências conclusivas do trigésimo para o trigésimo primeiro compasso, acarretando em terminações em dois compassos (ritmicamente como , por exemplo). Mas há peças com essa mesma organização fraseológica que não pertencem ao padrão sambado.

Há um grande número de choros com inícios em anacruse, apresentando maior incidência a figura 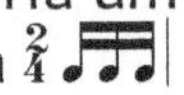. Isso parece sugerir um forte caráter anacrústico em seu estilo, similar ao atribuído à música de Bach. Síncopes entre compassos, por vezes, apenas antecipam notas que teriam caráter de *thesis*, ou seja, que não deveriam ser consideradas, neste caso, suspensões. Certos conceitos da fraseologia tradicional poderiam ser revistos ao analisar-se músicas sobre padrões contramétricos, como acontece com alguns estilos relacionados ao choro.

Percebeu-se a grande variedade rítmica das "figuras temáticas." A análise destas me pareceu um importante caminho para se conhecer o desenvolvimento fraseológico inicial dos choros, já que elas costumam progredir em sequências harmônicas e reincidir em novos períodos ou seções.

As organizações melódicas dos choros usam, geralmente, diversas fórmulas de inflexões encontradas no vocabulário melódico europeu desde o período barroco. Estas fórmulas adaptam-se, no choro, a um fraseado que pode apresentar enorme recorrência de síncopes, sobretudo em padrões maxixados e sambados. As melodias choradas mostram grande densidade rítmico-melódica, sendo comum usar-se boa quantidade de figuras em colcheias, semicolcheias, tercinas de colcheias ou semicolcheias, até fusas. Há grande utilização de apojaturas harmônicas, sobretudo superiores, estas particularmente presentes nas modinhas. Nos contornos melódicos há reincidência de perfis ondulantes ou descendentes.

É um traço característico do gênero a realização de contrapontos executados no registro grave — em instrumentos como o violão de sete cordas, o sax tenor, o oficleide, o trombone etc. —, as chamadas baixarias. Analogias desse procedimento com o baixo contínuo da música barroca são praticamente uma unanimidade. Nos contrapontos, costuma-se usar inflexões e padrões melódicos das melodias principais, mas em motivos e frases que tendem a concluir em tempos fortes e mudanças de acordes. Os contrapontos tendem a ser muito pouco flexibilizados ritmicamente, por possuírem também a função de estabilizar ritmos e andamentos.

Uma linha de baixo é construída, geralmente, sobre inversões de acordes com a intenção de sugerir movimentos diatônicos e cromáticos, descendentes ou ascendentes. Parecem coexistir, em boa parte dos choros, três planos melódicos: o da melodia principal; o do "contraponto ativo" — que responde à melodia principal usando motivos e frases com forte densidade rítmico-melódica; e o do "contraponto passivo" — este com função eminentemente harmônica e baixa densidade rítmico-melódica (representada pelo fluxo das mudanças de acordes). O choro costuma ter fluxo harmônico ligeiro em relação a outros gêneros musicais, não sendo rara a incidência de um a dois acordes por compasso. Melodias principais e contrapontos tem, normalmente, baixa "tensão sensorial", tendendo a estabilizar-se em intervalos consonantes.

As organizações rítmicas nos fraseados dos choros podem ser decifradas à medida que entendemos alguns conceitos relacionados a estudos da música africana — rítmica aditiva, contrametricidade, *time-lines*, imparidade rítmica e padrões de oito e 16 pulsos, apresentados no livro *Feitiço decente*, de Carlos Sandroni — e a diferentes fórmulas de acompanhamento associadas a danças, gêneros e estilos que aqui se formaram.

Representado pela fórmula do *tresillo* (em 3+3+2, escrita na figura , por exemplo) e suas variações, em imparidade rítmica 3+5, presente tanto no lundu, quanto no tango e na *habanera*, ou outros ritmos como o *ragtime*, o padrão contramétrico de oito pulsos constitui-se em um dos mais importantes elementos rítmicos na construção tanto do fraseado quanto nas fórmulas de acompanhamento dos choros. Esse ritmo, supostamente de origem africana, teria chegado a zonas portuárias onde houve intenso tráfico de escravos. O padrão é responsável por organizar diversos gêneros musicais brasileiros, entre eles a polca-lundu, o tango brasileiro — ambos também considerados subgêneros do choro —, o maxixe, o samba primitivo, o coco etc., além do lundu.

O padrão de oito pulsos (pulsos aqui representados em notação por semicolcheias) gera diferentes fórmulas, modelos, ou padrões em cada um dos gêneros e estilos que contribuíram para a formação do choro. As polcas, polcas-lundu, tangos brasileiros e maxixes são geralmente construídos em torno de figuras como e , que apoiam melodias que podem ter síncopes dentro de um tempo ou síncopes entre tempos no compasso . São comuns, nos fraseados, figuras rítmicas, contramétricas ou não, do tipo , , , , , , , etc. sobre um ou outro padrão de acompanhamento. Contudo, a fórmula para acompanhar que se estabilizou no choro, inclusive para peças derivadas dos gêneros e estilos acima citados, é a da figura , que além de apoiar fraseados como os já descritos, adaptou-se à recorrência de síncopes entre compassos na melodia (como em figuras do tipo) e a flexibilidades rítmico-melódicas, em geral — o que pode ser atribuído, supostamente, à simetria da figura.

Também de origem africana, mas surgido na música brasileira a partir de um novo estilo de se tocar o samba nos anos 1930 no bairro carioca do Estácio, e com *time-lines* representadas por células rítmicas do tamborim, como , o padrão contramétrico de 16 pulsos estabeleceu uma nova organização rítmica para o choro. Denominado de choro no padrão sambado, choro no estilo sambado, choro-sambado ou até mesmo samba-choro, essa nova maneira de se tocar o choro provavelmente derivou do fato de alguns chorões terem se tornado importantes mediadores em gravações ou acompanhamentos do novo estilo de samba.

O padrão de 16 pulsos (completando dois compassos ou 16 semicolcheias), em imparidades rítmicas 7+9 ou 9+7, apresenta como marca principal, dentro do próprio padrão, uma síncope entre o primeiro e o segundo compasso (em 7+9) ou a antecipação de uma semicolcheia no primeiro compasso (em 9+7). Essas duas fórmulas chegam a estabelecer, como vimos, organizações fraseológicas diferentes nos choros, podendo modificar números de compassos e posições de cadências nas seções. Nota-se que, pelas semelhanças fraseológicas com a maior parte dos choros construídos sobre padrões de oito pulsos, aquele em imparidade rítmica 7+9 adapta-se bem a choros antes "maxixados" ou "polcados", que têm normalmente 16 compassos por seção. Esse padrão, neste livro representado pelo paradigma rítmico , passou inclusive a associar-se a alguns sambas-choros letrados. O padrão em imparidade rítmica 9+7, mais próximo do samba como conhecemos (com a célula do tamborim inversa à que foi apresentada anteriormente), passou a ser comum na composição de novos choros no estilo sambado — como alguns dos mais conhecidos de Jacob do Bandolim —, implicando em organizações fraseológicas normalmente em 32 compassos por seção. Essa organização fraseológica parece não ter sido muito utilizada nos choros derivados da polca e do maxixe. No presente livro, esse padrão está representado pelo paradigma . Nos fraseados de choros em padrões sambados há recorrência de figuras que apresentam síncopes entre compassos, como , , e , dentre inúmeras outras.

Este trabalho comenta as interpretações de células rítmicas recorrentes no choro, como a da figura sincopada — tocada normalmente entre e —, a da figura — muitas vezes tocada como  ou  — e de outras figuras que podem tornar-se ritmicamente intercambiáveis — como ,  e  —, e aborda a questão da flexibilidade rítmico-melódica do gênero. É sabido que os chorões costumavam (e ainda costumam) ter suas práticas associadas a seresteiros ou sambistas, incorporando, assim, o fraseado dos intérpretes de canções. Como nos versos, na interpretação de motivos ou frases musicais, em muitos casos, parece ser fundamental a identificação de grupos de notas e seus pontos de apoio. Dentro desses grupos, o estilo chorado pode permitir flexibilizações rítmico-melódicas com certa liberdade, que se realizam de acordo com as escolhas dos solistas. As variantes desse procedimento são praticamente infinitas e passam por estilos individuais, podendo a elas somarem-se ainda outros recursos, como efeitos, ornamentações, acentuações, mudanças de timbres etc.

Este livro expõe questões relacionadas ao fraseado do choro, cujas respostas tornar-se-iam complicadas sem antes passarmos pelas análises realizadas. Os estilos musicais podem ser reconhecidos por diferentes aspectos — épocas, lugares, instrumentações, interpretações etc. O fraseado musical é, sem dúvida, forte elemento na caracterização do choro. O resultado da opção por analisá-lo por seus padrões de recorrência superou, de certa maneira, minhas expectativas e me tornou um melhor conhecedor do assunto — sensação que gostaria de compartilhar com o leitor destas páginas.

O tema é vasto demais para terminar aqui. Tenho plena consciência de que limitei observações a um período que se encerra muito antes do atual, quando o gênero vive momento de significativa exposição e criatividade, ultrapassando inclusive (e felizmente) limites territoriais, influenciando e sendo influenciado por muitos outros estilos musicais. Porém, encerro este texto com a agradável sensação de mais um passo realizado na direção de novos questionamentos e pesquisas.

8 REFERÊNCIAS BIBLIOGRÁFICAS

AEBERSOLD, Jamey; SLONE, Ken. *Charlie Parker omnibook – for E flat instruments, Transcribed exactly from his recorded solos*. Hollywood, CA: Atlantic Music Corp., 1978.

ALMADA, Carlos. *A estrutura do choro – com aplicações na improvisação e no arranjo*. Rio de Janeiro: Da Fonseca, 2006.

______. *Contraponto em música popular – fundamentação teórica e aplicações composicionais*. Rio de Janeiro: Editora UFRJ, 2013.

AMERICANO, Luiz. *Chôros e criações – álbum nº 4*. São Paulo: Irmãos Vitale Ed., s/d.

ANDRADE, Mário de. *Ensaio sobre a música brasileira*. São Paulo: Livraria Martins Editora, 1962.

______. *Pequena história da música*. São Paulo: Livraria Martins Editora, 1942.

ANTUNES, Carlos Leonardo Bonturim. *Ritmo e sonoridade na poesia grega antiga – uma tradução comentada de 23 poemas*. São Paulo, 2009. Dissertação (Mestrado em Letras). Programa de Letras Clássicas do Departamento de Letras Clássicas e Vernáculas da Faculdade de Filosofia. Letras e Ciências Humanas da Universidade de São Paulo.

ARAGÃO, Paulo. *Pixinguinha e a gênese do arranjo musical brasileiro (1929 a 1935)*. 2001. Dissertação (Mestrado em Música). Programa de Pós-Graduação em Música, Universidade Federal do Estado do Rio de Janeiro.

ARAGÃO, Pedro. *A polca é como o samba: uma tradição brasileira – interações entre polca e samba nas décadas de 1930 a 1950*. In: ASSOCIAÇÃO BRASILEIRA DE ETNOMUSICOLOGIA, 2013, João Pessoa. Anais... João Pessoa: ABET, 2013. p. 455-462. Disponível em <http://abetmusica.org.br/dld.php?dld_id=168>. Acesso em: 7 mai. 2015.

______. *O baú do Animal – Alexandre Gonçalves Pinto e o choro*. Rio de Janeiro: Livraria e Edições Folha Seca, 2013.

ARAÚJO, Larena Franco de. *O choro como material didático para o ensino da flauta transversal*. 2006. Dissertação (Mestrado em Música). Programa de Pós-Graduação em Música, Escola de Música e Artes Cênicas da Universidade Federal de Goiás.

BARBOZA, Marília Trindade. *Luperce Miranda – o Paganini do bandolim*. Rio de Janeiro: Da Fonseca Comunicação, 2004.

BARENBOIM, Daniel. *A música desperta o tempo*. São Paulo: Martins Fontes, 2009.

BAS, Julio – tradução de Nicolas Lamuraglia. *Tratado de la forma musical*. Buenos Aires, Argentina: Ricordi Americana S.A.E.C, 1947.

BERRY, Wallace. *Structural functions in music*. Toronto, Canadá: General Publishing Company LTDA, 1976.

BOLÃO, Oscar. *Batuque é um privilégio*. Rio de Janeiro: Lumiar, 2004.

BRAGA, Luiz Otávio. *Violão de 7 cordas – teoria e prática*. Rio de Janeiro: Lumiar, 2003.

______. *Música Brasileira, Música Americana – o fox-trot nas décadas de 30 e 40*. Anais do V Congresso Latinoamericano da Associação Internacional para o Estudo da Música Popular, 2004. Disponível em < www.iaspmal.net/wp-content/uploads/2011/12/ LuizOtavioBraga.pdf >. Acesso em: 9 out 2014.

CABRAL, Sérgio. *As escolas de samba do Rio de Janeiro*. Rio de Janeiro: Lumiar, 1996.

______. *Pixinguinha – vida e obra*. Rio de Janeiro: Lumiar, 1997.

CAETANO, Rogério; PEREIRA, Marco. *Sete cordas – técnica e estilo*. Rio de Janeiro: Garboligths, 2010.

CALDI, Alexandre. *Contracantos de Pixinguinha – contribuições históricas e analíticas para a caracterização de um estilo*. 2000. Dissertação (Mestrado em Música). Programa de Pós-Graduação em Música, Universidade Federal do Estado do Rio de Janeiro.

CARPEAUX, Otto Maria. *Uma nova história da música*. Rio de Janeiro: Editorial Alhambra, 1977.

CARRASQUEIRA, Maria José. *O melhor de Pixinguinha – melodias e cifras*. Rio de Janeiro: Irmãos Vitale, 1997.

CARVALHO, HERMÍNIO BELLO. Encarte do LP *Dez anos sem ele – São Pixinguinha*. ODEON Records SC10108, 1971.

CAZES, Henrique. Nasce a Música Popular no Rio de Janeiro e no Mundo. *Revista Roda de choro*, n. 0, p. 5, nov./dez. 1995.

______. *Escola moderna do cavaquinho*. Rio de Janeiro: Lumiar, s/d..

______. *Choro – do quintal ao Municipal*. São Paulo: Editora 34, 2010.

______. *Os chorões e a roda – ambiência, práticas musicais e repertório nas rodas de choro*. 2011. Dissertação (Mestrado em Música). Programa de Pós-Graduação em Música, Universidade Federal do Rio de Janeiro.

CHEDIAK, Almir. *Songbook As 101 melhores canções do século XX*. Rio de Janeiro: Lumiar, 1010, v. 2.

CHEDIAK, Almir. *Songbook Noel Rosa*. Rio de Janeiro: Lumiar, 1991, v. 1.

CHEDIAK, Almir. *Songbook Tom Jobim*. Rio de Janeiro: Lumiar, 1991, v. 2.

CHRISTENSEN, Thomas. A teoria musical e suas histórias. *Em Pauta*, v. 11, n. 16/17, p. 10-45, abr./nov. 2000.

COOK, Nicholas. Entre o processo e o produto – música enquanto performance. *Per musi*, v. n. 14, p. 05–22, 2006. Disponível em <http://www.musica.ufmg.br/permusi/port/numeros/14/num14_cap_01.pdf> Acesso em: 7 mai. 2015.

CURY, Thiago, MACHADO, Cacá. *Todo Nazareth – obras completas*. São Paulo: Água Forte Edições Musicais, 2011.

DIAS, Andréa Ernest. *A expressão da flauta popular brasileira – uma escola de interpretação*. 1996. Dissertação (Mestrado e Música). Programa de Pós-Graduação em Música, Universidade Federal do Rio de Janeiro.

DINIZ, André. *Joaquim Callado – o pai dos chorões*. Rio de Janeiro: Arte Fato Produto Cultural, 2002.

DOĞANTAN-DACK, Mine. 'Phrasing – the Very Life of Music': Performing the Music and Nineteenth-Century *Performance* Theory. *Nineteenth-Century Music Review*, Cambridge, Cambridge University Press, nº 9, 7-30, 2012.

DUFFIN, Ross W. *Performance practice – Que me veux-tu? What do you want from me?* Early Music America v.1, n.1 (Fall 1995), p.27-36. Tradução não publicada de Paulo César Martins Rabelo.

FABBRI, Franco. *A theory of musical genres – two applications. Popular Music Perspectives*, p. 52-81, 1981. Disponível em <http://www.tagg.org/others/ffabbri81a.html > Acesso em: 8 mai. 2015.

FAGERLANDE, Marcelo (org.). *Tratados e métodos de teclado – Sancta Maria (1565), Frescobaldi (1637), Couperin (1717) e Rameau (1724)*. Rio de Janeiro: Programa de Pós-Graduacao EM/UFRJ, 2013.

FRANCESCHI, Humberto Moraes. *A Casa Edison e seu tempo*. Rio de Janeiro: Sarapuí, 2002.

FROTA, Wander Nunes. *Auxílio luxuoso – samba símbolo nacional, geração Noel Rosa e indústria cultural*. 1a. ed. São Paulo: Annablume, 2003.

GOMES, Wagno Macedo. *Chorando baixinho de Abel Ferreira – aspectos interpretativos do clarinetista compositor e do clarinetista Paulo Sérgio Santos*. 2007. Dissertação (Mestrado em Música). Programa de Pós-Graduação da Escola de Música da Universidade Federal de Minas Gerais.

GONZÁLEZ, Juan Pablo. Musicologia Popular en América Latina – síntesis de sus logros, problemas y desafios. *Revista Musical Chilena*, vol. 55, n. 191, p. 38-64, jan. 2001. Disponível em < http://dx.doi.org/10.4067/S0716-27902001019500003> Acesso em: 8 mai. 2015

GUERRA-PEIXE, Cesar. Engano na apreciação de um ritmo brasileiro. *Diário de Notícias*. Salvador, [em linha]. 19 nov. 1950. Disponível em: <http://www.guerrapeixe.com/textos/texto09.html>. Acesso em: 01 jun. 2014.

______. Variações sobre o maxixe. *O Tempo*. São Paulo, 26 de setembro de 1954. [em linha]. Disponível em <http://www.guerrapeixe.com/textos/texto16.html> Acesso em: out. 2014.

HARNONCOURT, Nikolaus. *O discurso dos sons – caminhos para uma nova compreensão musical*. Rio de Janeiro: Jorge Zahar Editor LTDA, 1998.

HERZOG, Mirna. Prefácio à edição brasileira. In: HARNONCOURT, Nikolaus. *O discurso dos sons – caminhos para uma nova compreensão musical*. Rio de Janeiro: Zahar, 1998. p. 7-9.

KELLER, Hermann. *Phrasing and articulation – a contribuition to a rhetoric of music*. New York, USA: W. W. Norton & Company, Inc., 1973.

KIEFER, Bruno. *Elementos da linguagem musical*. Porto Alegre: Editora Movimento, 1979.

______. *A modinha e o lundu – duas raízes da música popular brasileira*. Porto Alegre: Editora Movimento, 1986.

KLOSÉ, H.. *Método Para Todos Los Saxofones*. Edição revisada e aumentada por R. Saraceno. Buenos Aires, Argentina: Ricordi, s/d..

LAUS, Egeu, FERRARI (ed.). Revista *Roda de choro*. Rio de Janeiro: L & L Editora, Propaganda e Representações Ltda, nov./dez.1995.

______. Revista *Roda de choro*. Rio de Janeiro: RIOARTE, mar. 1997.

LEONIDO, Dr. Levi. Gênero, Forma, Estilo e Estrutura. *Sinfonia Virtual – Revista de Música Clásica y Reflexión Musical*, n. 7, abr. 2008. Disponível em < http://www.sinfoniavirtual.com/revista/007/genero_forma_estilo_estructura.php> Acesso em: 8 mai. 2015.

LEVINE, Mark. *The Jazz Theory Book* . Petaluma, USA: Sher Music CO, 1995.

LIMA, Edilson de. *As modinhas do Brasil*. São Paulo: EDUSP, 2001.

LIRA, Mariza. *Chiquinha Gonzaga – grande compositora popular brasileira*. Rio de Janeiro: Edições FUNARTE, 1978.

LOPES, Marcílio; ULHÔA. Martha. Amor até o fim com Elis Regina: em busca de uma metodologia para análise da performance musical gravada. *Cadernos do Colóquio: (2005)*, Rio de Janeiro, v. 7, n. 1, p.107-117, 2005. Anual. Disponível em: <http://www.seer.unirio.br/index.php/coloquio/article/view/110>. Acesso em: 15 abr. 2015.

MACHADO, Afonso. *Método do bandolim brasileiro*. Rio de Janeiro: Irmãos Vitale, 2004.

MACHADO, Cacá. *O enigma do homem célebre – ambição e vocação de Ernesto Nazareth*. São Paulo: Instituto Moreira Salles, 2007.

MARCONDES, Marcos Antônio. *Enciclopédia da música brasileira – erudita, folclórica e popular*. São Paulo: Art Editora, 1998.

MARIZ, Vasco. *Heitor Villa-Lobos – compositor brasileiro*. Rio de Janeiro: Zahar, 1982.

MARSALIS, Winton. *Marsalis on Music*. New York, USA: W. W. Norton & Company, 1995.

MEYER, Leonard B. *Style and music – theory, history and ideology*. Chicago, USA: The University of Chicago Press Edition, 1989.

MONSON, Ingrid. Jazz Improvisation. The Cambridge companion to jazz. Cambridge: Cambridge University Press, 2002. p. 114–132.

MOORE, Allan F. *Song means – analyzing and interpreting recorded popular song* (kindle version). England: Ashgate Publishing Limited, 2012.

______. Categorical conventions in music discourse – style and genre. *Music Letters*, vol. 82, n. 3, aug. 2001, p. 432-442. Disponível em < http://www.hugoribeiro.com.br/biblioteca-digital/Moore-Genre_Style.pdf> Acesso em: 8 mai. 2015.

MOURA, Paulo. Prefácio. In: SÈVE, Mário. *Vocabulário do choro – estudos e composições*. Rio de Janeiro: Lumiar, Irmãos Vitale, 1999.

MOURA, Roberto. *Tia Ciata e a Pequena África no Rio de Janeiro*. Rio de Janeiro: FUNARTE, 1983.

MUKUNA, Kazadi Wa. *Contribuição bantu na música brasileira – perspectivas etnomusicológicas*. São Paulo: Terceira Imagem Editora, 2010.

NEGREIROS, Eliete Eça. *Ensaiando a canção – Paulinho da Viola e outros escritos*. São Paulo: Ateliê Editorial, 2011.

NELSON, Oliver. *Patterns for improvisation*. [S.l.]: Jamey Aebersold Jazz Inc, 1966.

NEVES, José Maria. *Villa-Lobos, o choro e os Choros*. São Paulo: Musicália S/A Cultura Social, 1977.

NEUMANN, Frederick. *New essays on performance practice*. USA: University of Rochester Press, 1989.

NÓBREGA, Adhemar. *Os Choros de Villa Lobos*. Rio de Janeiro: Museu Villa-Lobos, 1973.

NOVAIS, Daniel Aguiar. *Interpretação e fraseado no "Mosaico nº1" de José Vieira Brandão*. 2014. Dissertação (Mestrado em Música). Programa de Pós-Graduação em Música, Universidade Federal do Estado do Rio de Janeiro.

OCHOA, Ana Maria. *Musicas locales en tiempos de globlalización*. Buenos Aires, Argentina: Grupo Editorial Norma, 2003.

PAZ, Ermelinda A. *Villa-Lobos e a música popular brasileira – uma visão sem preconceito*. Rio de Janeiro: E. A. Paz, 2004.

______. *500 canções brasileiras*. Brasília, DF: Musimed Edições Musicais, 2015.

PEREIRA, Marco. *Ritmos brasileiros*. Rio de Janeiro: Garbolights, 2007.

PINTO, Alexandre Gonçalves. *O choro – reminiscências do chorões antigos*. Rio de Janeiro: Typ. Glória, 1936.

PINTO, Marco Túlio de Paula. *A confluência de elementos de música clássica e jazz em composições de Victor Assis Brasil – propostas interpretativas*. 2011. Tese (Doutorado em Música). Programa de Pós-Graduação em Música, Universidade Federal do Estado do Rio de Janeiro.

PRATA, Sérgio (dir.). *Tocando com Jacob*. Rio de Janeiro: Ed. Irmãos Vitale, 2006.

PRINCE, Adamo. *Linguagem harmônica do choro*. São Paulo: Irmãos Vitale, 2010.

QUANTZ, Johann Joachim. *On playing the flute*. Tradução Edward R. Reilly. 2nd ed. Boston, USA: Northeastern University Press, 2001.

REGUANT, Gemma. *La voz y el actor*. In: SÁNCHEZ, Inés Bustos. La voz: la técnica y la expresión. Barcelona, España: Editorial Paidotribo, 2003. p. 181-204.

RIEMANN, Hugo; FUCHS, Carl Dorious Johann. *Pratical guide to art of phrasing — an exposition of the views determining the position of the phrasing-marks*. New York, USA: G Schirmer, 1890.

RÓNAI, Laura. *Em busca de um mundo perdido – métodos de flauta do barroco ao século XX*. Rio de Janeiro: Topbooks editora e Distribuidora de Livros Ltda., 2008.

ROSENBLUM, Sandra P. The Uses of Rubato in Music, Eighteenth to Twentieth Centuries. *Performance Practice Review*, vol. 7, n. 1, 1994. Disponível em <http://scholarship.claremont.edu/cgi/viewcontent.cgi?article=1123&context=ppr>. Acesso em 03 de set. 2013.

ROSEN, Charles. *The classical style – Haydn, Mozart, Beethoven*. New York, USA: W. W. Norton & Company, 1997.

SADIE, Stanley (ed.). *Dicionário Grove de Música – edição concisa*. Rio de Janeiro: Ed. Zahar, 1994.

SALEK, Eliane. *A flexibilidade rítmico-melódica na interpretação do choro*. 1999. Dissertação

(Mestrado em Música). Programa de Pós-Graduação em Música, Universidade Federal do Estado do Rio de Janeiro.

SALGÁN, Horacio. *Curso de tango*. Buenos Aires, Argentina: Horacio Salgán, 2001

SANDRONI, Carlos. *Feitiço decente – transformações do samba no Rio de Janeiro (1917-1933)*. Rio de Janeiro: Jorge Zahar Editor LTDA, 2001.

SCHAFER, R. Murray. *A afinação do mundo*. Tradução Marisa Trench Fonterrada. São Paulo: UNESP, 2001.

SCHMITZ, Hans-Peter. *Flötenmusik – zwei sontaten für flöte und basso continuo – zwei sontaten für flöte und obligates cembalo*. Germany, Basel: Barenreiter-Verlag Karl Vötterle GmbH $ Co. KG, Kassel, 1979.

SEIFFERT, Herausgegeben Von Max. *Zwölf methodische sonaten*. Germany, Basel: Barenreiter-Verlag Karl Vötterle GmbH $ Co. KG, Kassel, 1944.

SCLIAR, Esther. *Fraseologia musical*. Porto Alegre: Movimento, 2008.

SÈVE, Mário; GANC, David. *Choro duetos – Pixinguinha e Benedito Lacerda.*, Rio de Janeiro, Irmãos Vitale, 2010. v.1.

______. *Choro duetos – Pixinguinha e Benedito Lacerda*. Rio de Janeiro, Irmãos Vitale, 2011. v.2.

SÈVE, Mário; SOUZA, Rogério; DININHO. *Songbook Choro*. Rio de Janeiro: Lumiar, Irmãos Vitale, 2007, v.1.

______. *Songbook Choro*. Rio de Janeiro: Lumiar, Irmãos Vitale, 2011. v.2.

______. *Songbook Choro*. Rio de Janeiro: Lumiar, Irmãos Vitale, 2011. v.3.

SÈVE, Mário. Apresentação. In: SÈVE, Mário; SOUZA, Rogério; DININHO. *Songbook do choro*. Rio de Janeiro: Lumiar, Irmãos Vitale, 2007, v.1.

______. O fraseado do choro – algumas considerações rítmicas e melódicas. In: III SIMPÓSIO DE PÓS-GRADUANDOS EM MÚSICA (III SIMPOM), 2014. Rio de Janeiro. *Anais ...* Rio de Janeiro: UNIRIO, 2014. P. 1147–1157.

______. Quatro Rosas – mudanças interpretativas no fraseado de uma valsa brasileira. *Debates* – Cadernos do Programa de Pós-graduação em Música, Rio de Janeiro, n. 14, junho, p. 75–105, 2015.

______. *Vocabulário do choro – estudos e composições*. Rio de Janeiro: Lumiar, Irmãos Vitale, 1999.

SEVERIANO, Jairo. *Uma História da Música Popular Brasileira – das origens à modernidade*. São Paulo: Editora 34, 2009.

SIMAS, Luiz Antonio. O lundu e o choro. *Revista Roda de choro*, n. 5, p. 1, mar. 1995.

SIQUEIRA, Baptista. *Três vultos históricos da música brasileira*. Rio de Janeiro: Biblioteca Nacional, 1969.

______. *Modinhas do passado*. Rio de Janeiro: Biblioteca Nacional, 1979.

SPIELMANN, Daniela. *Tarde de Chuva: a contribuição interpretativa de Paulo Moura para o saxofone no samba-choro e na gafieira, a partir da década de 70*. 2008. Dissertação (Mestrado em Música). Programa de Pós-Graduação em Música, Universidade Federal do Estado do Rio de Janeiro.

STEFANI, Gino. Melody – a popular perspective. *Popular Music*, vol. 6, n. 1, jan. 1987, p. 21-35. Disponível em < http://dx.doi.org/10.1017/S0261143000006589> Acesso em: 8 mai. 2015.

STEIN, Leon. *Structure and style – the study and analysis of musical forms*. USA: Summy-Birchard Inc.,1979.

TAFFANEL & GAUBERT. *Méthode Complète de Flûte*. Paris: Alphonse Leduc, 1923.

TAGG, Philip. Análise musical para "não-musos": a percepção popular como base para a compreensão de estruturas e significados musicais. Tradução de Fausto Borém. *Per Musi*, Belo Horizonte, n. 23, p.7-18, 2011.

______. Melody and accompaniment. *Encyclopedia of Popular Music of the World (EPMOW)*, p. 1-24.

Disponível em <http://tagg.org/articles/xpdfs/melodaccUS.pdf> Acesso em: 8 mai. 2015.

______. Towards a Sign Typology of Music. *Secondo covegno europeo di analisi musicale*, p. 1-8. Disponível em < http://www.tagg.org/articles/xpdfs/trento91.pdf> Acesso em: 8 mai. 2015.

TATIT, Luiz. *O cancionista – composição de canções no Brasil*. São Paulo: Editora da Universidade de São Paulo, 2002.

______. *Todos entoam – ensaios, conversas e canções*. São Paulo: Publifolha, 2007.

THURMOND, James Morgan. *Note grouping – a method for achieving expression and style in musical performance*. Ft. Lauderdale, USA: Meredith Music Publications, 1991.

TINHORÃO, José Ramos. *Pequena História da Música Popular – da Modinha a Lambada*. São Paulo: Art Editora, 1991.

TOFF, Nancy. *The flute book – a complete guide for students and performers*. USA: Oxford University Press, 2012.

ULHÔA, Martha Tupinambá de. Métrica Derramada: tempo rubato ou gestualidade na canção brasileira popular. VII Congresso IASPM-AL, p. 1-9, 2006. Disponível em < http://www4.unirio.br/mpb/ulhoatextos/MetricaDerramadaRubatoGestualidade (Havana2006).pdf> Acesso em: 8 mai. 2015.

VASCONCELOS, Ary. *Panorama da música Brasileira na belle époque*. Rio de Janeiro: Liv. Sant'Anna, 1977.

______. *Brasil Musical*. Rio de Janeiro: Art Bureau Representações e Edições de Arte, 1988.

VEILHAN, Jean-Claude. *The rules of musical interpretation in the baroque era (17th – 18th centuries)*. Paris, France: Alphonse Leduc, 1979.

VELOSO, Rafael. *O saxofone no choro – a introdução do saxofone e as mudanças na prática do choro*. 2006. Dissertação (Mestrado em Música). Programa de Pós-Graduação em Música, Universidade Federal do Rio de Janeiro.

VIANNA, Hermano. *O mistério do samba*. Rio de Janeiro: Ed. UFRJ, 1995.

WISNIK, José Miguel. Getúlio da Paixão Cearense: Villa-Lobos e o Estado Novo. In: SQUEFF, Enio; WISNIK, José Miguel. *Música – o nacional e o popular na cultura brasileira*. 2. ed. São Paulo: Editora Brasiliense, 2001. p. 129–191.